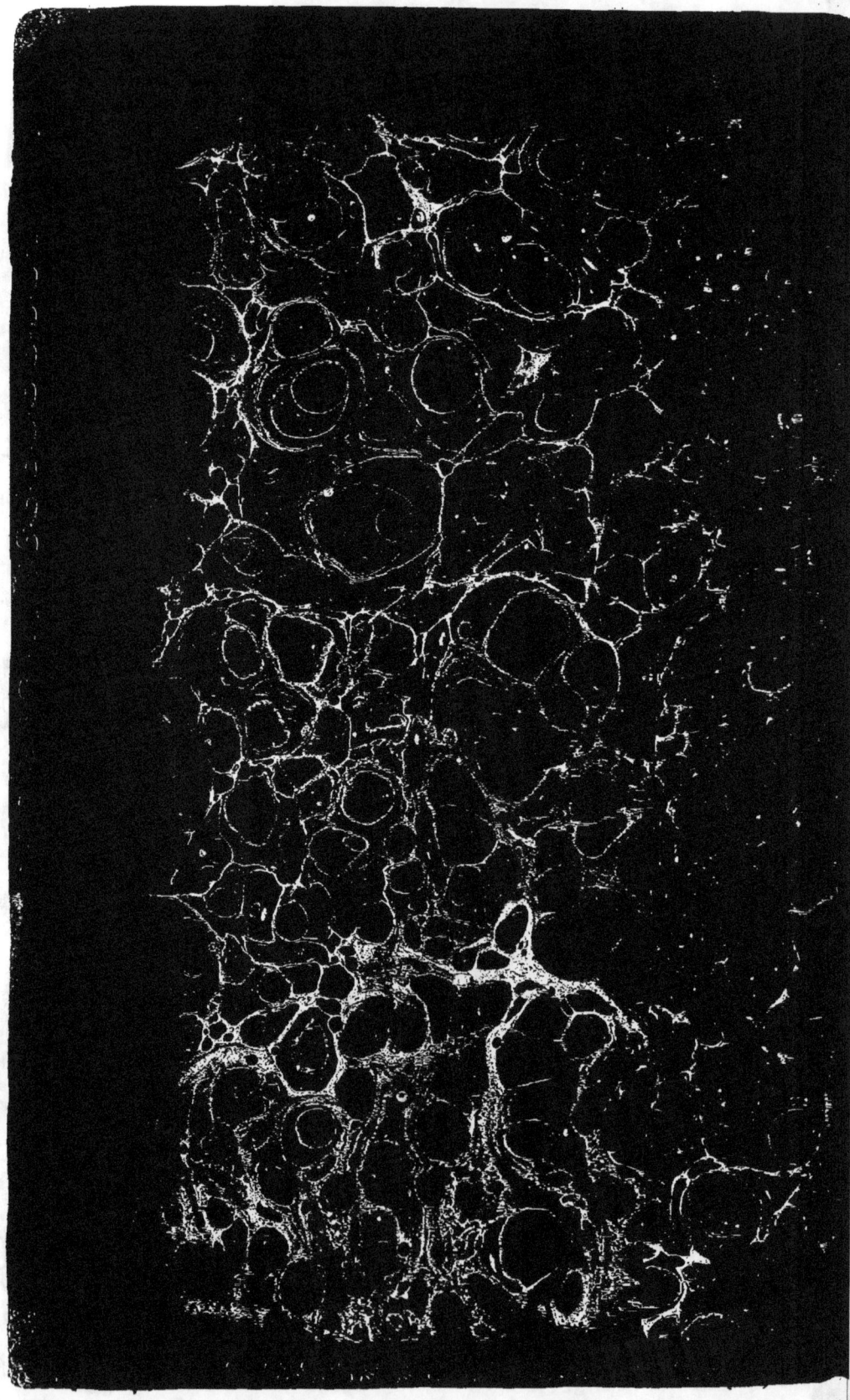

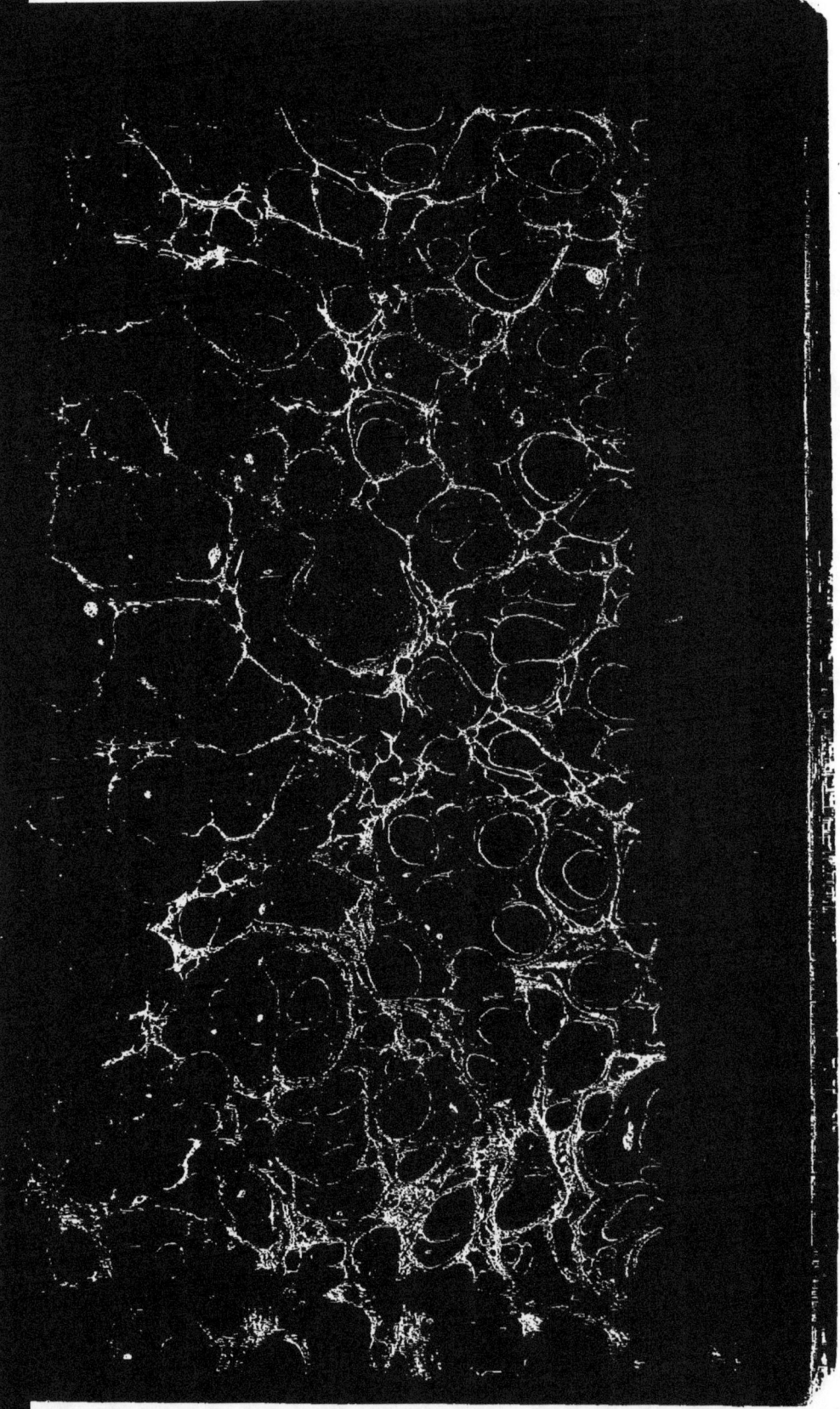

Z. 2180.
B. g. 3.

Z

19994

OEUVRES
DE
M. J. CHÉNIER.

DE L'IMPRIMERIE DE FIRMIN DIDOT,
IMPRIMEUR DU ROI ET DE L'INSTITUT, RUE JACOB, n° 24.

OEUVRES
POSTHUMES
DE M. J. CHÉNIER,
MEMBRE DE L'INSTITUT;

REVUES, CORRIGÉES, ET AUGMENTÉES DE BEAUCOUP DE MORCEAUX INÉDITS;

PRÉCÉDÉES D'UNE NOTICE SUR CHÉNIER
PAR M. DAUNOU, MEMBRE DE L'INSTITUT;

ET ORNÉES

DU PORTRAIT DE L'AUTEUR D'APRÈS M. HORACE VERNET.

TOME III.

PARIS,
GUILLAUME, LIBRAIRE, RUE HAUTE-FEUILLE, N° 14.

MDCCCXXIV.

TABLEAU
HISTORIQUE
DE LA LITTÉRATURE
FRANÇAISE.

INTRODUCTION.

Plus nous avançons dans le travail qui nous a été prescrit, et plus nous sentons quel poids il nous impose. Comment, de leur vivant même, apprécier tant d'écrivains, non sur de rigoureuses théories, sur des faits démontrés, sur des calculs évidens, mais sur des choses réputées arbitraires, sur l'esprit, le goût, le talent, l'imagination, l'art d'écrire? Comment se frayer une route à travers tant d'écueils redoutables, entre tant d'opinions diverses, quelquefois contraires, toujours débattues avec chaleur; parmi tant de passions qu'il était si difficile d'assoupir, et qu'il est si facile de réveiller? Comment satisfaire à la fois, et ceux dont il faut parler, et ceux qui ont un avis sur la littérature après l'avoir étudiée, et ceux même qui, sans aucune étude, se croient pourtant du nombre des juges? Dispenser la louange avec plaisir, exercer la censure avec réserve, proclamer les talens qui nous restent, applaudir aux dispositions naissantes : tel est le devoir que nous avons à remplir.

Sans pouvoir nommer aujourd'hui tous les écrivains qui seront cités dans notre ouvrage, nous allons toutefois en indiquer un assez grand nombre, et nous tâcherons surtout d'exposer clairement la marche et les divisions du travail qui nous occupe. Dans ce travail, considérable puisqu'il embrasse le cercle entier des applications de l'art d'écrire, à la tête de chaque genre, nous traçons l'aperçu rapide des progrès qu'il a faits en France jusqu'à l'époque où commencent nos observations : c'est marquer les points lumineux qui éclairent la route. L'art de communiquer les idées par la parole, l'art d'enchaîner les idées entre elles, l'art d'analyser les sens, et par eux les sensations, et par elles toutes les idées qui en découlent, fixent d'abord notre attention. Telle est la marche naturelle : il faut parler et penser avant d'écrire. C'est à la classe de littérature française qu'il appartient spécialement de jeter un coup-d'œil sur les sciences philosophiques, fondées, au moins en France, par cette école de Port-Royal, source inépuisable autant qu'elle est pure, où vont remonter à la fois toute saine doctrine et toute littérature classique. Ces mêmes sciences, dans le cours du dernier siècle, ont dû beaucoup aux travaux de Condillac, que l'Académie française se glorifiait de compter parmi ses membres. Fondateur lui-même d'une école de philosophie, il a laissé d'habiles disciples et d'honorables successeurs. M. Domergue, M. Sicard, plusieurs autres encore, cultivent avec succès la grammaire générale et particulière. Nous aurons à remarquer un ouvrage sur notre langue, l'une des meilleures productions de Marmontel. Un esprit sage et méthodique, M. de Gérando, a recherché les rapports des signes et de l'art de penser. Un esprit étendu, M. de Tracy, a rassemblé les trois sciences liées dans un corps d'ouvrage comme elles le sont dans la nature. M. Cabanis, intéressant et clair avec profondeur, en comparant l'homme physique et l'homme moral, a soumis la médecine à l'analyse de l'entendement. Chargé d'enseigner cette analyse au sein des écoles normales, M. Garat, par son imagination brillante, a rendu la raison lumineuse; genre de service que, dans les questions encore abstraites, la raison ne peut devoir qu'aux talens d'un ordre supérieur.

La science des devoirs de l'homme, la morale, sans produire autant d'ouvrages, n'a pas été pourtant stérile. Nous avons trouvé dans les Leçons que Marmontel léguait à ses enfans les préceptes de Cicéron mêlés à la sagesse évangélique. On doit surtout distinguer un livre important de Saint-Lambert, qui jadis avait enrichi notre littérature d'un poëme élégant, harmonieux et philosophique. Arrivé près du terme de la vie, il ne déserta point la bannière adoptée par sa jeunesse. Inaltérable dans ses principes, fuyant l'excès, même dans le bien, il n'affecta ni le pieux rigorisme, ni l'autorité stoïcienne. Sans détacher la morale du principe social, nécessaire, démontré, d'un Dieu surveillant et protecteur, il la trouva toute entière dans les rapports qui unissent l'homme à l'homme : dans nos besoins, dans nos passions, dans cette foule d'intérêts individuels qui, sans cesse armés l'un contre l'autre, mais forcés par la nature à traiter ensemble, viennent former en se ralliant l'intérêt général des sociétés.

Ici nous occupent à leur tour ceux qui ont

appliqué l'art d'écrire aux matières de politique et de législation : non cette foule d'esprits subalternes qui, par des feuilles périodiques ou des brochures non moins éphémères, caressaient les passions de la multitude, quand la multitude avait la puissance; mais un petit nombre d'hommes plus ou moins distingués par leurs talens, également louables par leurs intentions. Un habile dialecticien, M. Sieyes, en des ouvrages où la force de la pensée produit la force du style, a traité d'importantes questions de politique générale. Un écrivain, célèbre en plus d'un genre, M. le duc de Plaisance; comme lui, M. Rœderer, M. Dupont de Nemours, M. Barbé-Marbois; après eux, M. J.-B. Say, M. Ganilh, ont porté l'intérêt et la clarté dans les diverses parties de l'économie politique. Les Élémens de Législation, publiés par M. Perreau, ne sont pas indignes d'être cités. L'auteur d'un livre honoré du prix d'utilité que décernait l'Académie française, M. Pastoret, exposant les principes de la législation pénale, a cru pouvoir déterminer comment la loi doit poursuivre pour être humaine; quand elle doit frapper pour être juste; où elle doit s'arrêter pour être utile.

Nous remarquerons dans les œuvres de M. de Lacretelle un discours brillant et renommé sur la nature des peines infamantes. Tous ces écrivains ont marché avec la raison de leur siècle; et plusieurs ont accéléré sa marche. En évitant d'agiter après eux des questions délicates, nous n'évitons pas de rendre justice au mérite quelquefois éminent qu'ils ont déployé.

Avant de passer à l'art oratoire, où nous retrouverons la politique et la législation présentées sous des formes nouvelles pour la France, nous aurons à parler d'un Traité sur l'éloquence de la chaire, livre éloquent lui-même, où M. le cardinal Maury donne d'excellens préceptes, après avoir donné d'éclatans exemples. Dans la critique littéraire, plusieurs écrivains nous offrent des études approfondies, des commentaires judicieux sur nos grands classiques : M. Cailhava, sur Molière; M. Palissot, sur Corneille et sur Voltaire; Chamfort, sur La Fontaine, dont, jeune encore, il avait fait un charmant éloge; et La Harpe, sur Racine, que jadis il avait loué dignement. Nous ne négligeons pas de remarquer des additions nombreuses aux Mémoires littéraires de M. Palissot, livre souvent instructif, toujours écrit avec une rare élégance. Nous n'oublions pas le travail de M. Ginguené sur la littérature italienne, ouvrage utile, considérable et déja fort avancé. Ici se présentent les derniers volumes du Cours de La Harpe, et sa correspondance en Russie. Après avoir apprécié les talens incontestables de ce littérateur qui n'est plus, nous serons obligés de faire sentir l'extrême rigueur qu'il se croyait en droit d'exercer contre la plupart de ses contemporains, et surtout contre ses rivaux ; ce blâme sans restriction qui n'est presque jamais équitable; ce plaisir de blâmer qui décrédite un censeur habile; souvent l'injustice évidente et, dans la justice même, cette injurieuse amertume si contraire à l'urbanité française. A cette occasion, nous examinerons les règles d'une saine critique. C'est prendre l'engagement de les observer dans tout le cours de notre ouvrage; et peut-être est-il important d'en rappeler le souvenir, quand elles paraissent oubliées. Ces règles, fondées sur la justice, sur le véritable esprit des sociétés, et consacrées par le caractère national, ne sont, comme en tout autre genre, que la pratique des écrivains qui ont mérité le plus d'estime.

Dans l'art oratoire se présente, au commencement de l'époque, le recueil des Oraisons funèbres et des Sermons de l'évêque de Sénez, Beauvais, prélat qui dut ses dignités à son mérite, et qui se montra quelquefois le digne successeur de Bossuet et de Massillon. Le barreau français parut s'appauvrir, quand ses soutiens enrichirent la tribune. A ce mot, notre mémoire se reporte avec inquiétude vers des asssemblées orageuses. Nous les traverserons, en fuyant de nombreux écueils; et, forcés de nous souvenir qu'il y eut des factions, nous n'oublierons pas qu'il y eut des talens. Nous commençons par cet orateur illustre qui, doué d'un esprit aussi vigoureux que flexible, attacha sa renommée personnelle à presque tous les travaux de l'Assemblée constituante. Après Mirabeau viennent ceux qui combattirent ses opinions avec énergie, M. le cardinal Maury, Cazalès; ceux qui les défendirent avec succès, Chapelier, Barnave et M. Regnault de Saint-Jean-d'Angely, qui fait briller encore, au conseil d'État, comme à l'Institut, cette précision toujours claire, caractère particulier de son éloquence. Pourrions-nous oublier tant d'habiles jurisconsultes qui ont appliqué l'art oratoire aux différens objets de législation : Thouret, Tronchet, dignes rivaux ; Camus, qui joignit un grand savoir à des mœurs austères ; Target, M. Merlin, M. Treilhard, dont les lumières étendues ont éclairé les tribunaux ? Nous rendons hommage à ce plan d'instruction publique, monument de gloire littéraire élevé par M. Talleyrand, ouvrage où tous les charmes du style embellissent toutes les idées philosophiques. Les assemblées suivantes nous offrent, dans le même genre, deux productions d'un rare mérite : l'une du profond Condorcet ; l'autre de M. Daunou, dont plusieurs législateurs ont estimé les travaux utiles, l'éloquence et la modestie. Nous remarquons, dans ces mêmes assemblées, des orateurs qui unirent à la probité courageuse une diction pathétique ou imposante : Vergniaux, par exemple, M. Français de Nantes, M. Boissy d'Anglas, renommé par sa présidence ; M. Garat, M. Portalis, M. Cambacérès, M. Siméon. Nous ne citons que des personnes dignes de mémoire. Et comment hésiterions-nous à rappeler tous les talens précieux qui, parmi nous, ont honoré la tribune, puisque leurs débris sont aujourd'hui rassemblés dans les différens corps de l'État? leurs débris : car, hélas! combien de philosophes respectables, d'orateurs éloquens, de jurisconsultes éclairés, d'énergiques écrivains moissonnés durant une année désastreuse, où le talent était devenu le plus grand des crimes après la vertu!

Dans les camps, où, loin des calamités de l'intérieur, la gloire nationale se conservait inaltérable, naquit une autre éloquence, inconnue jusqu'alors aux peuples modernes. Il faut même en convenir : quand nous lisons dans les écrivains de l'antiquité les harangues des plus renommés capitaines, nous sommes tentés souvent de n'y admirer que le génie des historiens. Ici le doute est impossible; les monumens existent; l'histoire n'a plus qu'à les rassembler. Elles partirent de l'armée d'Italie, ces belles proclamations où les vainqueurs de Lodi et d'Arcole, en même temps qu'ils créaient un nouvel art de la guerre, créèrent l'éloquence militaire, dont ils resteront les modèles. Suivant leurs pas, comme la fortune, cette éloquence a retenti dans la cité d'Alexandrie, dans l'Égypte, où périt Pompée; dans la Syrie, qui reçut les derniers soupirs de Germanicus. Depuis, en Allemagne, en Pologne, au milieu des capitales étonnées, à Vienne, à Berlin, à Varsovie, elle était fidèle aux héros d'Austerlitz, d'Iéna, de Friedland, lorsqu'en cette langue de l'honneur, si bien entendue des armées françaises, du sein de la victoire même, ils ordonnaient encore la victoire, et communiquaient l'héroïsme.

Au moment où les sciences et les lettres, long-temps froissées par les orages, se reposèrent dans un nouvel asile, on vit l'éloquence académique renaître et bientôt refleurir. Il n'est pas rétréci ce genre, dont les modèles variés appartiennent exclusivement à la littérature du dernier siècle. Deux écrivains illustres, Thomas et M. Garat, ont prouvé qu'en certains sujets il admet les grandes images et les plus beaux mouvemens oratoires. Souvent aussi l'art consiste à les éviter; mais l'art exige toujours l'élégance et la régularité des formes, la clarté, la justesse, et l'heureux accord des idées et des expressions. On a trouvé ces qualités réunies dans les discours que M. Suard a prononcés, comme secrétaire perpétuel, au nom de la classe de la littérature française. C'est avec le même succès qu'au nom des autres classes ont été remplies les mêmes fonctions.

M. Arnault, dans plusieurs solennités, a répandu beaucoup d'intérêt sur des objets d'instruction publique. Parmi les panégyristes, l'éclat et la facilité du style ont distingué M. de Boufflers, M. François de Neufchâteau, M. Cuvier, M. Portalis; et l'on a paru surtout écouter avec un plaisir soutenu l'éloge de Marmontel, ouvrage plein de mérite, dicté à M. Morellet par la philosophie et l'amitié. Enfin, car il est impossible de tout citer, de bons discours de réception, de belles réponses, une foule de productions diversement estimables garantissent que ce genre d'écrire reprendra l'influence utile dont il jouissait autrefois, soit à l'Académie française, soit à l'Académie des sciences, lorsque plus d'un homme célèbre, membres de ces deux sociétés, maintenaient entre leurs différentes études cette union qui donne aux sciences une utilité plus générale, aux lettres une direction plus étendue.

L'histoire, cette partie importante, fixera long-temps notre attention. Ce n'est pas que nous prétendions tirer de l'oubli une foule de mémoires particuliers sur la révolution française. Vicieux ou nuls quant au style, n'offrant d'ailleurs que des plaidoyers en faveur des différens partis, ils rentrent dans la classe des écrits polémiques; et nous les écarterons avec eux. Nous aurons toutefois à parler d'un assez grand nombre d'ouvrages. Là, M. de Castera peint une souveraine qui brilla plus de trente années sur le trône de Pierre-le-Grand. Ici, M. de Ségur, en traçant le tableau politique de l'Europe durant une époque orageuse, communique à son style la sagesse de ses opinions. Nous ferons ressortir le mérite d'un précis sur l'histoire de France, ouvrage de Thouret, l'un des membres les plus regrettables de l'Assemblée constituante. L'époque nous présente un livre supérieur encore, au moins pour les grandes qualités de l'art d'écrire. Un académicien qui n'est plus, Rulhière, a raconté les évènemens mémorables écoulés dans les derniers siècles en ces régions et sur ces mêmes bords de la Vistule où, portant la victoire, nos guerriers ont conquis une paix glorieuse. Quoique cet ouvrage posthume soit resté incomplet, nous y reconnaîtrons partout l'empreinte d'un talent perfectionné par le travail, et quelquefois très-éclatant. Nous n'oublierons pas une intéressante production de M. de Bausset, la Vie de ce prélat immortel, qui parla du peuple à la cour, donna Télémaque à notre langue, réunit l'éloquence, la religion, la philosophie, et fut simple à la fois dans son génie, dans sa piété, dans sa vertu.

Les voyages font partie de l'histoire. Nous suivrons dans l'Amérique septentrionale les pas de M. de Volney, qui, jadis, en traversant l'Égypte et la Syrie, écrivit un des beaux ouvrages du dix-huitième siècle, et le chef-d'œuvre du genre. Des hommes habiles ont rédigé les annales des sciences, ou tracé le tableau fidèle des opinions humaines. M. Naigeon, achevant un grand travail, commencé par Diderot, décrit la marche lumineuse de la philosophie ancienne et moderne. M. Bossut sait intéresser par la diction dans l'Histoire des Mathématiques; avec M. de Volney, la raison éloquente interroge des ruines accumulées durant quarante siècles; avec M. Dupuis, l'érudition raisonnable cherche l'origine commune des diverses traditions religieuses. Là nous trouvons encore une esquisse profonde et rapide des progrès de l'esprit humain, dernier ouvrage, et presque dernier soupir de Condorcet, testament fait par un sage en faveur de l'humanité.

Avant que, parmi nous, on eût appliqué l'art d'écrire à l'histoire des sciences, on savait à quelle hauteur il peut atteindre dans les sciences même qui ont pour objet l'étude de la nature. Buffon nous l'avait appris; et nous aurons l'occasion de remarquer combien son digne continuateur, M. de Lacépède, a su profiter des leçons d'un si grand maître. Nous verrons Lavoisier, M. de Fourcroy, porter dans la chimie cette clarté, la première qualité du style, et la plus nécessaire à l'enseignement. De là nous examinerons si les théories relatives aux différens arts d'imitation n'offrent pas sous le même point de vue un perfectionnement remarquable. Nos recherches ne seront pas infructueuses. Nous ferons surtout observer avec quelle élégance facile M. Grétry a traité de l'art musical, qu'il a long-temps honoré sur nos deux scènes lyriques par des productions dont la mélodie et la vérité ne sauraient vieillir.

Nous ne passerons point à la poésie sans jeter un coup-d'œil sur les romans, genre qui se rapproche de l'histoire par le récit des évènemens; de l'épopée, par une action fabuleuse en tout ou en partie; de la tragédie, par les passions; de la comédie, par la peinture de la société. Nous n'indiquerons même pas une foule de compositions frivoles ou sans caractère; mais nous apprécierons l'esprit et le talent de plusieurs dames, qui marchent avec distinction sur les traces de la femme illustre à qui nous devons la Princesse de Clèves. Nous remarquerons Atala, ornement du livre considérable où M. de Châteaubriand développe le génie du christianisme. Nous trouverons, dès la première année, le meilleur, le plus moral et le plus court des romans de l'époque entière, cette Chaumière Indienne, où l'un des grands écrivains qui nous restent, M. Bernardin de Saint-Pierre, a réuni, comme en ses autres ouvrages, l'art de peindre par l'expression, l'art de plaire à l'oreille par la musique du langage, et l'art suprême d'orner la philosophie par la grâce.

La poésie nous présentera d'abord ce genre éminent et sublime consacré à chanter les hommes qui font la destinée des nations : le poëme héroïque. Les chantres capables d'atteindre à l'épopée ne sont pas moins rares que les personnages dignes d'être adoptés par elle : cinq chefs-d'œuvre épars en trente siècles le prouvent assez. Si, dans l'espace que nous avons à parcourir, nous apercevons à peine une tentative estimable, mais défectueuse, *les Helvétiens,* nous aurons à concevoir de plus hautes espérances, garanties par les talens poétiques de M. de Fontanes, qui brille aujourd'hui comme orateur à la tête du Corps législatif. En passant au poëme héroï-comique, nous tâcherons de ne pas oublier l'extrême circonspection qu'exigent de certaines matières, et de payer en même temps le tribut d'éloges que la justice réclame pour un de nos meilleurs poètes, M. de Parny. Après les compositions originales viendront les imitations et les traductions en vers de quelques épopées célèbres. Parmi les imitateurs, M. Parseval de Grandmaison, à qui l'on doit les Amours épiques, et M. Luce de Lancival, auteur d'Achille à Scyros, doivent être distingués de la foule; mais des traductions du premier mérite nous occuperont bien davantage. Virgile et Milton semblent parler eux-mêmes notre langue; et, grâce à un classique vivant, que ce mot fera nommer, grâce encore à M. de Saint-Ange, habile et laborieux traducteur d'Ovide, nous aurons le plaisir d'observer qu'à cet égard l'époque actuelle est supérieure à toute autre. On n'avait pas porté si loin jusqu'à ce jour, au moins en des ouvrages d'une telle importance, l'art difficile de conquérir les beautés de la poésie étrangère, et de traduire le génie par le talent.

Dans la poésie didactique, c'est encore à M. Delille que l'époque doit sa fécondité. Il a répandu dans trois poëmes originaux cette richesse de style qu'il avait déployée en traduisant l'Énéide et le Paradis perdu. Le poëme de l'Imagination surtout suffirait pour fonder une haute renommée. M. Esménard, M. Castel, et quelques autres, viennent ensuite, dignes encore d'éloges, loin cependant de leur modèle. Lebrun seul aurait soutenu la concurrence avec M. Delille, s'il avait achevé son poëme de la Nature, dont il nous reste des fragmens d'un mérite supérieur. Sans émule dans le genre de l'ode, Lebrun tira des sons harmonieux de la lyre pindarique, si rebelle aux chantres vulgaires; et nous remarquerons que ses derniers accens furent consacrés à nos derniers triomphes. Il était digne de les chanter.

M. Daru, traducteur d'Horace, a montré

INTRODUCTION. 21

dans cette difficile entreprise un goût pur, un esprit flexible, une étude approfondie des ressources de notre versification. La poésie érotique s'honore de M. de Parny, de M. de Boufflers. Des poètes, que nous allons retrouver avec éclat sur la scène française, se présentent déja sous des formes brillantes et variées : M. Ducis, dans l'épître; M. Arnault, dans l'apologue; M. Andrieux, dans le conte; M. Legouvé, M. Raynouard, en de petits poëmes d'un genre grave et philosophique. Après ces talens exercés, on voit se former de jeunes talens, qui donnent plus que des espérances. Deux ans de suite, M. Millevoie, remarquable par l'élégance du style, a remporté le prix de poésie. M. Victorin Fabre, plus jeune encore, a mérité, deux ans de suite, une honorable distinction. Plusieurs, qu'il est impossible de citer ici, ne seront point oubliés dans notre ouvrage, où nous fuirons la sévérité, persuadés qu'en littérature, comme en tout le reste, l'indulgence est plus près de la justice.

Ici se présente à nos regards la poésie dramatique, dont les deux genres eurent tant d'influence sur notre langue, sur notre littérature entière et sur les mœurs nationales. Dans la tragédie paraît le premier M. Ducis, inventeur même quand il imite, inimitable quand il fait parler la piété filiale, poète justement célèbre, et dont le génie pathétique a tempéré la sombre terreur de la scène anglaise. Des émules très-distingués marchent ensuite : M. Arnault, si noble dans Marius, si tragique dans les Vénitiens; M. Legouvé, dont la Mort d'Abel offre une élégante imitation de Gessner, et qui déploya beaucoup d'énergie dans Épicharis; M. Lemercier, qui, dans Agamemnon, sut fondre habilement les beautés d'Eschyle et de Sénèque; enfin M. Raynouard, qui rendit un brillant hommage à des victimes honorées des regrets de l'histoire. Nous indiquerons les scènes intéressantes du Joseph de M. Baour-Lormian, et ce qu'il y a d'estimable dans l'Abdélasis de M. de Murville. Quelques réflexions ne doivent pas être négligées. On ne saurait reprocher aux bonnes compositions tragiques de l'époque la multiplicité des incidens, la profession des personnages subalternes, les épisodes inutiles, la fadeur des scènes élégiaques. Partout l'action est simple, et presque toujours sévère. La marche des poètes n'est point timide. Sans violer les règles anciennes, ils ont obtenu des effets nouveaux. Du reste, ils ont conservé ce caractère philosophique imprimé à la tragédie par le plus beau génie du dernier siècle; et, sur ses traces, la plupart se sont ouvert les routes variées de l'histoire moderne, immense carrière qui promet long-temps des palmes nouvelles aux poètes capables de la parcourir. On a tout dit, si l'on en croit des hommes qui n'ont rien à dire. Heureusement l'erreur est évidente. En quelque genre que ce soit, l'art est semblable à la nature, son modèle : il a des règles, comme la nature a des lois; il n'a point de bornes, puisque la nature est infinie.

En passant au genre de la comédie, nous trouvons, dès les premières années, la jolie petite pièce du Couvent, par M. Laujon; les Ménechmes grecs, par M. Cailhava, comédie d'intrigue amusante et bien conduite; un ouvrage élégamment versifié, la Paméla de M. François, copie de celle de Goldoni, mais copie supérieure à l'original. Deux rivaux exercés à lutter ensemble, Fabre d'Églantine et Collin d'Harleville, enrichissent la haute comédie; l'un en dessinant à grands traits l'égoïsme impassible et la vertu passionnée; l'autre en peignant avec une vérité fortement comique les inconvéniens d'un célibat prolongé. M. Andrieux brille au même rang par un enjouement aimable, par la grâce piquante des détails et le charme continu du style. Une imagination féconde, une gaieté franche, la peinture originale des mœurs, ont assuré les succès de M. Picard. Aussi gai, presque aussi fécond, M. Duval mérite en partie les mêmes louanges. On estime une diction pure en quelques essais de M. Roger. Ici nous indiquons un perfectionnement dont il est juste de faire honneur aux principaux écrivains que nous venons de nommer, peut-être encore au changement qui s'est opéré dans nos mœurs. Durant l'époque entière, les comédies un peu remarquables n'offrent aucune trace de ce jargon qui fut long-temps à la mode. Pour réussir, il a fallu être naturel; et l'on a banni entièrement le style précieux, le faux esprit, le ton factice que des auteurs plus recherchés qu'ingénieux avaient introduits sur la scène comique.

Dans le drame, genre défectueux, mais susceptible de beautés, nous distinguons Beaumarchais, que ses comédies et ses mémoires avaient déja rendu célèbre; M. Monvel, auteur qui a mérité de nombreux succès, et l'un de nos plus grands acteurs; M. Bouilli, dont les pièces respirent cet intérêt que produit une excellente morale. Sur la scène illustrée par Quinault, se font remarquer M. Guillard et M. Hoffman; plus récemment, M. Esménard et M. Jouy : sur l'autre scène lyrique, M. Hoffman encore, M. Monvel, M. Marsollier, M. Duval. Après avoir rendu justice à des productions agréables, forcés toutefois de renouveler quelques opinions de Voltaire, et d'observer ce qu'il avait prévu, ce qu'il avait craint, l'influence de l'opéra-comique sur le goût général des spectateurs, nous reviendrons, par cette observation même, à chercher les moyens de soutenir, d'augmenter, s'il est possible, l'éclat de la scène française, où réside essentiellement l'art dramatique.

En achevant un vaste tableau dont le temps ne nous permet de tracer aujourd'hui qu'une esquisse incomplète, mais au moins fidèle, des considérations générales sur l'époque entière nous arrêteront un moment. Elles se communiquent aux littératures, ces secousses profondes qui remuent et décomposent les nations vieillies, en attendant que le génie puissant vienne les recomposer et les rajeunir. Nous suivrons dans les diverses parties de l'art d'écrire les effets du mouvement universel. Nous chercherons quel fut sur l'époque l'ascendant du dix-huitième siècle, et comment l'époque, à son tour, peut influer sur l'avenir. Nous avons indiqué, nous prouverons qu'elle mérite une étude approfondie. En vain les ennemis de toute lumière, proscrivant la mémoire illustre du siècle philosophique, annoncent chaque jour une décadence honteuse, qu'ils opéreraient si leurs cris imposaient silence au mérite, et qui serait démontrée s'ils avaient le privilége exclusif d'écrire. Il sera facile de confondre ces assertions injurieuses, dont quelques étrangers crédules auraient tort de se prévaloir. Non, cette étrange catastrophe n'est point arrivée. La France, agrandie, n'est pas devenue stérile en talens. Nous rassemblerons sous les yeux des Français les élémens actuels de cette littérature française, dont une envieuse ignorance dénigrait, à chaque époque, et les chefs-d'œuvre et les classiques; mais qui fut toujours honorable, et qui, même aujourd'hui, malgré des pertes nombreuses, demeure encore, à tous égards, la première littérature de l'Europe.

Et si l'esprit de parti, décoré, dans les temps de trouble, du nom d'opinion publique, avait autrefois donné de fausses directions aux idées les plus généreuses; si ce même esprit, non moins funeste en agissant d'une autre manière et par d'autres hommes, avait depuis arrêté l'essor des talens et paralysé la pensée, il nous resterait des espérances qui ne seront point déçues. L'art d'écrire s'applique à tous les arts ; il facilite l'accès de toutes les sciences ; il embrasse toutes les idées; il les éclaircit par la justesse, il les étend par la précision. Il présente en première ligne ce qui touche de plus près les hommes mémorables : l'histoire, qui raconte les grandes actions; l'éloquence, qui les célèbre; et la poésie, qui les chante. Il refleurira dans le siècle qui commence.

TABLEAU

DE LA

LITTÉRATURE FRANÇAISE.

CHAPITRE PREMIER.

Grammaire; Art de penser; Analyse de l'entendement.

Bacon, qui découvrit un nouveau monde dans les sciences, distingua le premier la grammaire positive de la grammaire philosophique. Il déclara que celle-ci était encore à naître; mais, d'avance, il lui traça la route qu'elle avait à suivre, et qu'indiquait suffisamment le nom même qu'il lui imposait. Ce fut cinquante ans après que Lancelot, déja connu par des travaux estimables sur les deux langues anciennes, écrivit, sous la dictée d'Arnauld, l'ame de Port-Royal, cette Grammaire générale si justement renommée, et qui est parmi nous le point de départ de la science. Quant à la langue française, dès le siècle précédent, et lorsque, pour ainsi dire, elle balbutiait encore, on en donnait déja les règles; car on la croyait fixée. Robert Estienne, sous le règne de Henri II, avant les ouvrages de Malherbe et de Montaigne, et du temps même de Ronsard, avait publié sa Grammaire française. Henri Estienne, suivant les traces de son père, composa deux Traités relatifs à notre langue; mais de tels ouvrages, d'ailleurs pleins de mérite pour le temps où ils parurent, sont aujourd'hui plus curieux qu'utiles. Depuis l'établissement de l'Académie française, Vaugelas, T. Corneille, Patru, Ménage, Bouhours, Dangeau, publièrent successivement sur la langue des remarques plus ou moins judicieuses : elles sont consultées encore. Au commencement du dernier siècle, Regnier Desmarais fit paraître sa Grammaire française; production bien imparfaite, mais qui répandit des lumières, grâce à quelques notions fort saines, grâce encore aux critiques, trop souvent fondées, que Buffier lui prodigua dans sa Grammaire sur un autre plan. Un peu plus tard, Girard et d'Olivet perfectionnèrent l'étude de la langue; l'un par ses Synonymes français, ouvrage plein de finesse, écrit d'après une idée de Fénélon; l'autre par son excellent Traité de la Prosodie. Dans le même temps, un homme supérieur, Dumarsais, enrichissait la Grammaire générale du meilleur livre qui existe sur la partie figurée du langage. Ce beau Traité sur les Tropes n'était pourtant que la dernière division du grand ouvrage qu'il méditait, et dont quelques matériaux se retrouvent dans les articles

CHAPITRE PREMIER. 31

lumineux qu'il a rédigés pour l'Encyclopédie. Duclos éclaircit plusieurs points importans dans ses remarques profondes sur la Grammaire de Port-Royal. De Brosses et Court de Gébelin, le premier surtout, dans sa Formation mécanique des Langues, jetèrent quelque jour sur les obscurités étymologiques. Beauzée publia sa Grammaire générale et raisonnée, ouvrage le plus complet qui eût encore paru, souvent neuf, toujours utile, et qui le serait bien davantage, s'il ne repoussait les lecteurs par un style à la fois sec et diffus. Enfin, Condillac donna sa Grammaire générale. Elle est divisée en deux parties : la première développe toute la génération des idées, en partant de la sensation ; la seconde est une conséquence rigoureuse des principes démontrés dans la première. Tout est lumière dans ce livre, aussi précis qu'il est clair, aussi bien écrit qu'il est bien conçu. C'est le plus grand pas qu'ait fait la science ; et, chez aucun peuple, aucun ouvrage du même genre n'est comparable à ce chef-d'œuvre d'analyse.

Entre nos contemporains, M. Domergue a rendu de grands services à cette même science. Sa Grammaire simplifiée, son Journal de la langue française, son Mémoire sur la proposition, ses Solutions grammaticales, contiennent beaucoup de règles nouvelles, toutes rattachées à des principes incomplétement observés par ses prédécesseurs, ou même qu'ils n'avaient point aperçus. Personne, avant lui, n'avait analysé si bien la proposition. Voulant assujettir la classification des mots à cette rigoureuse analyse, il a cru devoir changer la nomenclature. C'était le moyen de refondre une théorie importante, où la rouille de l'école se laisse encore apercevoir. Telle fut la marche de Lavoisier, lorsqu'il appliqua, comme il le dit lui-même, la méthode de Condillac à la chimie. En refaisant la nomenclature, il refit la science.

Mais quelques savans, unis entre eux, suffisent pour changer les nomenclatures physiques : il n'en est pas de même dans la grammaire, où tout le monde se croit juge. En vain M. Domergue a-t-il fait marcher ensemble l'ancienne et la nouvelle nomenclatures ; la nouvelle était trop raisonnable ; et les préjugés ne sont point tolérans pour la raison, même quand la raison veut bien être complaisante pour les préjugés.

M. Domergue a traité à fond la question si difficile et si souvent agitée des participes. Il est même un des grammairiens qui ont jeté le plus de lumière dans l'ancien chaos des modes et des temps. Beauzée s'aperçut le premier que l'on confondait la conjugaison française avec la conjugaison latine. Il inventa pour notre langue un système ingénieux, mais compliqué : il admit cinq verbes auxiliaires au lieu de deux que l'on admet ordinairement ; de là des temps, des époques sans nombre; et leur classification sous les trois modes généraux présente d'extrêmes difficultés, pour ne pas dire d'étranges bizarreries. M. Domergue convient, avec Beauzée, que tous les temps des verbes doivent être classés sous les trois modes du temps réel : le présent, le passé, le futur. Toutefois, en partant du même principe, il arrive à d'autres résultats ; et, rejetant les trois verbes auxiliaires imaginés par Beauzée, il offre un système beaucoup plus simple, et que nous croyons préférable. Parcourant toutes les parties de la science, M. Domergue, d'après d'Olivet, a éclairci la prosodie française. Après Dumarsais et Duclos, il a proposé de nombreux changemens à l'orthographe. Il va même plus loin qu'eux ; et l'on aurait sur ce point bien des objections à lui faire ; mais tous ces travaux sont utiles : on lui doit plusieurs idées neuves ; et, parmi les grammairiens vivans, il n'en est pas d'aussi inventeurs, il en est peu d'aussi éclairés.

Les lumières étendues de M. Sicard brillent d'une manière différente. Sans être arriéré sur aucune partie de la science, il semble redouter les innovations ; et le principal mérite qu'il déploie dans ses Élémens de grammaire générale est d'exposer clairement les théories qu'ont inventées ses prédécesseurs. Il suit tour à tour Lancelot, Beauzée, Condillac, quelquefois, mais plus rarement,

M. Domergue. Il est tellement circonspect que, pour l'orthographe, il n'approuve pas même les légers changemens faits par Voltaire, et qui n'ont pourtant d'autre défaut que celui d'être insuffisans. Néanmoins, dans une partie plus importante, les conjugaisons françaises, il adopte en entier l'opinion de Beauzée, sans être effrayé, sinon par les divisions multipliées d'un tel système, du moins par les singuliers résultats qui en sont la suite. Au reste, le livre de M. Sicard est une grammaire complète : l'auteur va jusqu'à donner les règles de la versification française, et celles des petits genres de poésie; ce qui paraît dépasser la grammaire, et surtout la grammaire générale. Quelques lecteurs lui reprochent de pousser trop loin la clarté, d'ailleurs si nécessaire; d'avoir peur de n'en jamais assez dire, et de prodiguer les développemens, au point que, dans son ouvrage, la partie relative aux conjugaisons est plus longue à elle seule que toute la Grammaire de Port-Royal. On ne risquerait point de telles censures, si l'on négligeait moins d'entrer dans l'esprit de l'auteur : il connaît la meilleure manière d'enseigner, comme il le prouve tous les jours, depuis qu'il dirige le célèbre établissement des Sourds-Muets. En composant sa Grammaire, il s'est occupé de ses élèves et des enfans. C'est pour cela qu'il fait succéder à ses chapitres autant de leçons dialoguées par demandes et par réponses, et qu'il développe dans chaque leçon ce qu'il vient de développer dans chaque chapitre. C'est encore pour cela qu'il s'adresse quelquefois aux sages instituteurs et aux mères sensibles, et qu'il se livre à des digressions morales qui lui font beaucoup d'honneur, sous des rapports étrangers à la grammaire. Il est accoutumé d'ailleurs à parler long-temps, puisqu'il est obligé de parler seul; et l'on sent qu'il écrit comme il parle. Aussi ne fait-il pas difficulté de fondre en entier, dans son ouvrage, les leçons qu'il improvisait aux écoles normales, quand il y professait l'art de la parole; mais l'abondance de son style est estimable en ce qu'elle convient aux jeunes esprits qu'une extrême attention fatigue. C'est une instruction élémentaire qu'il a voulu donner à l'enfance; et, sous ce point de vue, on ne saurait lui accorder trop d'éloges pour avoir si bien rempli le but intéressant qu'il s'est proposé.

L'Hermès d'Harris, publié en Angleterre au milieu du dernier siècle, est un des livres les plus estimés qui existent sur la grammaire générale. Son moindre mérite est d'être fort érudit, et d'offrir des notions étendues sur les théories des grammairiens de l'antiquité. Il est surtout remarquable par une analyse profonde des élémens du discours. Sans descendre aux petits détails, l'auteur s'élève à des idées générales, dont la précision et la justesse embrassent une foule de cas particuliers. En toute science, en tout genre d'écrire, c'est là le secret des hommes supérieurs. M. François Thurot a fait paraître, il y a douze ans, une traduction de l'Hermès. Elle est digne, à plus d'un égard, de nous occuper un moment. Très-distinguée par l'élégante clarté du style, elle l'est encore par un travail qui n'appartient qu'au traducteur. Il a rendu l'ouvrage plus facile à lire avec fruit, en y corrigeant l'abus des citations : défaut commun à beaucoup d'écrivains anglais. Il a substitué des exemples choisis dans nos classiques aux exemples qu'Harris avait tirés des classiques de son pays. Dans une foule de remarques et de notes instructives, il a justement apprécié les travaux de ce philosophe, ses découvertes, ses erreurs, et les progrès que les plus célèbres grammairiens français ont fait faire à la science du langage durant le cours du siècle dernier. Dans un discours préliminaire, où des faits nombreux ne nuisent point aux pensées, M. Thurot expose à grands traits l'histoire de la science, depuis les écoles d'Athènes et d'Alexandrie jusqu'à l'époque illustrée par Condillac ; et ce précis rapide est lui-même un bon ouvrage à la tête d'une bonne traduction.

Le cours théorique et pratique de langue française, publié par M. Lemare, embrasse une vaste étendue. L'auteur y soumet à un nouvel examen les principes de la grammaire. Il cherche dans la nature même des idées les élémens du langage, leur dénomination, leur classification méthodique, leurs combinaisons diverses. Il commence toujours par recueillir et classer les faits ; il remonte ensuite aux sources étymologiques ; il oppose les analogies et les différences. Ce n'est jamais qu'après de nombreux détails et des analyses sévères qu'il s'élève à des généralités, et qu'il établit des règles fixes. Il fait surtout un emploi très-heureux des tableaux synoptiques et scientifiques. L'art de ces tableaux, comme l'observe Condorcet, est d'unir beaucoup d'objets sous une disposition systématique, qui permette d'en voir d'un coup-d'œil les rapports, d'en saisir rapidement les combinaisons, et de former bientôt des combinaisons nouvelles. Peut-être, quand ils sont multipliés, nuisent-ils au plaisir que peut procurer la lecture d'un ouvrage ; mais, du moins, ils facilitent l'enseignement : c'est ce qu'a senti M. Lemare. Après lui avoir rendu justice, nous sommes contraints de lui faire un reproche assez grave : on est fâché qu'il se permette des expressions dures et des plaisanteries un peu lourdes, lorsqu'il croit devoir combattre ou des grammairiens accrédités, ou des corps littéraires qui ne sont pas infaillibles, mais qui sont au moins respectables. Il aurait tort en ce point, fût-il infaillible lui-même; ce que sans doute il est loin de croire. Qu'il laisse à l'ignorance les formes grossières et tranchantes : ce n'est point à lui d'admettre ce que rejettent la décence et le goût; car il fait preuve d'un mérite réel, et joint une saine littérature à l'étude approfondie de notre langue.

Dans les Leçons d'un Père à ses Enfans, ouvrage posthume de Marmontel, la première partie porte la dénomination de grammaire. Ce n'est pourtant pas une grammaire générale : les théories universelles du langage n'y sont point exposées. Ce n'est pas même une grammaire française proprement dite : on n'y trouve pas l'analyse complète et méthodique des divers élémens de notre langue. C'est une suite d'observations fines ou profondes sur plusieurs de ces élémens. De nombreux exemples éclaircissent de nombreuses questions; ils forment en même temps un recueil de pensées judicieuses, et toujours exprimées avec le talent qui les grave dans la mémoire. Ces exemples, habilement choisis dans nos classiques, donnent le goût du beau, sous le point de vue moral comme sous le point de vue littéraire; et l'on voit que l'auteur, selon son expression, veut enseigner à ses enfans autre chose que de la grammaire. Son livre est d'ailleurs très-bien écrit;

et peut-être n'avons-nous, dans le même genre, aucun ouvrage aussi heureusement exécuté.

Il y a neuf ans, et quand l'académie française n'existait plus, on a vu paraître une édition nouvelle de son Dictionnaire. A la tête du livre est un discours préliminaire. L'auteur y expose, avec autant de brièveté que d'élégance, ce que doit être le dictionnaire d'une langue ; ce que fut dans l'origine, et ce que devint successivement le Dictionnaire de l'Académie. Beaucoup d'idées lumineuses sur la marche progressive de notre langue et même de notre littérature sont rassemblées dans cet excellent discours, où l'on reconnaît M. Garat. Deux années avant cette époque, Rivarol avait donné au public le Prospectus d'un nouveau Dictionnaire de la langue française. On y voit qu'en écartant les étymologies, les racines et les dérivés, l'auteur se débarrassait des recherches les plus difficiles. Du reste, le Dictionnaire n'a point paru, et, sans doute, n'a point été fait. Des trois parties qui devaient composer le discours préliminaire, la première, et la seule publiée, tient près d'un volume in-4°. En voulant traiter de la nature du langage en général, Rivarol parcourt ou plutôt mêle ensemble toutes les questions qu'embrasse l'analyse de l'entendement. Il s'en faut beaucoup qu'il y répande des lumières nouvelles. A propos du Traité des sensations, il parle de l'abondance de Condillac. Est-ce une critique? elle est injuste. Est-ce un éloge? il n'est pas mérité. Condillac est précis, clair et profond; Rivarol est verbeux, obscur et superficiel. Du reste, il écrit avec agrément. Si l'on trouve souvent de la recherche dans son style, on y trouve aussi le mouvement, la couleur et le ton d'une conversation animée. Mais, quand il développe, avec une longueur pénible, la série des sensations, des idées et du langage, on sent un homme de beaucoup d'esprit, qui, par malheur, veut enseigner ce qu'il aurait besoin d'apprendre.

Les grammairiens qui se sont occupés de la science étymologique, se bornant presque tous à déterminer la valeur des racines, ont négligé la valeur précise des prépositions et des désinences. Le président de Brosses lui-même, en expliquant le mécanisme du langage, avait seulement indiqué le travail important qui restait à faire sur ces deux élémens des mots composés. Ce travail a fait l'objet des recherches de M. Butet. Après avoir développé, dans sa Lexicographie, les rapports matériels qui existent entre la langue latine et la langue française, il a cru pouvoir présenter, dans son cours de Lexicologie, une méthode certaine pour décomposer et recomposer les mots de plusieurs syllabes, conformément à l'analyse des idées. Ainsi, selon M. Butet, on trouverait la raison suffisante de chaque élément des mots; et la langue philosophique existerait, au lieu d'être un simple vœu des grammairiens philosophes. Par malheur, cette opinion n'est pas démontrée. Ce qui semble évident à M. Butet paraît offrir beaucoup d'incertitude. On lui reproche d'attacher aux désinences des mots une importance qu'elles ont rarement. On craint qu'il ne se soit égaré, en voulant assujettir la grammaire à la marche rigoureuse des sciences physiques et mathématiques. D'ailleurs, la nomenclature qu'il invente est d'une étrange complication; et, pour la faire adopter, il faudrait prouver qu'elle est nécessaire: ce qui serait un peu difficile. Cependant de pareils travaux ont l'avantage d'exercer l'esprit; du fond même des obscurités jaillissent souvent des lumières inattendues. S'il n'est pas bien sûr que l'auteur ait réussi dans son entreprise, du moins les recherches pénibles qu'il fait encore peuvent le conduire à des résultats d'une utilité plus incontestable.

L'écrit de M. de Volney sur la simplification des langues orientales semble, au premier coup-d'œil, devoir nous être complétement étranger; mais le discours préliminaire suffirait pour le rattacher à notre plan, du moins par le mérite du style. On va voir que le fond des idées l'y rattache encore davantage. L'auteur, partant de cette vérité, que les différens signes du langage doivent représenter les différens sons, conçoit le projet d'un alphabet unique. Il s'agit d'ajouter un petit nombre de signes indispensables à l'alphabet romain, et, par ce moyen très-simple, de lui assujettir les langues de l'Asie, comme les langues de l'Europe et des deux Amériques lui sont déja soumises. Ce projet peut déplaire à quelques hommes qui aiment les sciences occultes, et qui en veulent jusque dans les langues; mais, d'abord, faciliter l'étude des idiomes asiatiques, c'est déja faciliter nos rapports de commerce avec l'Asie: voilà donc une vue politique. Voici maintenant une vue de grammaire générale et de la plus haute importance : à l'aide des mêmes signes, on compare aisément les divers idiomes; on découvre, pour ainsi dire, leur degré de parenté, leur filiation, leurs analogies, leurs différences essentielles; la science étymologique s'éclaire; la science des idées s'étend elle-même. Si, comme l'a judicieusement observé Condillac, les langues sont des méthodes analytiques plus ou moins parfaites, un alphabet unique, gouvernant toutes les langues, pourrait acheminer l'esprit humain vers une méthode universelle. En simplifiant les signes, on rapproche les langues; en rapprochant les langues, on rapproche les peuples. De la séparation des peuples est venue la barbarie; par leur rapprochement, la civilisation s'accroît. On conçoit, d'après cet aperçu rapide, qu'il serait facile de pousser beaucoup plus loin, jusqu'où s'étendent les vues d'un philosophe accoutumé à diriger toutes ses pensées vers le perfectionnement de l'espèce humaine. Les cartes d'Égypte, dressées par ordre du gouvernement, doivent être exécutées conformément aux vues de M. de Volney. Une idée aussi féconde en résultats utiles devait fixer l'attention des hommes d'État et des hommes de lettres du dix-neuvième siècle.

En cherchant quels furent les progrès de l'art de penser et de l'analyse de l'entendement, on retrouve plusieurs des hommes qui ont perfectionné la grammaire philosophique; et nous ne tenterons pas d'expliquer un fait qui tient à la nature même de ces sciences. C'est à Bacon qu'il faut remonter encore : ce fut lui qui, dès le commencement du dix-septième siècle, rejeta, comme inutiles aux progrès de l'esprit humain, la logique et la métaphysique des écoles; lui qui fraya des chemins nouveaux; qui montra le but véritable, et signala tous les écueils. Hobbes, disciple de Bacon, fut substantiel, profond et concis dans son Traité de la nature humaine, et plus encore dans sa logique, appelée Calcul. Descartes, dans sa méthode, en établissant le doute comme base nécessaire de l'examen, en exigeant l'évidence comme signe indispensable de la vérité, fonda parmi nous la saine logique. En métaphysique, il erra, faute d'avoir suivi lui-même les règles sûres qu'il avait déterminées. Arnauld et Nicole, vingt ans après, composèrent cet art de penser si célèbre sous le nom de *Logique de Port-Royal*, livre sage et bien écrit, où quelques erreurs du temps sont rachetées par des vérités de tous les siècles. Malebranche découvrit les pièges qui nous sont tendus par nos sens et les rêves de notre imagination; mais cette imagination qu'il redoutait, l'égarant par une route contraire, l'entraîna dans un spiritualisme inaccessible à la raison humaine. L'universel Arnauld, durant ses longues discussions avec Malebranche, remua plutôt qu'il n'éclaira ces ténèbres métaphysiques. Buffier, quoique jésuite, se permit quelque philosophie dans sa Logique et dans sa métaphysique. Dumarsais, quoique philosophe, mit peu d'idées dans sa logique. Elle est courte; mais elle est vide et toute scolastique, indigne de lui. Il s'y occupe fort du syllogisme, et commence par bien établir la différence qui existe entre l'ange et l'âme humaine. Vers le même temps parut une traduction du grand ouvrage de Locke. On repoussa la nouvelle doctrine; et les idées innées, si bien réfutées par le sage Anglais, prévalurent encore en France jusqu'au milieu du dernier siècle, époque mémorable pour la philosophie. Alors Condillac publia cette belle théorie où, supposant une statue animée, isolant chacun de nos sens, les combinant deux à deux, trois à trois, tous ensemble, découvrant les sensations que produit chaque sens isolé, celles qui résultent des sens diversement combinés et enfin de tous les sens réunis, il décrit, avec une précision si méthodique et si lumineuse, l'histoire naturelle de nos idées. Ce fut vingt ans après que le même philosophe donna sa logique, l'une des plus courtes, la plus substantielle que l'on ait jamais écrite, et peut-être son meilleur ouvrage après la Théorie des sensations. L'essai analytique et la Psycologie de Charles Bonnet sont remarquables par une sagacité profonde, mais qui souvent dégénère en subtilité. Helvétius ne fut pas inutile au progrès de l'analyse et de l'entendement. Inférieur à Condillac pour la méthode et l'exactitude, il a plus de hardiesse dans les conceptions, et plus de mouvement dans le style. Son livre de l'Esprit et son livre de l'Homme renferment d'utiles vérités; ils contiennent aussi des paradoxes. On y trouve, par exemple, que tous les hommes seraient égaux en facultés intellectuelles, s'ils étaient également secondés par l'éducation. Des raisons physiques, et par conséquent très- puissantes, semblent démentir cette idée, qu'Helvétius reproduit sans cesse. Mais, si c'est une erreur, elle est encore philosophique. Il n'y a qu'un ami de l'humanité, qui se trompe ainsi.

La classe qui, dans la première organisation de l'Institut, était spécialement consacrée aux sciences morales et politiques leur a donné beaucoup d'essor. Nous aurons l'occasion de le remarquer ailleurs ; et déja nous trouvons ici plusieurs ouvrages qui furent composés sous ses auspices. Ce fut elle qui proposa pour sujet d'un prix cette double question, belle à résoudre, et qui n'était pas d'une médiocre étendue : *Déterminer quelle fut l'influence des signes sur l'acquisition de nos idées et la formation de nos connaissances; rechercher quelle influence le perfectionnement des signes pourrait exercer à l'avenir sur les progrès de l'esprit humain.* Le prix fut obtenu par M. de Gérando, dont le Mémoire, plein de mérite, est devenu bientôt un livre considérable, grâce aux nombreuses additions dont il a cru devoir l'enrichir. Il y traite amplement les questions accessoires qui viennent se rattacher en foule aux deux questions principales. Il expose, dans la première partie, comment les signes naturels réveillent en nous les idées sensibles, sans nous donner toutefois une seule idée abstraite ; et comment les signes artificiels, c'est-à-dire les signes du langage, étendent les facultés de l'entendement, et complètent, par degrés, la pensée humaine. Dans la seconde partie, il part de ces observations positives pour arriver à des résultats encore inconnus. Il examine de quelles applications nouvelles les signes, en général, sont susceptibles ; en quoi les signes du langage peuvent être perfectionnés ; par quelle route il est possible d'atteindre à une langue philosophique, dont tous les mots auraient une acception rigoureuse, dont tous les élémens seraient formés d'après des lois invariables, et mis en mouvement selon la marche des idées mêmes. Concevant néanmoins les difficultés sans nombre qu'éprouveraient, à cet égard, des réformes tentées à fond, il revient à penser, avec Leibnitz, qu'il ne faut pas chercher la perfection du langage dans l'invention de nouveaux idiomes, mais dans l'art de connaître et de conserver la valeur des mots, en se bornant aux langues admises. Il ne s'agit point d'écarter les nomenclatures spéciales dont les diverses sciences peuvent avoir besoin pour se faire entendre. Rien de tout cela n'altère les langues; et jamais il ne faut les altérer. Mais, dira-t-on, suffisent-elles? Oui, sans doute, à ceux qui les savent. En philosophie, comme en tout le reste, la solution du problème ne consiste qu'à bien écrire.

Après ce livre estimable, où M. de Gérando a développé les rapports des signes et de l'art de penser, nous devons citer honorablement un autre ouvrage moins étendu, mais digne encore d'attention, et couronné, il y a sept ans, par la seconde classe de l'Institut : il a pour sujet et pour titre : *L'influence de l'habitude sur la faculté de penser.* La matière est riche. L'homme tient de l'habitude ce qu'il sait et ce qu'il croit savoir ; d'elle seule viennent toutes nos connaissances ; d'elle seule aussi tous nos préjugés. C'est avec beaucoup d'art, et même avec beaucoup de circonspection, que l'auteur, M. Maine-Biran, rapprochant l'idéologie de la physique, a traité ce sujet, non moins fécond que difficile, et qui pouvait conduire à des questions d'une haute importance, mais dont les académies sont convenues de s'abstenir.

M. Laromiguière, à qui nous devons la seule édition complète qui existe de Condillac[1], a publié d'excellentes réflexions sur la Langue des Calculs, ouvrage posthume de ce philosophe célèbre. Deux mémoires imprimés dans le recueil de l'Institut, le premier sur les mots *analyse des sensations*, le second sur le mot *idées*, ne font pas moins d'honneur à M. Laromiguière. Il est

---

1. OEUVRES COMPLÈTES DE CONDILLAC, imprimées sur les manuscrits *autographes* de l'auteur ; 23 volumes in-8°. Paris, *Guillaume*, libraire, rue Hautefeuille, n° 14.

du nombre des hommes les plus éclairés parmi ceux qui aujourd'hui cultivent en France l'analyse intellectuelle. Il est encore du très-petit nombre des écrivains qui éclaircissent les idées abstraites, et qui savent les rendre sensibles par la justesse des expressions, le mélange heureux des images, l'élégance et la couleur du style.

La Logique de Marmontel est loin de valoir sa Grammaire. Ce qu'il y a de mieux est tiré de la Logique de Port-Royal. Quoique Marmontel en critique avec raison quelques détails, c'est là qu'il paraît avoir borné ses études dans la science; et, pour cela même, son livre est aussi inférieur aux lumières actuelles que le livre d'Arnauld et de Nicole était supérieur aux lumières du temps. Ce qu'il y a d'étrange, c'est que Marmontel se déclare formellement en faveur des idées innées. Il réprimande, à cette occasion, ce qu'il appelle les nouveaux docteurs. Il oublie, sans doute, qu'il s'agit de tous les philosophes qui ont écrit avant Descartes, de tous ceux qui ont écrit depuis Locke; de tous: car un homme, dont la doctrine a beaucoup de vogue aujourd'hui, du moins en Allemagne, Kant, en altérant les principes de Locke, n'admet pourtant pas des idées indépendantes de nos sensations. Marmontel oublie surtout qu'il faut compter, parmi les nouveaux docteurs, son maître et son ami Voltaire, qui souvent a ri des idées innées, et qui, sans doute, aurait ri bien davantage, s'il avait pu voir un de ses disciples renouveler, à la fin du dix-huitième siècle, cette rêverie cartésienne. On a lieu de s'étonner qu'un homme de lettres qui a joui d'une renommée légitime à plus d'un égard, un secrétaire perpétuel de l'Académie française, fût si arriéré sur des matières de cette importance. Le volume intitulé *Métaphysique* porte le même caractère. C'est le vieux nom comme la vieille science; et, si vous en exceptez la dernière leçon, qui renferme une analyse incomplète et superficielle des facultés de l'entendement, l'ouvrage roule tout entier sur l'existence de Dieu et sur la nature de l'âme. L'auteur répond aux athées ce que les hommes les plus religieux ou les plus sages leur avaient répondu cent fois. Parmi les chrétiens, Pascal, dans ses Pensées; parmi les déistes, Voltaire, dans le Dictionnaire philosophique, avaient agité ces questions délicates avec plus de précision, de profondeur et d'intérêt. Il faut bien mêler un éloge à ces critiques nombreuses, mais que la vérité nous arrache. Sous un seul aspect, ces deux volumes de Marmontel méritent quelque estime : ils sont bien écrits; et, si les idées n'y sont jamais celles d'un philosophe, le style en est toujours celui d'un très-bon académicien.

Des vues bien autrement profondes caractéri-

CHAPITRE PREMIER.

sent les Élémens d'Idéologie que M. de Tracy nous a donnés. L'homme commence par éprouver des sensations; de là ses idées naissent, et se lient ensemble. C'est toutefois après avoir inventé les signes du langage, et même perfectionné la parole, qu'il fait un art de la pensée, qu'il remonte ensuite à l'origine de ses idées, et qu'il parvient à se rendre un compte méthodique des sensations qui les produisent. Telle est la marche de l'esprit humain; mais, en traitant des sciences idéologiques, M. de Tracy a cru devoir suivre la marche que la Nature suit dans l'homme, long-temps à l'inçu de l'homme lui-même. Le premier volume de son ouvrage est donc consacré à l'idéologie proprement dite. Il y explique comment, penser ou sentir étant pour nous la même chose qu'exister, la faculté générale de penser renferme diverses facultés élémentaires qui composent l'homme tout entier : la sensibilité ou la faculté d'éprouver des sensations; la mémoire ou la faculté de se ressouvenir des sensations éprouvées; le jugement ou la faculté de trouver des rapports entre nos perceptions; la volonté ou la faculté de former des désirs. M. de Tracy, exposant sous de nouveaux points de vue cette théorie de l'existence, fait voir comment l'homme se meut par sa volonté, comment agissent ses facultés intellectuelles, comment ses idées sont représentées par des signes vocaux ou écrits.

Là naît la grammaire générale; elle est l'objet du second volume. L'auteur établit les principes communs à toutes les langues, décompose les élémens de la proposition, parcourt les divisions de la syntaxe, et finit par examiner ce que serait une langue parfaite dans le sens logique. Cette question curieuse, mais au fond moins importante par elle-même que par ses applications aux langues usuelles, est réduite à des termes précis, qui lui font acquérir une extrême clarté. M. de Tracy, dans son troisième volume, enseigne la logique; et, certes, ce n'est pas la logique de l'école. Il recherche quelle est pour nous la cause de toute certitude, et il la trouve dans la certitude même de nos sensations actuelles; quelle est la cause de toute erreur, et il la découvre dans l'imperfection de nos souvenirs. Nos faux raisonnemens viennent, selon lui, de ce que nous croyons voir dans nos idées ce qu'elles ne renferment pas; et la logique n'est autre chose que l'examen exact et complet des différens rapports qui existent entre nos différentes perceptions. De là suit l'inutilité absolue des formes syllogistiques, et de ces règles étroites si long-temps prescrites à l'art de penser. Après avoir développé, dans les trois parties de son livre, la formation, l'expression, la déduction des idées humaines, M. de Tracy dessine le plan d'un livre plus vaste encore, qui serait le complément du sien, et dont il recommande l'exécution aux philosophes qui ont approfondi les sciences idéologiques, mais qu'à ce titre nul assurément n'est plus en état de faire que lui-même. Ses Élémens sont pleins d'idées saines, on peut ajouter, pleins d'idées neuves. Ce serait déja beaucoup que d'avoir habilement rassemblé des vérités éparses, mais connues. L'auteur fait davantage : il combat les erreurs où elles sont, dans les auteurs, dans les écrits qu'il estime le plus; soit dans Beauzée, imaginant sa théorie du verbe; soit dans Condillac, traçant l'analyse de la pensée; soit dans la logique de Hobbes, que M. de Tracy a néanmoins complètement traduite; soit dans les nombreux ouvrages qui forment la grande rénovation de Bacon. Tout en observant et les égards que réclame le mérite, et le respect que l'on doit au génie, il ne reconnaît d'autorité sans appel que l'autorité de la raison rendue évidente par l'examen; car il n'est point de ceux qui refusent d'examiner les idées vraies ou fausses que, suivant l'énergique expression de Hobbes, ils ont authentiquement enregistrées dans leur esprit. Il faut donc rendre justice au beau monument de philosophie rationnelle élevé par M. de Tracy : c'est un des grands ouvrages de l'époque; et c'est là qu'il faut recourir pour constater le point de hauteur où la science est parvenue.

M. Cabanis, à qui est dédiée la Logique de son

ami M. de Tracy, est lui-même un des philosophes dont les travaux ont le plus honoré les derniers temps. Des vérités lumineuses remplissent les douze Mémoires qui composent son livre sur les rapports du physique et du moral de l'homme. L'auteur commence par observer que l'étude de l'homme moral n'offre que des hypothèses plus ou moins incertaines, quand elle cesse d'être liée à l'étude de l'homme physique. Locke et ses successeurs ont rapproché ces deux études; mais elles doivent être encore plus intimement unies; et la seconde est la base invariable sur laquelle il faut replacer l'édifice entier des sciences morales. Tel est le but que M. Cabanis s'est proposé dans son ouvrage; et ce but est pleinement rempli. Le premier Mémoire détermine avec précision l'indissoluble alliance qui existe entre l'organisation physique de l'homme et ses facultés intellectuelles. Les nerfs sont les organes de la sensibilité; le cerveau, ou centre cérébral, est l'organe spécial de la pensée. Les deux Mémoires suivans sont consacrés à l'histoire physiologique des sensations; et là des faits, exposés avec méthode, démontrent les vérités qui déja se trouvaient établies par des considérations générales. De nouveaux développemens se présentent en foule : tout, dans la nature, est mis en mouvement, décomposé, recomposé, détruit et reproduit sans cesse. En suivant la marche que suit la Nature, en examinant l'un après l'autre tous les genres d'influence qu'elle exerce sur l'espèce humaine, M. Cabanis expose, dans six Mémoires, comment nos idées et nos affections morales sont modifiées par la succession des âges, par la différence des sexes, par la variété des tempéramens, par les altérations passagères ou durables qui résultent des maladies, par les effets du régime, par l'action puissante du climat. Le dixième Mémoire traite de l'instinct, raison première, qui enseigne à chaque être vivant les moyens de se conserver; de la sympathie, nouvel instinct, qui attire l'un vers l'autre des individus différens; du sommeil, où les facultés de l'homme agissent encore, mais agissent en désordre; et du délire, qui, à cet égard, n'est qu'un sommeil prolongé. L'influence du moral sur le physique est l'objet du onzième Mémoire : il faut entendre, par cette influence, l'action de la pensée, dont le siége est dans le cerveau, sur l'ensemble des organes de l'homme. L'auteur, en terminant son ouvrage, examine les tempéramens acquis, c'est-à-dire, ceux qui, par des causes accidentelles, ont perdu leur caractère primitif, et sont entièrement changés. Ici, peut-être, l'ordre des idées est un peu interverti : nous croyons du moins que ce douzième Mémoire devrait être le dixième, et venir immédiatement après l'exposition des six causes naturelles qui modifient l'homme tout entier. En risquant cette observation critique, peu grave en elle-même, et pourtant la seule que nous ayons à faire, nous la soumettons, comme un simple doute, aux lumières de l'auteur, trop habile à-la-fois et trop sage pour ne pas apprécier ce qu'elle peut avoir de justesse. Du reste, le plan de son livre est aussi bien exécuté qu'il est bien conçu; les questions y sont traitées avec profondeur; et l'élégance du style leur donne autant d'intérêt qu'elles ont d'importance. Aussi la renommée de ce bel ouvrage est faite en Europe; elle y doit encore augmenter. Plus il sera lu, plus on sentira combien de sortes de connaissances, combien de genres de mérite il fallait réunir pour appliquer, avec autant de succès, l'analyse de l'entendement à la physiologie transcendante, et l'art d'écrire à toutes les deux.

Ce fut une utile institution que celle de ces écoles normales, où les diverses connaissances étaient publiquement enseignées par des hommes éminens; dont les élèves, déja éclairés, choisis dans toutes les parties de la France, devaient ou pouvaient être à leur tour des instituteurs publics. Là, point d'infaillibilité magistrale : l'examen n'était pas un privilége; la raison était sans cesse en exercice; et de libres discussions, ouvertes entre les professeurs et les disciples, perfectionnaient à-la-fois les disciples et les professeurs. On sait quel éclatant succès y obtinrent les leçons de M. Garat sur l'analyse de l'entendement : ce beau travail est imprimé. Après un aperçu général, unique objet de son programme, M. Garat décrit la marche historique et progressive de cette science moderne; il apprécie les différens travaux; il caractérise avec autant d'énergie que de justesse, et souvent par des traits de maître, les différens génies des analystes les plus habiles. Tel est le sujet de sa première leçon. La seconde est une exposition détaillée du plan qu'il doit suivre. Il divise son cours en cinq sections : les sens et les sensations, principes de tout ce qui tient à l'homme; les facultés de l'entendement, moyens de diriger les sens, et de combiner les sensations; la théorie des idées ou de toutes les notions que l'homme peut acquérir par les facultés de l'entendement; la théorie des signes et des langues, c'est-à-dire, de tous les signes naturels ou artificiels par lesquels l'homme exprime les sensations qu'il éprouve, ou les idées qu'il conçoit; enfin la méthode, complément nécessaire des quatre premières parties, puisqu'elle sert à bien diriger à-la-fois les sens et les sensations, les facultés de l'entendement, les idées et les formes du langage. Le cours de M. Garat fut interrompu par cet ascendant des circonstances qui souvent empêche d'achever, ou de publier d'excellens écrits.

Puisse-t-il exécuter aujourd'hui son entreprise, et composer un traité complet digne de l'introduction qu'il nous a donnée! La supériorité d'esprit y est renforcée par cette supériorité de talens qu'elle ne suppose pas toujours. Toutes deux éclatent, soit dans les brillans portraits de Bacon et de ses successeurs, soit dans l'exposition de cette vérité singulière, et pourtant démontrée avec rigueur, que les langues furent nécessaires non-seulement pour exprimer, mais encore pour acquérir des idées; soit lorsque, arrivé à cette formation des langues que J.-J. Rousseau ne pouvait expliquer sans le secours du merveilleux, M. Garat, suivant la route qu'avait frayée Condillac, explique par la nature même comment les signes, qui, sur le visage de l'homme, expriment les sensations, devenant les premiers types des signes artificiels, amenèrent graduellement la plus étonnante et la plus féconde des inventions humaines: l'écriture alphabétique. Enfin, cette centaine de pages renferme plus d'idées saines, plus de vues profondes, plus de substances que tous les gros livres des métaphysiciens de la vieille école. Le style philosophique peut-il être à-la-fois très-éloquent et très-exact? C'est un des points que M. Garat se proposait d'examiner dans son cours. La question lui semble difficile à résoudre: elle l'est sans doute; mais, en écrivant, il la résout; et, quand on lit de tels ouvrages, il faut bien se décider pour l'affirmative.

Une réflexion générale terminera ce chapitre. Quelques savans repoussent le nom d'idéologie, uniquement peut-être parce qu'il est moderne. Quelques philosophes n'aiment pas le nom de métaphysique, et parce qu'il est vague, et parce qu'il rappelle plutôt les antiques ténèbres que les lumières nouvelles. Le nom d'analyse de l'entendement n'a d'autre défaut que d'être un peu long ; analyse des sensations et des idées l'est bien davantage : cette dénomination, d'ailleurs, ou plutôt cette phrase, offre quelque chose d'inutile, puisque les idées, même les plus abstraites, selon l'heureuse définition de Condillac, ne sont que des sensations transformées. Quoi qu'il en soit, et sous quelque titre que se présente la science, elle est désormais mise à son rang par tous les hommes qui ont des lumières ; son importance et son étendue ne sauraient être sérieusement contestées. Née en Angleterre il y a deux siècles, et là seulement perfectionnée durant un siècle et demi, depuis cinquante ans elle a fait de grands pas en France ; elle en fait encore aujourd'hui. Base des sciences morales et politiques, principe de l'art de penser, de l'art de parler, de l'art d'écrire, elle s'applique à toute littérature. Son union avec la physique est plus intime encore ; et les calculs mathématiques ne lui sont pas étrangers.

Comme elle procède par un examen rigoureux, comme son examen s'étend sur l'universalité des idées humaines, elle affermira les sciences véritables ; et, malgré plusieurs intérêts qui s'y opposent, elle anéantira les prétendues sciences qui sont au-dessous, ou, si l'on veut, au-dessus de la raison ; car ici les termes semblent contraires ; mais les choses sont identiques.

CHAPITRE II.

Morale, Politique et Législation.

La Morale, si vous lui donnez le sens le plus étendu, se trouve dans tous les genres d'écrire. Homère et Virgile, Sophocle et Corneille, Tacite et Guichardin, Cervantes et Richardson abondent en peintures et en principes de mœurs. Voltaire, dans ses romans les plus frivoles en apparence, n'en présente guère moins que dans sa Henriade, dans ses tragédies et dans ses histoires; et, sous ce point de vue général, Molière et La Fontaine sont les plus exquis moralistes. Mais la morale est ici considérée comme science; et nous parlons uniquement des écrits qui n'ont pas d'autre objet qu'elle-même. En Grèce, elle fut cultivée par toutes les écoles philosophiques : Pythagore, Socrate et Zénon l'enseignèrent à leurs disciples; et l'on sait aujourd'hui qu'à cet égard la secte épicurienne ne le cédait à aucune autre. Chez les Romains, l'école académique se glorifiait de Cicéron, qui perfectionna la morale en plusieurs ouvrages, et surtout dans l'admirable Traité des Devoirs. Après lui, Sénèque, Marc-Aurèle, Épictète, illustrèrent l'école du Portique : la philosophie stoïcienne, qui niait la douleur, fleurit en des temps où le genre humain dut se résigner à souffrir. Parmi nous, le beau livre des *Essais* se présente le premier. Sceptique par indépendance, et non par système, Montaigne y resta libre dans ses opinions comme dans les formes de son style, et repoussa le joug d'une doctrine invariable autant que celui d'une langue fixée. Charron, dans le traité *de la Sagesse*, eut plus de méthode que Montaigne, son maître; mais il n'eut pas, comme lui, ce talent original qui renouvelle tout par l'expression, et qui paraît tout inventer. En écrivant sur la vertu des païens, le conseiller d'État La Mothe le Vayer fit éclater une philosophie peu commune à la cour de Louis XIV. De pieux écrits furent composés et rassemblés par Nicole sous le nom d'*Essais de Morale*; on les estime encore, mais on les lit peu. Les *Maximes* du misanthrope La Rochefoucauld se soutiennent par leur brièveté pleine de sens. Quant aux Caractères de La Bruyère, on les relit sans cesse; et, de tous les ouvrages en prose du dix-septième siècle, aucun ne réunit au même degré la finesse des pensées, l'originalité des expressions, la variété des tournures, la vérité satirique des tableaux, et la connaissance approfondie de la société. Peintre ingénieux des mœurs, écrivain piquant, quoique inférieur à La Bruyère, Duclos s'est fait lire après lui. Mais, en un genre d'écrire bien plus élevé, deux siècles rivaux de gloire ont produit, l'un, le *Télémaque* de Fénélon, l'autre l'*Émile* de J.-J. Rousseau, chefs-d'œuvre différens, mais égaux entre eux, à qui nul ouvrage de morale ne peut être comparé chez les nations modernes, ni même dans les littératures de l'antiquité.

Le *Bélisaire* de Marmontel, sans les égaler à beaucoup près, les suit du moins avec honneur. Ici nous retrouvons Marmontel composant sur la morale un traité méthodique, et dont les formes sont austères : c'est le dernier volume des *Leçons d'un père à ses enfans*, et le meilleur après celui qui porte le nom de *Grammaire*. La leçon sur la morale évangélique rappelle, quant au fond des idées, la fameuse Profession de foi du vicaire savoyard. Les avantages sont compensés : Marmontel est plus orthodoxe, et J.-J. Rousseau plus éloquent. Le traité dont nous parlons est encore enrichi de très-beaux passages, tirés des ouvrages philosophiques de Cicéron : ils sont fidèlement rendus; et toujours on y trouve cette correction, cette élégance, cette harmonie qui n'abandonnaient guère Marmontel quand il écrivait en prose.

L'influence des passions sur le bonheur des individus et des sociétés civiles offrait aux moralistes un beau sujet, que madame de Staël a traité d'une manière brillante. Quoique divisé en trois sections, son ouvrage est peu susceptible d'analyse; mais il n'est pas difficile d'en faire sentir les qualités, et mêmes les défauts. Il y a beaucoup d'imagination dans le chapitre de l'amour, et plus encore dans celui de l'amitié. En voulant préserver des passions, madame de Staël est passionnée dans son style, qu'il nous soit permis d'ajouter: dans ses jugemens. L'esprit de parti se laisse apercevoir en quelques passages, et surtout dans le chapitre où il s'agit de l'esprit de parti: on est fâché d'y trouver des lignes étranges sur un *homme diversement célèbre*. C'est de Condorcet qu'il est question; et cette phrase équivoque n'est interprétée par aucun éloge. *Ses amis assurent*, si l'on en croit madame de Staël, *qu'il aurait écrit contre son opinion*. Voilà des amis bien perfides, ou, ce qui est plus exact, des ennemis bien injustes. Condorcet fut sans doute et restera diversement célèbre, puisqu'il était à la fois habile dans les sciences mathématiques, profond dans les sciences morales et politiques, éclairé en littérature, écrivain distingué, philosophe illustre et grand citoyen; mais nul dans ses écrits ne se montra plus d'accord avec sa conscience, et plus ouvertement fidèle aux immuables principes dont il a péri martyr. Il est bien vrai qu'il aimait les vertus, le génie, les opinions de Turgot; qu'il admirait son administration, et qu'il n'avait pas, à beaucoup près, les mêmes sentimens pour un ministre dont le nom n'est pas sans célébrité. A cet égard, les panégyriques exagérés peuvent convenir à l'amour filial; mais entre-t-il aussi dans ses droits d'inculper gravement et sans motif admissible un des premiers hommes du dix-huitième siècle? C'est ce que nous avons peine à croire. Après cette observation, que nous faisons à regret, mais qu'il fallait faire, nous n'examinerons point avec l'auteur si Newton a plus de juges que le véritable amour, ou s'il vaut mieux être Aménaïde que Voltaire. Nous aimons mieux passer aux éloges que mérite l'exécution de l'ouvrage : il n'y faut pas chercher des théories analytiques, un enchaînement rigoureux de principes et de conséquences; mais il présente, comme tous les écrits de madame de Staël, des tableaux riches et variés, le besoin et le talent d'émouvoir, des traits ingénieux, de la nouveauté dans les expressions, et surtout une extrême indépendance, soit dans la composition générale, soit dans le choix et la succession des idées, soit dans les formes du langage.

Nous devons à madame de Condorcet, veuve de l'homme respectable dont nous venons de parler, une élégante traduction de la *Théorie des sentimens moraux*, premier et célèbre ouvrage de cet Adam Smith, qui depuis a répandu tant de lumières sur les principales questions de l'économie politique. A la suite de cette traduction, madame de Condorcet a publié des *Lettres sur la sympathie.* L'ouvrage est court, mais plein de mérite : elle y part du même principe qu'Adam Smith, c'est-à-dire, de cette sympathie, soit générale, soit particulière, qui nous fait partager avec plus ou moins d'énergie les sensations de plaisir ou de douleur éprouvées par nos semblables. Madame de Condorcet n'adopte pourtant pas toujours les opinions du philosophe écossais ; quelquefois même elle le combat avec avantage. Lorsqu'elle recherche, par exemple, l'origine des idées morales, au lieu de recourir, comme lui, à un sens intime que l'on ne définit jamais bien, parce qu'il est impossible de le bien comprendre, elle trouve dans notre sensibilité réelle et physique les impressions qui font la moralité entière, et que bientôt la raison généralise, en établissant les principes invariables du juste et de l'injuste sur la base éternelle des sensations humaines. Ces lettres, adressées à M. Cabanis, et dignes de paraître sous les auspices de deux noms célèbres, sont écrites, non-seulement avec netteté, avec finesse, avec précision, mais encore avec une méthode bien rare dans les ouvrages des dames qui ont le plus d'esprit, presque aussi rare dans les livres des moralistes les plus estimés, de ceux du moins qui, satisfaits de briller par l'éloquence, ou d'exceller dans l'art de peindre la société, n'ont point appliqué à la science des mœurs l'instrument universel de l'esprit humain : l'analyse de l'entendement.

« Il a paru, sous le titre d'opuscules philoso-
« phiques, un petit recueil peu connu, quoiqu'il
« soit assez remarquable. Il renferme des pièces
« inédites de plusieurs personnes dont les noms
« seuls excitent l'intérêt. Les réflexions de madame
« Du Châtelet sur le bonheur prouvent à la fois
« une ame très-sensible et un esprit très-élevé.
« Le petit écrit de Necker sur le bonheur des sots
« pourrait être plus piquant et plus léger sans in-
« convénient. On lit avec plaisir un dialogue sur
« les femmes, composé par l'abbé Galiani, et un
« portrait du philosophe considéré en général : il
« est attribué à Dumarsais. Mais on distingue sur-
« tout dans ce livre deux morceaux de Diderot,
« qui, depuis, ont été publiés de nouveau dans
« la collection de ses œuvres. L'un est un dialo-
« gue entre ce philosophe, plus que sceptique,
« et la maréchale de Broglie, dont la piété sincère
« allait jusqu'à la dévotion : l'entretien roule sur
« la première des idées religieuses ; les formes du
« style en sont très-vives, pleines d'originalité,
« de politesse et d'esprit. L'autre ouvrage est plus
« étendu : c'est une suite de dialogues à l'occasion
« du voyage de M. de Bougainville. L'auteur y
« agite avec beaucoup de liberté des questions

« d'une extrême délicatesse. Là se trouvent les
« adieux d'un vieillard otaïtien au célèbre navi-
« gateur français : ils contiennent une énergique
« apologie de la vie sauvage ; et J.-J. Rousseau,
« dans son discours sur l'inégalité des conditions,
« n'a pas de morceau plus éloquent. Après cet
« ouvrage, sont imprimées de courtes réflexions
« adressées à l'éditeur, et signées de lettres initia-
« les qu'il est inutile d'indiquer. Diderot y est
« traité d'une manière infiniment leste jusque dans
« la part d'éloges qu'on veut bien lui faire. Nous
« ne déciderons pas si ce ton d'une supériorité
« railleuse et tranchante outrepasse les droits de
« l'écrivain ; mais nous croyons que Voltaire n'au-
« rait pas osé se le permettre, en parlant d'un
« homme tel que Diderot [1]. »

L'émulation est-elle un bon moyen d'éducation ?
Il y a huit ans que la seconde classe de l'Institut
proposa cette question pour sujet du prix de morale. Ici la forme problématique étonne un peu ;
elle était pourtant convenable. Un grand prosateur, dont les écrits sont pleins de principes lumineux et de brillans paradoxes, avait attaqué l'é-
mulation avec tant d'éloquence, qu'il y avait du

---

[1]. Les morceaux indiqués par des guillemets sont imprimés
ci pour la première fois. (*Note de l'Éditeur.*)

courage à la défendre et presque à la réhabiliter : c'est ce qu'a tenté M. Feuillet. Il profite de ses avantages, en opposant à l'autorité de Rousseau, dans *Émile*, l'autorité formellement contraire de Rousseau, dans l'article *Économie* du Dictionnaire encyclopédique. Du reste, prenant la question dans ses racines, il se demande quel est le but de l'éducation. Il s'agit de développer toutes les facultés des individus, et d'assurer leur bonheur, en les faisant contribuer au bonheur général ; mais les facultés individuelles se développent par les comparaisons qui s'établissent entre les différens individus : de là naît l'émulation ; et, si l'on veut l'écarter de l'éducation de l'enfance, elle se retrouvera dans l'éducation de la vie entière. Cette émulation n'est autre chose que l'amour de la gloire : sentiment naturel à tous les hommes, mais plus ou moins étendu, et diversement dirigé. Il est dangereux dans son excès ; il peut suivre de fausses directions ; mais, sans lui, rien de grand, rien même d'utile ; son influence est nécessaire ; et, comme dit Tacite, celui qui méprise la gloire méprisera bientôt la vertu. Or, si les hommes faits ont besoin de ce puissant mobile, les enfans seront des hommes faits ; et c'est aller contre le but de la société, que de vouloir éteindre en eux un sentiment qui doit les guider durant toute leur vie. Il reste donc démontré que l'éducation vraiment sociale est fondée sur l'émulation. M. Feuillet développe habilement ces vérités fécondes; et son Mémoire est digne, à tous égards, du prix qu'il a remporté. C'est l'ouvrage d'un homme instruit, d'un esprit exercé, d'un écrivain sage, et qui, sur les matières importantes, est complétement au niveau des lumières contemporaines.

Deux ouvrages de morale ont été successivement publiés, l'un par M. de Volney, l'autre par Saint-Lambert, sous le modeste nom de *Catéchisme*. Quoique rédigés par demandes et par réponses, il ne faudrait pas les confondre avec les catéchismes ordinaires. Pleins tous les deux d'une raison profonde, ils n'ont entre eux aucune autre ressemblance ; ce n'est ni la même composition, ni le même genre de talent.

Nous parlerons d'abord de l'ouvrage de M. de Volney, puisqu'il a paru le premier. Il a pour titre : *La Loi naturelle*, ou *Catéchisme du citoyen français*. La morale est en effet cette loi qui n'a d'autre but que la conservation et le perfectionnement de l'espèce humaine. L'auteur détermine les nombreux caractères qui appartiennent exclusivement à la loi naturelle. Il est aisé de les reconnaître : elle est primitive, c'est-à-dire, antérieure à toute autre loi : elle émane de Dieu sans aucune intervention particulière, puisqu'elle se fait entendre à chaque individu : elle est universelle, puisqu'elle embrasse tous les temps et tous les lieux : elle est invariable, puisqu'elle ne modifie jamais ses préceptes : elle est évidente, raisonnable, juste, puisqu'elle est démontrée à tous, accessible à la raison de tous, conforme à l'intérêt de tous : elle est pacifique; en effet, si elle était observée, toutes les dissensions seraient bannies de la terre : elle est bienfaisante ; car c'est uniquement par elle que chaque homme, chaque société, l'humanité entière, pourraient atteindre au plus haut degré de bonheur dont notre nature soit susceptible : enfin, elle est suffisante, puisqu'elle renferme tous les emplois avantageux des facultés de l'homme, et, par conséquent, tous ses devoirs. M. de Volney passe ensuite aux bases de la morale, aux notions du bien et du mal, du vice et de la vertu. Il distingue les vertus en trois classes : les vertus individuelles, ou qui servent à la conservation de l'individu; domestiques, ou qui sont utiles à la famille; sociales, ou dont les avantages embrassent toute la société. C'est à ces dernières qu'il donne le plus d'éloges et le plus de développemens. Telle est l'idée générale de cet ouvrage important, quoiqu'il ait peu d'étendue. Les idées en sont serrées; le style en est ferme; on y remarque ce choix sévère et cette propriété d'expressions dont les philosophes de l'école française ont donné tant de beaux exemples.

Le *Catéchime universel* de Saint-Lambert n'est qu'une section de son grand ouvrage, intitulé : *Principes des mœurs chez toutes les nations*, et divisé en six parties. La première, qui a pour titre *Analyse de l'Homme*, est plutôt de l'idéologie que de la morale proprement dite. L'auteur y explique la nature des sens, celle des sensations les plus habituelles, et l'origine des passions considérées en général. L'analyse de la femme est l'objet de la seconde partie, qui présente une composition moins sévère : c'est une suite d'entretiens de mademoiselle de Lenclos avec Bernier, élève du philosophe Gassendi, et voyageur assez renommé. Ces entretiens ont de l'intérêt; et les deux interlocuteurs exposent habilement, soit la manière de sentir particulière aux femmes, soit les nuances qui distinguent les mêmes passions en des sexes dont l'organisation n'est point la même. Dans la partie suivante, intitulée *la Raison*, ou *Ponthiamas*, trois mandarins chinois, supposés fondateurs de la colonie de Ponthiamas, enseignent aux citoyens de leur république les élémens de la philosophie rationnelle, et font l'éducation d'un peuple de sages. La quatrième partie est consacrée au catéchisme universel : c'est de beaucoup la meilleure de l'ouvrage; peut-être même est-elle sans défaut. Une idée saine et lumineuse y éclate : les vices sont des passions nuisibles à nous et aux autres; les vertus sont encore des passions, mais des passions utiles à l'homme et à ses semblables. L'auteur définit, dénombre, caractérise avec sagacité les passions vicieuses et les passions vertueuses. L'introduction, les six dialogues, les préceptes, le chapitre sur l'examen de soi-même, tout est sagement pensé, noblement écrit. On a donc bien fait d'imprimer à part le Catéchisme universel : il est à lui seul un livre classique; mais peut-être eût-on mieux fait encore d'y joindre le commentaire, qui forme la cinquième section de l'ouvrage entier. Là sont développés les principes du catéchisme; et d'ingénieuses fictions, des récits piquans, des contes agréables, rendent sensible et facile l'application de ces principes. L'analyse historique de la société compose la sixième partie : c'est encore de la morale, mais de la morale publique dans ses rapports avec la politique générale et avec l'histoire des plus célèbres sociétés civiles. L'auteur semble attacher beaucoup de prix à cette analyse; et ce serait en effet la partie la plus importante de son travail, si elle atteignait le degré de perfection dont elle est susceptible; mais, il faut l'avouer, on y sent plus qu'ailleurs la main de la vieillesse, peut-être aussi l'insuffisance des études. Il n'y a point assez de profondeur dans les théories, ni même assez d'exactitude dans l'exposition des faits, quoique l'auteur évite les détails : on y trouve néanmoins d'excellens morceaux. Si nous considérons maintenant le livre de Saint-Lambert dans l'ensemble de son exécution, nous y louerons d'abord, non la chaleur des mouvemens, l'énergie des expressions, mais la pureté continue, la politesse exquise et l'élégante souplesse du style. Les diverses parties pourraient être plus intimement liées entre elles; mais elles sont homogènes quant au fond de la doctrine; et cette doctrine, qui n'est ni trop relâchée, ni trop sévère, n'a d'autre base que la nature de l'homme, d'autre objet que son bonheur. Une chose est surtout digne de remarque : la raison ne plie devant aucun préjugé dans cette belle production, qui fait honneur à la fin du dix-huitième siècle. Au moment où elle parut, les palinodies étaient à la mode, au moins chez certains littérateurs accusés bien injustement, il est vrai, du crime de philosophie. Autrefois, sans doute, ils avaient fait semblant d'être philosophes, mais uniquement pour leur intérêt; c'était encore pour lui qu'ils changeaient de langage. Ils croyaient venger par l'apostasie leur vanité mécontente; ils se flattaient même d'acquérir de l'importance, d'arriver à la fortune, d'atteindre aux places; et, dans cet espoir, ils multipliaient chaque jour des abjurations hypocrites, qui les couvraient de ridicule et ne trompaient que leur ambition. Saint-Lambert, en publiant son livre, n'examina point les temps, mais les choses; il ne s'occupa ni d'être hardi, ni d'être timide : il fut vrai. Dans un excellent discours préliminaire, il rendit hommage à la mémoire de Voltaire et de Montesquieu, d'Helvétius et de Condillac. Il convenait à ce vieillard honorable de proclamer, en expirant, la vérité qu'avait chérie sa jeunesse; de rester fidèle aux hommes illustres dont il avait été l'élève et l'ami; de respecter enfin, dans les souvenirs du dix-huitième siècle, une gloire qu'il avait vue croître, et qu'il avait lui-même augmentée.

C'est à l'immortel chancelier de L'Hospital que remontent parmi nous les sciences politiques. Les lois, les édits, les ordonnances qui émanent de lui méritaient de paraître sous les auspices d'un autre prince que Charles IX. Le règne où les lois furent le plus violées n'en est pas moins l'époque d'un grand perfectionnement dans notre législation. Dumoulin surtout y contribua par ses travaux; et le plus éclairé des jurisconsultes français seconda le plus illustre chef qu'ait jamais eu la magistrature. Dans les premières années du règne suivant, Hubert Languet, prenant le nom de *Junius Brutus*, écrivit en langue latine un traité célèbre, qu'il traduisit lui-même en français sous ce titre, qui en fait assez connaître l'importance : *De la puissance légitime du prince sur le peuple, et du peuple sur le prince.* Ce fut dans le même esprit que La Boëtie, immortalisé par son ami Montaigne, composa son *Discours de la Servitude volontaire.* Un peu plus tard parut Bodin, qui, dans son *Traité de la République,* adopta souvent les idées d'Aristote, et fournit lui-même quelques idées au plus beau génie dont puissent se glorifier les sciences politiques, à Montesquieu. Au commencement du dix-septième siècle, les *Économies royales* de Sully, vers la fin du règne de Louis XIV, les Mémoires des intendans de province, et ensuite la *Dîme royale,* écrite par Boisguilbert, sous la dictée du maréchal de Vauban, jetèrent progressivement quelques lumières sur l'économie publique. Lamoignon, dans ses Arrêtés, d'Aguesseau, dans beaucoup d'ouvrages, éclairèrent la législation civile. Sous la régence, de nombreuses questions politiques furent discutées par l'abbé de Saint-Pierre, homme vertueux, que l'on crut devoir punir pour n'avoir point flatté l'ombre de Louis XIV.

Les combinaisons du système de Law, et les malheurs qu'il entraîna, fixèrent l'attention sur tout ce qui intéressait le crédit public, le commerce et l'agriculture. De là les écrits de Melon, secrétaire du régent, et les ouvrages de nos premiers économistes. Bientôt Montesquieu déploya dans toute son étendue ce génie politique qui lui avait dévoilé les causes de la grandeur et de la décadence des Romains. Les diverses parties de la science législative furent embrassées, liées, coordonnées dans le vaste plan de l'*Esprit des Lois* : livre semé de quelques erreurs, afin, sans doute, que l'on pût y reconnaître la main d'un homme, mais précis, profond, éloquent, et, parmi les productions philosophiques, celle qui doit le plus long-temps influer sur les destinées de l'espèce humaine. Un esprit du même ordre, J.-J. Rousseau, développa dans le *Contrat Social* quelques hautes vérités qui, avant lui, n'étaient qu'entrevues. En écrivant sur le gouvernement de Pologne, il exposa des principes moins élevés, mais d'une application plus facile. Mably, que nous retrouverons parmi les historiens, analysa les traités qui formaient alors le droit public de l'Europe : du reste, admirateur passionné des institutions de Sparte et de Rome, attaché avec scrupule aux doctrines de l'antiquité, il ajouta peu d'idées à la science; mais il la servit par une foule d'écrits estimables, et surtout par ses *Entretiens de Phocion*, où, bien différent de Machiavel, il rattacha la politique entière à l'inaltérable morale.

Le *Traité des Délits et des Peines*, publié en Italie, avait fait examiner en France notre législation pénale : elle était alors bien vicieuse. Les procès de Calas, de Sirven, de Montbailly, de

Labarre, excitèrent l'intérêt et l'effroi. Un grand homme, qui les rendit encore plus célèbres, Voltaire, que l'on retrouve sur toutes les routes de la gloire, et qui ne dédaigna rien d'utile aux hommes, devint le commentateur de Beccaria. Quelques magistrats éclairés répondirent à ce signal, et surtout le célèbre avocat-général Servan. Après lui, Dupaty s'honora dans la même carrière par ses talens et par son ouvrage. Nous parlons des écrivains, des philosophes, et non pas des criminalistes. Les *Considérations sur les Finances*, par Forbonnais, d'excellens écrits de Turgot, le livre important de Necker, et ses discussions avec Calonne, répandirent des clartés nouvelles sur le revenu public et sur l'administration. Mirabeau, depuis si renommé à l'Assemblée constituante, donna, durant les dix années qui la précédèrent, un grand nombre d'écrits politiques, parmi lesquels on distingue le livre sur les Lettres de cachet, d'austères Conseils aux républicains des États-Unis sur l'ordre de Cincinnatus, la Lettre aux Bataves sur le stathoudérat, la Lettre à Frédéric-Guillaume, qui occupait le trône qu'avait rempli Frédéric-le-Grand; enfin l'Essai sur le despotisme : ouvrages qui fondèrent et qui garantissent la réputation de cet énergique écrivain. On ne doit pas citer avec moins d'éloges l'*Essai sur les privilèges*, première production de M. Sieyes, où s'annonçaient avec éclat les talens qu'il a depuis développés.

La première année de la révolution française vit éclore une multitude de brochures éphémères sur tous les objets dont les représentans de la nation pouvaient s'occuper ; elle produisit en même temps un petit nombre de morceaux précieux, et que l'oubli ne menace point. Entre ces écrivains, alors empressés à former un esprit public, M. Sieyes est, sans aucun doute, celui qui s'est fait le plus remarquer par la hauteur et l'étendue des conceptions. Nous n'avons point à parler en ce moment de ses travaux dans les assemblées nationales ; mais, depuis l'Essai sur les priviléges, et quelques mois avant la réunion des états-généraux, trois de ses écrits, paraissant presque à la fois, obtinrent un succès mémorable. Ici, recherchant dans la nature des choses ce qu'était ce tiers-état, si long-temps avili par son nom même, et jouet de l'orgueil féodal, il y trouva tous les élémens dont une nation se compose, et démontra cette vérité avec une dialectique désespérante pour les préjugés oppresseurs. Là, examinant comment une sage exécution peut réaliser de sages théories, il indiqua les moyens de garantir la dette publique, ceux d'assurer la permanence et la liberté des législateurs, ceux encore d'asseoir l'impôt sur des bases constitutionnelles.

Le plan de délibérations pour les assemblées de bailliages présente, sous un titre modeste, un véritable plan de travail pour l'assemblée célèbre qui devait régénérer le peuple français, en lui donnant une constitution. Sans être exempts d'opinions hasardées, ces trois ouvrages ont fait avancer la science de l'organisation sociale ; et l'on y voit exposé tout le système représentatif, jusqu'alors incomplétement connu par ceux mêmes des philosophes qui en avaient le mieux senti l'excellence. On sent qu'il nous est impossible d'entrer ici dans les détails qu'exigeraient de tels écrits ; il y a plus : nous ne tenterons pas d'en suivre exactement la marche. Ce n'est pas qu'ils manquent de méthode : ils en ont beaucoup au contraire ; et le premier surtout doit être compté parmi les chefs-d'œuvre d'analyse. Ce n'est pas qu'ils soient peu importans ; c'est bien plutôt parce que les questions que l'auteur y traite n'ont pas cessé d'être importantes, et qu'elles sont devenues très-délicates. Au moins est-ce un devoir en toute circonstance que rendre justice au mérite éminent et varié qu'il y fait briller sans cesse. Il pense avec énergie, avec profondeur, avec originalité ; dans chaque phrase il dit quelque chose, presque toujours quelque chose de neuf ; et, sans paraître songer au style, il est écrivain supérieur ; car son expression franche et rapide a toutes les qualités de sa pensée.

Les diverses parties de l'économie publique ont été depuis vingt ans et sont encore aujourd'hui cultivées par des hommes habiles. C'est ici que nous croyons devoir indiquer les travaux de M. Lebrun. Ils ont honoré l'Assemblée constituante et le Conseil des anciens; mais ils tiennent à la haute administration; et d'ailleurs ils offrent plutôt les formes générales de l'art d'écrire que les formes spéciales de l'art oratoire. Au reste, on y trouve l'empreinte d'un talent exercé de bonne heure, et nourri de connaissances profondes sur tout ce qui tient aux finances. Quelques rapports de M. Barbé-Marbois au Conseil des anciens sont du même genre et du même ordre. M. Rœderer et M. Dupont de Nemours, que nous retrouverons tous deux comme orateurs, doivent déjà trouver place en ce chapitre : l'un, pour quelques bonnes dissertations insérées dans son Journal d'Économie; l'autre, pour un écrit sur la banque, ouvrage assez récent encore, et dont il nous conviendrait peu de discuter le fond, mais dans lequel il serait injuste de ne pas reconnaître, et les lumières utiles d'un ami de Turgot, et ces tournures ingénieuses qui, partout et spécialement dans les matières graves, n'appartiennent qu'aux écrivains distingués.

Les *Élémens d'Économie politique*, publiés par M. Garnier, sont dignes d'estime à beaucoup d'égards; et, si l'on peut reprocher quelque chose à l'auteur, c'est d'avoir renouvelé un peu tard plusieurs opinions des économistes, opinions longtemps dignes d'être examinées, maintenant décréditées par les résultats mêmes de l'examen, surtout depuis l'ouvrage d'Adam Smith *sur les sources de la richesse des nations*. M. J.-B. Say, dans son *Traité d'Économie politique*, a suivi des routes plus sûres, et fourni une carrière plus étendue. Il écarte, à l'exemple de Smith, ces théories systématiques dont l'effet infaillible est de tout confondre en voulant tout assujettir à une seule idée générale. En observant la marche naturelle des richesses, il expose clairement de quelle manière elles se produisent, se distribuent et se consomment. Son ouvrage est divisé en cinq livres : le premier concerne tous les produits que peut créer l'industrie humaine; le second, la monnaie métallique, où l'auteur voit, non pas un signe représentatif, non pas une mesure commune, mais une marchandise véritable, et qui, par des conventions universelles, peut s'échanger à volonté contre toutes les autres marchandises; le troisième livre est relatif à la propriété, de quelque nature qu'elle soit; M. Say, dans le quatrième, examine comment se détermine la valeur des choses, c'est-à-dire le prix qu'elles atteignent quand on les échange avec la monnaie; le cinquième livre, enfin, traite de tous les genres de consommations; et, dans cette partie importante de son travail, l'auteur, en approuvant les consommations indispensables, en louant les consommations utiles à la reproduction (car il en est de cette espèce), blâme et regarde comme onéreuses pour la société entière les consommations stériles de l'*orgueil*, *ce mendiant qui crie aussi haut que le besoin*, selon l'énergique et singulière expression de Franklin. Ce n'est pas que M. Say soit partisan des lois somptuaires et des diverses prohibitions. Un ouvrage où l'indépendance des facultés industrielles est regardée comme nécessaire pour entretenir et augmenter la richesse publique ne saurait même être favorable au système réglementaire qui enchaîne et ne règle pas l'industrie. En nous résumant, M. Say, moins profond que Smith, moins habile à saisir des rapports éloignés et nombreux, est aussi plus méthodique, plus facile à suivre, et ne se permet pas, comme lui, de fréquentes digressions. Soigneux d'éviter les questions de politique, celles même de commerce ou de finances, il se borne aux principes de l'économie proprement dite. Son traité lui fait beaucoup d'honneur : orné avec sagesse, le style en est sain comme la doctrine; et, de tous les livres composés en français sur la science économique, c'est le plus complet sans contredit, nous croyons pouvoir ajouter, le plus instructif.

L'*Essai sur le revenu public* est essentiellement un livre de finance, sans être toutefois étranger à l'économie politique. M. Ganilh, auteur de cet ouvrage, y recherche comment s'est composé le revenu public chez les peuples anciens et chez les peuples modernes. C'est avec une attention spéciale qu'il en suit les progrès en France et en Angleterre, contrées où, depuis deux siècles, les charges des contribuables n'ont cessé d'augmenter avec les besoins du gouvernement. Après avoir traité de la législation et de l'administration du revenu public, deux choses qu'il regarde comme devant être séparées pour l'intérêt des sociétés, il considère successivement les dépenses et les contributions qui les couvrent. Il ne donne pas une histoire complète des finances ; il donne encore moins un plan général : plus circonspect, sans être cependant timide, il expose des faits nombreux ; et de ces faits rassemblés naissent les réflexions qu'il y mêle. Peu favorable aux taxes sur la rente des terres, sur les capitaux, sur les personnes, il leur préfère les contributions indirectes, au moins quand elles vont frapper les consommations de luxe. En général, il se rapproche beaucoup, dans les principes, des philosophes de l'école écossaise, notamment de Hume et de Smith. Ce n'est donc pas seulement l'importance des matières qui nous fait remarquer l'*Essai sur le revenu public* : une diction claire et

CHAPITRE II. 85

rapide le rend intéressant à lire; des connaissances bien étendues et bien distribuées le recommandent comme un livre utile.

En législation civile, il a paru un ouvrage important, et qui tous les jours se continue : c'est un recueil où sont traitées, selon l'ordre alphabétique, les questions le plus fréquemment agitées dans les tribunaux. On doit ce recueil à M. Merlin, si connu, dès sa jeunesse, par les excellens articles dont il a enrichi le Répertoire de jurisprudence, plus célèbre encore par ses travaux législatifs, et qui, dans l'opinion publique, occupe une place éminente entre les jurisconsultes vivans. Les *Élémens de législation*, par M. Perreau, sont d'un écrivain sage et d'un bon citoyen. Il est juste de distinguer aussi l'écrit de M. Bourguignon sur *la magistrature considérée dans ce qu'elle fut et dans ce qu'elle doit être*. L'auteur entend par magistrats les fonctionnaires publics attachés à l'ordre judiciaire. Cette dénomination, jadis usitée parmi nous, manque peut-être de justesse. Quoi qu'il en soit, l'ouvrage a du mérite; mais on en trouve bien davantage dans les trois *discours* du même auteur *sur les Moyens de perfectionner en France l'institution du jury*. Le premier fut couronné, il y a sept ans, par la seconde classe de l'Institut; les deux autres furent composés depuis, soit pour éclaircir des points obscurs, soit pour répondre à des objections récentes. Nous ne pouvons passer sous silence le livre de M. Bexon sur la *sûreté publique et particulière*. Après avoir été publié sous les auspices de S. M. le roi de Bavière, il a joui d'un brillant succès dans plusieurs contrées de l'Europe. Le *Code* lui-même dépasse notre compétence ; mais le discours étendu qui le précède appartient à la littérature des sciences politiques. Il contient des idées profondes et bien exprimées sur l'esprit de toute législation, spécialement de la législation pénale : les principes de Montesquieu, de Beccaria, y sont présentés sous des points de vue qui les étendent ; et les lumières de l'auteur ne sauraient être contestées avec justice.

Toutefois, long-temps auparavant, et dès la seconde année de notre époque, M. Pastoret avait publié sa *Théorie des lois pénales*, production plus intéressante encore sous l'aspect littéraire et philosophique. Dans les quatre parties de son ouvrage, l'auteur examine successivement les principes généraux de la législation pénale, les diverses natures de peines, les rapports nombreux qu'elles embrassent, enfin la proportion qui doit exister entre les châtimens et les délits. On a lieu de s'étonner qu'en admettant le droit de punir il n'admette pas le droit de faire grâce. Montesquieu le regardait comme inhérent aux monarchies tempérées; mais, si M. Pastoret combat sur ce point l'autorité de Montesquieu, au moins veut-il des lois douces. Attentif à la garantie des accusés, il rejette les témoins nécessaires, et ce que les criminalistes appellent si improprement la preuve conjecturale : il croit que l'évidence absolue peut seule prouver le délit et motiver la condamnation. Par une conséquence rigoureuse du principe qu'il pose, l'unanimité des juges lui paraît indispensable pour prononcer la peine capitale : il désire même cette unanimité quand il s'agit de prononcer une peine quelconque. Après avoir analysé les opinions des plus célèbres philosophes, relativement à la peine de mort, il observe que Léopold l'avait abolie en Toscane, sans qu'il en résultât d'inconvénient. Il pense qu'elle excède les droits de la société, qu'elle est même contraire à ses intérêts; et, se rangeant à l'avis de Beccaria, il appuie de considérations nouvelles cette opinion, combattue fortement par J.-J. Rousseau, et plus fortement par Mably. En supposant néanmoins que la peine de mort doive être encore regardée comme la seule suffisante pour les grands crimes, toute recherche dans les supplices est, aux yeux de l'auteur, indigne des nations civilisées : il développe des idées non moins judicieuses sur quelques peines infamantes, et trouve, par exemple, une contradiction inexcusable entre une peine temporaire et une marque éternelle d'infamie. La vraie justice, et par conséquent l'humanité : tel est partout l'esprit de cet ouvrage, riche de connaissances, fort de dialectique, embelli par une diction noble et ferme. l'Académie française lui décerna le prix d'utilité : c'était déclarer l'opinion publique. Le choix de l'Académie honorait l'auteur; le choix du livre honorait l'Académie.

Il y a six ans que M. de Lacretelle a donné au public le recueil de ses œuvres : on y trouve en plus d'un genre des productions intéressantes. Laissant pour d'autres chapitres ce qui n'est pas encore de notre sujet, nous citerons ici les ouvrages où l'auteur applique la philosophie à la législation. Ses principes des conventions civiles annoncent un jurisconsulte éclairé : il développe des vues fécondes dans son écrit sur les diverses fonctions déléguées au ministère public pour la garantie de la société. Il est un de ceux qui ont signalé avec courage et talent les détentions arbitraires, cet horrible abus qui menaçait jadis les citoyens de toutes les classes, et dans les rapports les moins graves, puisqu'on lançait des lettres de cachet sur la demande des agens du fisc : fait étrange, mais attesté, dénoncé par le vertueux Malesherbes, rédigeant, au nom de la Cour des Aides, des remontrances au roi Louis XV. La législation pénale a particulièrement occupé M. de Lacretelle. Ici il examine quelle réparation est due par la société aux accusés reconnus innocens; là, dans un aperçu net et rapide, il trace un plan général pour la réforme des lois criminelles. Ami des dispositions tutélaires, il est loin d'approuver en tout la fameuse ordonnance de 1670, résultat des ces conférences où Pussort obtint une victoire funeste sur l'équitable et judicieux Lamoignon. Mais, de tous les ouvrages de l'auteur, le mieux conçu, le mieux écrit, comme aussi le plus important, nous paraît être son Discours sur les peines infamantes. Il s'agissait de cette odieuse opinion qui faisait autrefois rejaillir sur des enfans et sur une famille entière l'ignominie d'un coupable condamné. Il fallait remonter à l'origine du préjugé, peser ensuite ce qu'il pouvait avoir d'utile, et ce qu'il avait de désastreux, indiquer enfin les moyens à mettre en usage pour en triompher. Les trois parties sont ce qu'elles doivent être; la seconde est d'un grand effet. Quoi de plus touchant que l'histoire de cette famille, honneur du séjour qu'elle habite, et tout-à-coup plongée dans l'opprobre par le supplice d'un brigand qu'elle a produit! Elle est encore estimée; et cependant sa considération est perdue; elle se voit abandonnée par l'amitié même, servie avec dédain par ses propres domestiques! Le frère du coupable était honoré dans un régiment comme un officier plein de mérite; il est contraint de sortir du corps; un suicide le débarrasse de la vie. Sa mère, désespérée, ne lui survit que de trois jours. Un vieillard reste avec ses deux filles, vertueuses et belles. Deux amans passionnés allaient devenir leurs époux : l'un se rétracte : l'amour, qui fait taire l'intérêt et l'ambition, se tait lui-même devant le despotisme du préjugé : l'autre est fidèle; l'hymen est rompu par ses parens; et c'est au nom de l'honneur que sont violées de saintes promesses que l'honneur avait garanties. La famille infortunée ramasse ses débris : elle fuit, elle s'exile; mais c'est trop peu de quitter son pays : à peine, en abjurant son nom, peut-elle échapper à l'infamie qui l'environne au sein même de la vertu. Quoi de plus terrible que l'hypothèse de ce jeune homme, n'ayant d'autre héritage que l'opprobre d'un père coupable, réduit par le désespoir à mériter au moins la honte qu'il subit injustement, ne se voyant plus d'asile que parmi les brigands, et, quand il va subir un juste supplice, reprochant les crimes qu'il a commis à la société qui le rejeta loin d'elle, lorsqu'il était encore innocent! Dans une lettre adressée à l'auteur, un immortel écrivain, Thomas, digne appréciateur de l'honnête et du beau, rendit une justice éclatante à ce notable discours. L'ouvrage fut couronné comme utile par l'Académie française, après l'avoir été comme excellent par l'Académie de Metz, qui avait proposé la question, et qui, les deux années suivantes, intéressa l'attention publique en faveur des enfans illégitimes et des Juifs, si long-temps opprimés par des lois avilissantes et vexatoires. Tel était l'esprit des sociétés littéraires; telle était l'impulsion donnée à toute la France depuis le milieu du dernier siècle: temps mémorables, où les talens, appelés à des études importantes pour le genre humain, obtenaient, en servant la raison, des succès garantis par elle.

Jusqu'ici nous avons parlé d'ouvrages plus ou moins dignes d'estime, et nous les avons loués avec plaisir. C'est à regret que nous allons paraître sévères; mais la justice et la vérité nous y contraignent. Un livre en trois volumes fut imprimé, il y a douze ans, sous ce titre emphatique : *Théorie du pouvoir politique et religieux dans la société civile*, par M. de B., gentilhomme français. L'auteur promet de démontrer sa théorie par le raisonnement et par l'histoire. Pour l'histoire, il ne paraît pas l'avoir étudiée, pas même l'histoire de France, dont il parle à tort et à travers, sur la foi du père Daniel et du président Hénault, les seuls de nos historiens qu'il vante, les seuls qu'il cite, les seuls peut-être qu'il ait lus. Quant au raisonnement, voici ce qu'il appelle raisonner : il pose comme un principe incontestable ce qui est le plus contesté, souvent ce qui est inadmissible, et marche d'assertion en assertion, prouvant chaque proposition qu'il affirme par celle qu'il vient d'affirmer. Veut-il rendre sa démonstration complète : cinq ou six répétitions sont pour lui cinq ou six preuves. Veut-il donner de la puissance aux mots : il les imprime en lettres italiques. C'est avec cette logique victorieuse et ces grands moyens d'éloquence qu'il croit réfuter l'Esprit des lois et le Contrat social; qu'il dénigre l'Essai sur les mœurs des nations; qu'il prend avec Voltaire, Montesquieu, J.-J. Rousseau, un ton de supériorité, plaisant par lui-même, et qu'un extrême sérieux rend plus comique. A propos d'une définition qu'il hasarde comme tout le reste, il enjoint par note à ses lecteurs de ne point *épiloguer;* c'est le terme qu'il emploie : et, certes, les rôles sont confondus; car c'est précisément ce que ses lecteurs auraient le droit de lui recommander sans cesse. Les mêmes principes, les mêmes idées, souvent les mêmes expressions, se retrouvent dans *la Législation primitive*, autre livre publié plus récemment par M. de Bonald. L'auteur, cette fois, car c'est bien le même, donne ses décisions par articles et dans la forme des lois. De telles productions semblent exiger un procédé fort simple : celui d'examiner ce qui fut écrit de sage en matière politique, et d'écrire précisément le contraire. Tous les abus dénoncés depuis cinquante ans par des philosophes illustres, par d'habiles magistrats, par des cours souveraines, par des ministres, sont aux yeux de l'auteur des inventions admirables. Toutes les gothiques institutions, fruits de l'ignorance du moyen âge, lui paraissent les chefs-d'œuvre du génie. C'est là ce qu'il appelle nécessaire, ce qu'il trouve approchant de la perfection, mais ce qu'il veut perfectionner encore ; au point que, s'il en fallait croire et ses conseils, et ses vœux, et ses prophéties, car il est prophète, l'Europe atteindrait bientôt le plus haut degré d'intolérance politique et religieuse. Sa diction d'ailleurs est aussi sèche que ses décisions sont tranchantes. Avec un pareil style, de pareils principes n'ont aucun danger; et, assurément, il n'y a pas lieu de craindre que M. de Bonald parvienne à dégoûter l'Europe des écrits de Voltaire et de Montesquieu.

Après avoir parlé des ouvrages composés en notre langue, il nous reste à dire un mot des traductions de quelques auteurs célèbres qui, dans les sciences politiques, ont honoré par leurs travaux ou l'Italie ou l'Angleterre. Deux fois, parmi nous, on avait traduit Machiavel, fameux par tous ses écrits, trop fameux par son livre du *Prince*. Si l'on en croit J.-J. Rousseau, en feignant de donner des leçons aux princes, Machiavel en a donné de grandes aux peuples. Cela est possible; mais les peuples, il faut l'avouer, n'ont pas été ses meilleurs élèves. Un homme de mérite, Guiraudet, mort préfet de la Côte-d'Or, a publié, il y a dix ans, une traduction complète des œuvres du politique de Florence : elle est fort bien écrite, et fort supérieure aux deux traductions anciennes. C'est avec plus de succès encore que M. Gallois a traduit la *Science de la législation*, fruit des études de Filangieri, surnommé par quelques personnes *le Montesquieu de l'Italie*. Cet éloge est exagéré : Filangieri ne ressemble point à Montesquieu; car il est verbeux, et n'est pas profond : mais il est clair; il a des idées saines, des intentions dignes du temps où il écrivait; et l'on ne saurait trop vivement regretter ce jeune et laborieux philosophe, mort avant l'âge de trente ans.

Nous devons quelques louanges à la traduction anonyme de l'*Oceana* d'Harrington. Exacte et rédigée avec soin, elle fait bien connaître l'esprit de cet illustre Anglais, qui, par un contraste singulier, mais pour lui doublement honorable, fut à-la-fois le plus fidèle ami du roi Charles Ier et le plus zélé partisan des opinions républicaines. Son livre, où, désignant l'Angleterre sous le nom d'une île fabuleuse, il trace pour elle un plan d'organisation sociale, efface sans contredit l'*Utopie de Thomas Morus*, et, pour le fond des idées, l'emporte même sur la *République de Platon*. C'est aussi par une traduction anonyme que le public français a pu connaître le livre estimable où Stewart développe les principes de l'économie politique. Smith, Écossais comme Stewart, en écrivant après lui, enseigne une doctrine toute différente. Son *Traité sur la nature et les causes de la richesse des nations* pourrait être plus méthodique; nous l'avons déja remarqué : mais nul ouvrage du même genre ne renferme autant d'instruction solide; et c'est le livre essentiellement classique pour ceux qui veulent étudier la science. L'époque a produit deux traductions de cet excellent traité : l'une de Roucher, l'autre de M. Garnier. La seconde vaut beaucoup mieux que la première : elle n'en offre pas les incorrections fréquentes; elle en offre encore moins les obscurités, car le nouveau traducteur entend les théories économiques. Son travail est complété par des notes instructives; souvent il y explique, souvent même il tâche d'y réfuter l'auteur qu'il traduit. On avait promis un volume de notes pour la traduction de Roucher; ce volume n'a point paru; il devait être de Condorcet.

Nous ne faisons pas entrer dans le tableau de notre littérature les actes écrits de l'autorité : le respect nous le défend. Les lois réclament l'obéissance des citoyens; et toutes les convenances, même celles du goût, interdisent la louange littéraire partout où la critique est interdite. Ce dont il est juste de louer le gouvernement, dans quelque ouvrage que ce soit, c'est de la garantie qu'il donne à l'indépendance des opinions. Rien de plus légitime, de plus utile, de plus nécessaire que cette indépendance. Le philosophe doit indiquer le but : le législateur, calculant les résistances, s'arrête à la limite qu'il ne saurait encore franchir. Observons que cette limite est toujours au choix de la puissance; et, pour cela même, la puissance a besoin de recueillir de nombreux avis, qu'elle examine et pèse à loisir. Où il s'agit de l'intérêt de tous, tous ont droit d'exprimer un vœu. Les seules discussions libres peuvent donner de véritables lumières; et les gouvernemens déja éclairés n'ont jamais craint les lumières publiques.

« Il est de notre devoir de repousser ouvertement
« une théorie si contraire aux lumières contempo-
« raines, à l'esprit de la nation, au caractère géné-
« reux du héros qui la gouverne, aux constitutions
« qui nous régissent, à la liberté religieuse que nous
« assure le concordat. Ce n'est point assez que des
« ouvrages de cette espèce subissent en quelques
« journaux décriés des louanges pires que l'oubli

« universel, qu'elles garantissent et qu'elles précè-
« dent d'un seul jour. C'est du milieu de l'Institut
« qu'un cri doit s'élever en faveur de la philosophie,
« si faiblement combattue, mais si hardiment ou-
« tragée. Puisqu'on a fait, à la fin du dix-huitième
« siècle, des livres dignes du quinzième, au moins
« avant la découverte de l'imprimerie, il faut ap-
« prendre à l'Europe quel sentiment ces livres ins-
« pirent aux gens de lettres et à tous les hommes
« éclairés de la France. Il faut apprendre à l'auteur
« que nous sommes loin de cette restauration com-
« plète dont il manifeste à chaque ligne l'impatient
« désir, et qu'il est inutile de signaler plus claire-
« ment. Que si d'autres écrivains voulaient coopérer
« à ce grand œuvre, il faut encore leur apprendre
« qu'il est bon d'y employer plus d'habileté; que
« les chiffres romains ne sont pas des idées; les as-
« sertions, des motifs; les répétitions, des preuves
« évidentes; qu'il n'existe pas dans les lettres ita-
« liques un pouvoir surnaturel qui donne aux mots
« la portée qu'ils n'ont pas; au style, l'élégance qui
« lui manque; aux écrits, le talent, l'esprit, le bon
« sens dont l'auteur a jugé à propos de s'abstenir;
« que le ton tranchant sur les grandes choses est
« d'un écolier trop vain pour vouloir s'instruire, et
« trop ignorant pour savoir douter; que l'irrévé-
« rence à l'égard des grands hommes appartient

« de droit aux hommes vulgaires; que Voltaire,
« J.-J. Rousseau, Montesquieu, ont bien mérité du
« genre humain, qui le sait et qui les révère; qu'en-
« fin des déclamations en style barbare, et dirigées
« de si bas contre des écrivains si élevés, ne détrui-
« ront ni leurs ouvrages, ni leur gloire, ni leur in-
« fluence, ni la raison, ni la langue française. »

CHAPITRE III.

Rhétorique; Critique littéraire.

Les ouvrages sur la rhétorique, sur la poétique, sur la critique littéraire, sont nombreux dans notre langue; mais il en est peu qui aient conservé leur réputation. Personne aujourd'hui ne consulte le P. le Bossu, pour apprendre les règles de l'épopée, ni l'abbé d'Aubignac, pour étudier la pratique du théâtre : on lit même assez rarement les écrits du P. Bouhours, rhéteur, dont les hommes les plus éclairés du dix-septième siècle estimaient le goût et la correction. Le *Traité des Études* de Rollin demeure encore placé parmi nos meilleurs livres élémentaires : car, si l'auteur a peu d'idées neuves, au moins sait-il exposer dans un style élégant et clair les excellens préceptes de Cicéron et de Quintilien. Le *Cours de belles-lettres* de Batteux, avec plus de développemens, offre moins d'instruction réelle et beaucoup moins d'intérêt. Le petit ouvrage de l'abbé Fleury sur le *choix des études* est digne de cet écrivain, si recommandable par un esprit sage et par des connaissances étendues. Des aperçus ingénieux et féconds distinguent le livre de l'abbé Dubos sur *la Poésie et la Peinture.* Les *Réflexions sur la Poésie,* par Racine le fils, respirent l'école de son illustre père, et le sentiment approfondi des beautés antiques. Les *Considérations* de Diderot *sur le Drame,* la *Poétique* de Marmontel, et ses *Élémens de Littérature,* où sa Poétique est refondue, méritent une lecture attentive, quoique l'on puisse avec raison reprocher à ces deux auteurs des paradoxes que repousse un goût sévère. Mais, parmi nous, les écrivains restés modèles furent aussi des critiques du premier ordre. Quoi de plus solide que les *Dialogues sur l'éloquence,* composés par Fénélon? Quoi de plus exquis en littérature que sa Lettre à l'Académie française? Quoi de plus lumineux, depuis la Poétique d'Aristote, que les trois Discours de Corneille sur la tragédie, et même que les Examens de ses pièces? Quelques préfaces de Racine, une seule de Molière, celle de Tartufe, et plusieurs scènes de l'Impromptu de Versailles, suffisent pour démontrer combien ces deux hommes admirables excellaient dans la théorie des arts qu'ils ont portés à la perfection. Quant à Voltaire, en lisant ses Commentaires sur Corneille, ses Mélanges, cent articles de son Dictionnaire philosophique, les préfaces de ses tragédies, et jusqu'à sa correspondance, il est impossible de ne pas reconnaître un véritable arbitre du goût, et le plus grand littérateur de l'Europe moderne. Enfin, le meilleur écrit français sur l'art oratoire nous vient d'un orateur célèbre. On sent bien que nous voulons désigner l'*Essai sur les Éloges*, livre si supérieur à son titre, et, de tous les ouvrages de Thomas, celui qui porte la plus belle empreinte de son caractère et de son talent.

Le Traité où M. le cardinal Maury développe les principes de l'éloquence de la chaire et du barreau vient de reparaître l'année dernière avec des changemens et des additions : il fournit une preuve nouvelle de l'observation générale que nous avons faite. Oui, pour bien enseigner un art, il faut soi-même y réussir. Dans l'ouvrage dont nous parlons, tout fait sentir à quel haut degré l'écrivain possède la matière qu'il traite, et les orateurs célèbres qui furent ses modèles. Lui-même est toujours orateur, soit lorsqu'il analyse les différentes parties qui constituent le plan du discours, soit lorsqu'il considère en ce genre d'écrire les beautés et les défauts du style ; soit lorsqu'il caractérise tour-à-tour la rapidité, la véhémence, la force irrésistible de Démosthène, l'abondance heureuse et l'inépuisable richesse de Cicéron, l'onction pathétique de Fénélon, la hauteur ou plutôt la majesté sublime de Bossuet, l'austérité religieuse de Bourdaloue, l'élégance exquise et variée de Massillon ; soit, enfin, lorsque, exerçant une justice plus rare, puisqu'elle regarde un contemporain, il apprécie la révolution que le panégyriste de Descartes et de Marc-Aurèle a opérée dans l'art oratoire. On aime à trouver un exorde éloquent du missionnaire Bridaine, prédicateur accoutumé aux villages, et tout-à-coup transporté dans une église de Paris, environné, pour la première fois, d'un auditoire qui pouvait et qui voulait lui paraître imposant; mais tirant de sa position même une force inattendue, et se reprochant devant Dieu d'avoir tourmenté la conscience du pauvre et porté l'épouvante au sein des chaumières, au lieu de réserver les foudres évangéliques pour tonner contre les vices de l'opulence et contre l'orgueilleuse corruption des habitans des palais. Impartial dans ses jugemens, l'auteur loue le mérite du protestant Saurin; mais il blâme en lui l'intolérance, si blâmable en effet dans toutes les sectes et dans l'universalité des choses humaines. Les Anglais le trouveront sobre d'éloges pour leur archevêque Tillotson; mais aucun ami de la véritable éloquence n'osera lui contester ce qu'il établit : l'extrême supériorité des grands prédicateurs français sur ceux de l'Angleterre et du reste de l'Europe. Entre nos orateurs sacrés, Bossuet, leur maître, est toujours présent à son admiration respectueuse. Il nous semble un peu sévère pour Fléchier : peut-être même n'est-il pas complètement juste à l'égard de Massillon ; car, s'il le place au-dessus de Bourdaloue comme écrivain, en qualité d'orateur il le croit inférieur à Bourdaloue. Cette opinion, long-temps convenue, nous paraît difficile à démontrer. Plein du barreau de l'antiquité, à peine M. le cardinal Maury s'occupe-t-il un moment du barreau moderne. On désirerait qu'il eût voulu creuser davantage cette mine souvent stérile, mais où quelques filons pouvaient être mis en lumière, et fécondés par son talent. Du reste, son livre est, d'un bout à l'autre, aussi intéressant que solide. La correction, la noblesse et l'harmonie du style y répondent constamment à la pureté des principes. Après l'*Essai sur les Éloges*, aucun des traités français, composés sur l'éloquence, ne peut instruire autant les élèves : ils apprendront, en l'étudiant, quelles règles ils doivent observer, ce qu'il faut éviter, ce qu'il faut suivre, et comment il faut écrire.

Sans être aussi importans, deux ouvrages de M. de Lacretelle, l'un sur l'éloquence de la chaire, l'autre sur l'éloquence judiciaire, nous semblent dignes d'être cités avec distinction. Dans le premier, l'auteur ne parle ni des oraisons funèbres, ni des panégyriques : c'est à la prédication qu'il s'attache exclusivement ; et même, sur les sermons de Bossuet, il croit ne pouvoir rien ajouter aux excellentes observations de M. le cardinal Maury.

Empressé de rendre à Massillon la justice éclatante qui lui est due, il se permet de prouver assez bien que la réputation de Bourdaloue est exagérée à tous égards; et nous penchons pour son avis. Peut-être lui-même exagère-t-il un peu le mérite des sermons de l'abbé Poule, habile orateur sans doute, à qui l'on ne saurait contester de la verve et de la pompe dans le style, mais à qui l'on peut reprocher souvent une diction retentissante et prodigue de mots. L'ouvrage est terminé par des vues générales sur les moyens de ranimer l'éloquence de la chaire. L'auteur, considérant que l'incrédulité fait tous les jours des progrès rapides, pense que, pour la convertir, s'il est possible, il faudrait borner les sermons aux vérités de l'invariable morale, renoncer aux faibles ressources d'une aride et froide discussion, recourir à la puissance de l'art d'émouvoir, et surtout ne jamais offrir un affligeant contraste entre les vertus prêchées dans la chaire évangélique et les vices du prédicateur. L'écrit sur l'éloquence judiciaire présente une suite de conseils donnés à un jeune avocat par un ancien jurisconsulte. L'auteur y traite, en un court espace, de l'utilité de l'éloquence opposée à la chicane, des inconvéniens et de quelques avantages de l'improvisation oratoire, du choix et de la direction des études en jurisprudence. Les réflexions que lui inspirent ces différens objets peuvent être méditées avec fruit, dans un temps où des lois civiles simplifiées, et rendues communes à toutes les parties du territoire, des lois pénales plus humaines, des formes plus tutélaires et plus imposantes, permettent aux orateurs de franchir les bornes qui, si long-temps, ont rétréci le barreau français.

Ici, l'ordre des matières nous présente un célèbre ouvrage anglais, le *Cours de rhétorique* de Blair. Nous en avons deux traductions : la première est de M. Cantwel ; la seconde, qui vient de paraître, est de M. Prévost, professeur de philosophie à Genève. Celle-ci paraît être la meilleure, et pour l'exactitude, et pour le style. Il est vrai que le nouveau traducteur a de grandes obligations à l'ancien, dont il adopte souvent des phrases entières, et quelquefois d'assez longs morceaux ; mais il en convient lui-même, attention que les traducteurs ont rarement pour ceux de leurs devanciers auxquels ils sont le plus redevables : quant à l'ouvrage, il est digne d'une haute estime. Blair faisait partie de cette école d'Édimbourg qui a produit tant d'hommes remarquables. Ami de Robertson et d'Adam Smith, il doit même à ce dernier plusieurs idées qu'il développe d'une manière nouvelle : il traite successivement du goût et de la source de ses plaisirs, de l'origine et de la structure du langage, de la théorie générale du style, de l'éloquence considérée dans tous les genres de discours publics; enfin, des meilleures compositions en vers et en prose, qu'il soumet à un examen rapide et superficiel. Des principes judicieux présentés avec méthode, éclaircis par des applications heureuses, étendus par l'analyse philosophique, recommandent les cinq divisions de l'ouvrage. On doit rendre grâce aux hommes de lettres qui l'ont traduit en français; et jusqu'ici nous n'avons pas dans notre littérature un cours de rhétorique aussi bien conçu. Il convient d'autant mieux d'être juste à l'égard de Blair qu'il l'est toujours envers les écrivains français. Appréciateur bienveillant de Tillotson, de Barrow, et lui-même prédicateur célèbre, il regarde Bossuet et Massillon comme les deux plus grands orateurs des temps modernes. Il proclame Voltaire le chef des historiens du dernier siècle. Malgré les ouvrages de Fielding et de Richardson, il croit que, dans le genre des romans, les Français l'emportent sur les Anglais: ce qui peut sembler douteux, même en France. Il décerne la palme comique à Molière. En exaltant le génie de Shakespeare, il sait admirer Corneille, Racine et Voltaire, Voltaire *le plus moral et le plus religieux de tous les poètes tragiques*. Tels sont les propres termes de Blair; tel est l'hommage qu'un étranger, un ecclésiastique des mœurs les plus pures, un docteur en théologie, rend à l'auteur de Zaïre, de Mahomet, d'Alzire et de Mérope; et cet hommage n'étonnera, parmi nous, que des pédans hypocrites, aussi étrangers aux mœurs et aux véritables idées religieuses qu'à la justice et à la saine critique.

Au défaut des grands traités, l'époque a produit en France plusieurs recueils dignes d'une attention particulière. Nous devons à M. Suard cinq volumes de *Mélanges de littérature*, où diverses productions de ses amis sont rassemblées avec les siennes. Quand il ne désignerait pas celles qui viennent de lui, un genre de mérite particulier les ferait aisément reconnaître. Son ouvrage le plus considérable est une Histoire du Théâtre-Français, plus détaillée que celle de Fontenelle, et beaucoup moins longue que celle des frères Parfait. Son meilleur ouvrage nous paraît être un morceau de quelque étendue sur la vie et le caractère du Tasse. On doit aussi remarquer une notice sur La Bruyère, où cet écrivain si original est analysé avec autant de justesse que de précision; un écrit intitulé *Fragmens sur le style*; un excellent morceau sur le genre épistolaire et sur madame de Sévigné; un autre morceau plein d'intérêt sur le pape Clément XIV, et quelques pages très-philosophiques sur la certitude de l'histoire. Il ne faut pas oublier une lettre sur Gluck, adressée à lui-même durant les querelles musicales, ni un article sur Mozart, plein d'anecdotes piquantes et bien racontées. Ces productions, et plusieurs autres que nous pourrions citer encore, réunissent la politesse du style, la finesse des observations et le sentiment éclairé des arts.

Entre les ouvrages qui ne sont point de M. Suard, ceux de l'abbé Arnaud tiennent sans contredit la première place en cette collection. Son portrait de Jules-César, son discours sur Homère; ses articles sur Pindare, sur Catulle et sur quelques points de musique, attirent et captivent l'attention la plus difficile. Plusieurs dames figurent dans ce recueil : l'une d'entre elles se distingue par des observations relatives aux écrits de Sénèque, et, plus encore, par des lettres intéressantes sur un voyage à Ferney, trois ans avant la mort de Voltaire. On remarque aussi la Prise de Jéricho, petit poëme où madame Cottin chante en prose la jeune Rahab, qui fut très-utile à Josué, quand il assiégeait cette ville. Une foule d'articles de littérature et de morale ont été composés par une autre dame, que l'éditeur ne croit point devoir nommer. Tant d'opuscules brillent-ils d'un mérite égal? Nous n'osons pas l'affirmer : il en est, sans doute, auxquels M. Suard fait honneur en les adoptant; nous nous bornons à dire que leur ensemble présente une lecture agréable. Il n'y faut pas chercher l'originalité, la profondeur, ni même une instruction étendue; mais on y trouve au moins la diversité : c'était la devise de La Fontaine.

On a publié, il y a dix ans, trois volumes de *Mélanges tirés des manuscrits de madame Necker*. Ces mélanges sont composés de lettres, de jugemens littéraires, d'anecdotes et de pensées détachées. On y trouve de nombreux détails, non-seulement sur le célèbre administrateur qu'elle s'honorait d'avoir pour époux, mais sur plusieurs écrivains illustres, tels que Voltaire, J.-J. Rousseau, Diderot, d'Alembert, et surtout Buffon et Thomas, qu'elle voyait tous deux habituellement. Les lettres sont d'un style pur, mais étudié; certains jugemens sont hasardés; d'autres prouvent un goût aussi délicat qu'exercé. Beaucoup d'anecdotes étaient connues depuis long-temps, ou ne méritaient guère de l'être; il en est aussi de très-piquantes, et qui ont le charme de la nouveauté. Les pensées sont quelquefois recherchées, quelquefois communes; mais souvent elles sont ingénieuses, sans s'écarter du naturel. Ce n'est point une collection d'ouvrages, encore moins un ouvrage suivi; mais c'est le fruit des loisirs d'une femme de sens et d'esprit, accoutumée à la lecture des bons livres, et, plus encore, à la conversation des hommes supérieurs.

En donnant au public un volume d'*Études sur Molière*, M. Cailhava n'a pas cru devoir aspirer au titre de commentateur : son livre est cependant un commentaire complet sur la vie et les ouvrages de cet incomparable auteur comique. Toute l'instruction que l'on peut retirer de l'ample travail de Bret se trouve ici rassemblée en moins d'espace, et revêtue d'une pareille forme. Les faits authentiques y sont consignés; les anecdotes incertaines n'y sont point admises; les observations littéraires y abondent; et quelques-unes des plus importantes étaient restées neuves encore. Les sources nombreuses où puisait Molière y sont exactement indiquées; mais on y fait admirer, en ses imitations même, les créations de ce génie qui change en or le plomb qu'il emprunte, et devant qui ses propres modèles paraissent de faibles copistes. Les principes qu'avait exposés M. Cailhava dans son estimable *Traité sur l'art de la comédie*, sont développés de nouveau dans ses *Études sur Molière*. La lecture attentive de ces deux ouvrages est propre à former le goût des jeunes écrivains qui veulent tenter la difficile entreprise de corriger les mœurs, et de punir les vices par le ridicule. Le livre consacré spécialement à Molière présente une autre espèce d'utilité. L'auteur, après avoir apprécié le genre, l'exposition, la marche, le dénoûment, les principales beautés de chaque pièce, s'occupe de la tradition théâtrale. Selon lui, c'est dans les ouvrages mêmes que les acteurs doivent chercher la vraie tradition, celle de l'auteur. Ainsi, le comique forcé, la profusion des jeux de théâtre, la manie d'ajouter au texte, les faux ornemens, le bégaiement étudié, le ton maniéré, la minauderie si contraire à la grâce, lui semblent également répréhensibles. Trop souvent des comédiens, d'ailleurs habiles, ont fait applaudir ces défauts qu'ils rendaient brillans ; leur exemple est devenu règle. On a bientôt composé pour eux des pièces qu'ils jouaient d'autant mieux qu'elles étaient plus loin de la nature ; et leur art, en s'égarant, égarait aussi l'art dramatique. M. Cailhava rend donc un double service, lorsqu'il recommande aux acteurs la correction sévère qui seule convient à la scène française ; et les judicieux conseils qu'il donne à cet égard sont dignes d'être médités, soit par les élèves, soit même par les professeurs de l'école de déclamation.

S'il existe un commentaire au-dessus de toute comparaison, c'est assurément celui que Voltaire nous a donné sur Corneille. Là, presque toujours, les critiques sont des traits de lumière ; là, souvent une phrase renferme une théorie complète et quelquefois une théorie nouvelle. Mais, si le père de notre théâtre ne fut jamais loué plus dignement et de plus haut, il faut néanmoins le dire, on aperçoit de temps en temps une extrême rigueur dans la censure, de la dureté dans les formes; on entrevoit même, dans le fond de la doctrine, quelques erreurs mêlées aux leçons d'un maître: c'est ce qui a frappé M. Palissot, juge éclairé en matière de littérature. Il a publié une édition de Corneille, enrichie de notes judicieuses, qui modifient les décisions ou les expressions trop sévères du commentateur. Plus d'une fois Voltaire y répond à Voltaire; et l'on y oppose à son autorité les principes qu'il a professés lui-même, ou qu'il a suivis dans ses chefs-d'œuvre. On voit que l'éditeur n'a rien de commun avec les ennemis de ce grand homme: personne, au contraire, n'a couvert de plus de mépris les Fréron, les Sabatier, et tous les nains ridiculés déchaînés encore aujourd'hui contre le géant du dernier siècle. Nous devons même à M. Palissot une édition de Voltaire. Il est vrai qu'elle est moins complète et moins somptueuse que l'édition de Kehl; mais on doit convenir qu'elle lui est supérieure, soit pour la correction du texte, soit pour la distribution des travaux: elle est surtout remarquable par d'excellens discours placés à la tête des principaux ouvrages. On a vu reparaître encore, avec beaucoup d'additions et de changemens, une des plus importantes productions de M. Palissot, ses *Mémoires* pour servir à l'histoire de notre littérature. Dans ces mémoi-

CHAPITRE III.

res, très-bien écrits, les talens qui ont illustré le règne de Louis XIV sont appréciés avec autant d'impartialité que de justesse : l'éloge toutefois n'est pas le partage exclusif des morts. Bien différent en ce point d'un autre critique non moins célèbre, et dont nous parlerons bientôt, l'auteur exerce une équitable bienveillance envers plusieurs de ses contemporains ; mais, entraîné dès sa jeunesse dans une de ces guerres de plume qui ont trop souvent affligé la littérature, il y déploya beaucoup de talent, trop peut-être, car il en perpétua le souvenir ; et l'ascendant d'une première démarche a quelquefois déterminé ses jugemens, comme il a influé sur sa destinée. Il n'est pas de ceux qui repoussent indistinctement tous les propagateurs de la philosophie moderne : on a vu quel respect il a pour Voltaire. Nul n'a rendu plus d'hommages au laborieux, modeste et vertueux Bayle ; nul n'a plus vanté Montesquieu et J.-J. Rousseau lui-même ; ce qui paraîtra singulier, mais ce qui est toutefois rigoureusement vrai ; nul enfin n'a loué de meilleure foi Fréret, Duclos, Dumarsais, Condillac. Nous voudrions pouvoir ajouter quelques autres talens de la même trempe, et que l'on distinguera d'autant mieux que nous évitons de les nommer. On peut donc reprocher à M. Palissot de la partialité, tranchons le mot, de l'injustice à l'égard de trois ou quatre écrivains illustres, et dont il eût mérité d'être l'ami ; mais aucun homme sincère et judicieux ne lui contestera la pureté du goût, l'élégance continue du style, le don très-rare de bien écrire en prose et en vers, d'exceller surtout dans le vers de la comédie, et l'honneur d'avoir dès long-temps marqué sa place entre nos premiers littérateurs.

Le droit de commenter les fables de La Fontaine appartenait sans doute au plus ingénieux de ses panégyristes ; mais les notes trouvées dans les papiers de Chamfort, et publiées sans qu'il ait eu le temps de les revoir, ne présentent que la première esquisse d'un commentaire tel qu'on pouvait l'attendre de lui. On y reconnaît cependant la piquante finesse qui caractérisait ses écrits et ses entretiens. Chamfort n'eut pas l'imagination féconde ; mais il fut doué d'un esprit très-flexible. Une tragédie, où souvent le style de Racine est heureusement rappelé, quelques scènes charmantes de la Jeune Indienne, plusieurs contes agréables et narrés avec précision : voilà ses titres comme poète. Il s'est encore plus distingué comme prosateur, soit par ses éloges, soit par son Marchand de Smyrne, petite comédie étincelante de bons mots, de traits plaisans et philosophiques. Sa manière est la même en quelques ouvrages qu'il a composés durant les dernières années de sa vie : ils font partie de notre époque, et tiennent au sujet que nous traitons dans ce chapitre. Vers le commencement de la révolution, il rédigea la partie littéraire du Mercure de France, conjointement avec La Harpe et Marmontel; mais il refusa de rendre compte des spectacles, ne voulant pas, comme on le voit par une de ses lettres, avoir à traiter trois fois par mois avec une foule d'amours-propres aussi vigilans qu'ombrageux. Les principaux articles qu'on lui doit concernent les mémoires de Duclos sur la fin du règne de Louis XIV et sur la régence; les mémoires écrits par le duc de Richelieu, ou plutôt sous sa dictée, et la vie privée de ce courtisan, qui traversa presque en entier le dix-huitième siècle. Ces articles étendus ne sont pas des extraits vulgaires, où de longs passages transcrits amènent quelques réflexions banales. Le critique se rend maître du terrain, rassemble et rapproche les événemens remarquables, choisit les anecdotes, et, sans les altérer, les raconte dans le style qui leur est propre, mêle aux faits des considérations morales ou politiques, et, par un tour nerveux et rapide, par un trait saillant, souvent par un mot, fait ressortir le scandale et le ridicule où il les trouve. C'est un art qu'il possédait; et, durant la période historique qu'il avait à parcourir, la matière ne manquait pas à son talent. Ce genre d'esprit ne brille pas d'un moindre éclat dans les nombreux matériaux d'un livre où il voulait peindre les mœurs de son temps, livre qui, s'il était achevé, lui assurerait une place intermédiaire entre La Bruyère et Duclos. C'est ailleurs que nous parlerons de son écrit sur les académies, puisque les formes en sont oratoires, et qu'il fut composé pour l'assemblée constituante. Les compilateurs de calomnies ont honoré de leurs injures la mémoire de cet écrivain : c'est un hommage qu'il mérite. Nourri dans les principes d'une raison affermie par l'étude, Chamfort ne les abjura jamais. Il avait trop de justesse dans l'esprit, trop d'élévation dans le caractère, pour s'abaisser à des palinodies honteuses. Voyant s'évanouir l'aisance dont il avait joui, les espérances qu'il avait pu concevoir, persécuté même au nom de la liberté par des hommes qui la détruisaient en l'invoquant, il détesta les persécuteurs, mais il méprisa les hypocrites; il changea de fortune, et ne changea point de conscience.

M. Ginguené nous a donné une notice très-bien faite sur Chamfort, dont il était l'ami, et dont il a publié les œuvres : il doit lui-même être compté parmi nos critiques les plus instruits et les plus sages. Long-temps l'un des principaux rédacteurs du journal connu sous le nom de *la Décade*, il l'a enrichi de morceaux pleins de mérite, entre lesquels on a distingué les articles sur le livre de Necker touchant la révolution française, sur le roman de *Delphine*, sur le Génie du Christianisme et sur la Correspondance russe, recueil de lettres qui semblaient confidentielles, dont la publication a dû paraître singulière, et dont nous aurons bientôt le regret de parler nous-mêmes. Deux fois la classe de littérature ancienne, à laquelle appartient M. Ginguené, l'a choisi pour rendre compte des travaux achevés ou entrepris par les membres qui la composent; deux fois il a justifié ce choix honorable, en déployant des connaissances variées, et, ce qui est beaucoup plus rare, ce talent de la véritable analyse qui sait tout distribuer et tout éclaircir. Depuis plusieurs années, le même écrivain s'occupe d'un ouvrage qui nous manquait, et qui, malgré son étendue, est déja fort avancé. Ce n'est pas seulement l'histoire, c'est encore l'examen critique et complet de la littérature italienne. Des fragmens qu'il en a publiés, plusieurs parties qu'il en a fait connaître au sein d'une assemblée nombreuse, ont inspiré beaucoup d'estime et une vive impatience de voir paraître l'ouvrage entier. Personne n'est plus en état que M. Ginguené de terminer avec succès son utile et vaste entreprise; car il a profondément étudié cette riche littérature, qui donna si long-temps à l'Europe les seuls modèles jusqu'alors comparables aux modèles anciens, et dont le premier classique remonte à la fin du treizième siècle, c'est-à-dire, plus de deux siècles avant l'époque où les historiens routiniers ont cru devoir placer la renaissance des lettres.

Formé dès sa jeunesse à la critique littéraire, La Harpe en ce genre obtint et mérita beaucoup de renommée. La première moitié de son *Cours de littérature* est estimée à juste titre, surtout dans ce qui concerne la tragédie en France, et spécialement les tragédies de Racine et de Voltaire. Son *Commentaire sur Racine* fut rédigé dans le même temps, quoiqu'il ait été publié beaucoup plus tard. Il n'y faut pas chercher ces théories lumineuses qui enrichissent le commentaire sur Corneille; mais on y trouve les principes d'un goût pur, et le sentiment réfléchi des beautés sans nombre du plus exquis de nos poètes. Tout ce qu'on peut reprocher au commentateur, c'est d'avoir donné trop d'importance à Luneau de Boisgermain, qu'il réprimande sans cesse, presque toujours avec justice, souvent avec une âpreté peu convenable. La dernière moitié du Cours de littérature a été composée durant notre époque: le style en est négligé, diffus; et, comme il s'agissait d'auteurs contemporains, les jugemens y sont en général plus que sévères. La partie relative à la philosophie du dix-huitième siècle abonde même en déclamations virulentes. La Harpe, autrefois partisan de cette philosophie, en devint l'ennemi acharné, quand son cœur fut touché par la grâce : mais la grâce, en lui prodiguant la foi, ne lui avait donné ni l'équité ni la dialectique. Aussi les sentences qu'il a portées contre les philosophes célèbres sont-elles cassées par le tribunal de l'opinion publique; et, quand, par exemple, il combat les deux idées fondamentales des livres d'Helvétius, on voit, par ses propres argumens, qu'il s'est épargné le temps et la peine de bien comprendre les opinions qu'il croit réfuter.

La correspondance russe exige plus de développemens. Thiriot jadis était à Paris le gazetier littéraire du roi de Prusse, Frédéric-le-Grand : chargé du même emploi pour l'héritier du trône de Russie, depuis l'empereur Paul Ier, La Harpe, dans sa gazette payée, qu'il appelle *Correspondance*, sacrifie tous les écrivains de son siècle à une seule idole; et cette idole, c'est lui-même. J.-J. Rousseau est le plus ingénieux des sophistes et le plus éloquent des rhéteurs; Buffon prononce à l'Académie française deux discours du plus mauvais goût; les éloges que lit d'Alembert ne sont que des *ana* rédigés par un homme d'esprit; Thomas est monotone; trois prix remportés par M. Garat ne l'empêchent pas d'être plus fait pour la philosophie que pour l'éloquence; encore s'agit-il uniquement de la philosophie moderne, comme on le voit dans une note amère, écrite après la conversion de La Harpe; Condorcet ne peut s'élever à l'éloge oratoire; et l'on a tort de l'appeler un beau génie; mais il existe un homme, un seul homme qui mérite d'être ainsi nommé; qui n'est ni philosophe comme M. Garat, ni monotone à la manière de Thomas; qui ne fait point des *ana* d'homme d'esprit comme d'Alembert; qui n'est point de mauvais goût comme Buffon, encore moins rhéteur éloquent et sophiste ingénieux comme J.-J. Rousseau. Dans la carrière dramatique, Du Belloi, Lemière, Colardeau, Chamfort, Saurin, font très-mal de réussir, et leurs succès sont arrangés; M. Ducis abuse du pathétique. Un seul homme, qui n'arrange point de succès, et qui n'abuse de rien, soutient l'honneur de la scène tragique; les Barmécides, Jeanne de Naples, les Brames, tempèrent les émotions trop fortes qu'avaient causées Gabrielle de Vergy, OEdipe chez Admète, Macbeth et le roi Léar. Les poésies légères n'offrent plus cette politesse aimable qui les ornait dans le bon temps : heureusement la France possède encore un seul homme aimable et poli, qui fait des couplets sur l'air de la Baronne, sur l'air de Joconde, sur l'air des Folies d'Espagne, sur l'air Réveillez-vous, belle endormie; des vers galans pour madame de Genlis, et beaucoup de gentillesses du même genre, qui n'est assurément pas celui de Voltaire. Le croirait-on? ce Voltaire, à qui La Harpe devait tant de respect et de tendresse, est pourtant loin d'être épargné dans l'impitoyable gazette. Ses dernières tragédies, si l'on en croit le censeur, n'offrent pas une scène remarquable. *On devrait lui dire, comme à l'archevêque de Grenade: Monseigneur, plus d'homélies. Il pourrait finir comme Jean Leclerc, qui, ne cessant d'écrire malgré sa vieillesse, corrigeait tous les jours une épreuve qu'on jetait au feu dans son antichambre.* En vérité, on a peine à contenir une indignation légitime, en lisant, sur un homme tel que Voltaire, des plaisanteries si lourdes et si indécentes. Comment La Harpe a-t-il publié son étrange correspondance? Comment, nouveau converti, a-t-il pu y conserver des anecdotes licencieuses, et, ce qui est pire pour un dévot, des sarcasmes irréligieux? Qu'il ait violé, à l'égard de Voltaire, la reconnaissance et la pudeur, il aura pu les prendre pour deux vertus philosophiques; mais comment pèche-t-il sans cesse contre deux vertus chrétiennes: la charité et l'humilité? Comment n'a-t-il pas senti qu'il se rendait odieux, en dénigrant sans relâche et sans mesure ses rivaux, ses maîtres même, et qu'il se rendait non moins ridicule, en prolongeant durant quatre volumes l'interminable cantique de ses louanges éternellement exclusives? Après avoir osé rapprocher le nom de Jean Leclerc du nom le plus imposant des littératures modernes, comment lui-même a-t-il surpassé Bohola, jésuite lithuanien, qui s'avisa de léguer en mourant de l'argent et des mémoires pour servir à sa canonisation, dès qu'il aurait fait des miracles, mais qui ne songea du moins à rien léguer pour damner ses contemporains? On voit, par l'exemple de La Harpe, en quels égaremens le délire de l'amour-propre peut entraîner un homme de mérite, et d'un mérite très-distingué; car on doit la justice à ceux même qui furent constamment injustes. Si La Harpe se rendit malheureux en éprouvant le besoin de haïr, comme Fénélon sentait le besoin d'aimer, il faut le plaindre, sans contester le talent dont il a fait preuve. Ses dédains affectés, ses jalousies réelles, s'oublieront bientôt avec les productions médiocres où il lui a plu d'en consigner le témoignage; mais une foule de morceaux judicieux semés dans les premiers volumes de son Cours de littérature, quelques éloges d'hommes illustres morts depuis long-temps, d'estimables discours en vers, sa traduction du Philoctète de Sophocle, Warwick, et surtout le drame éloquent de Mélanie : tels sont les ouvrages qui soutiendront sa réputation, malgré les nombreux efforts qu'il semble avoir faits pour la compromettre, et même pour la détruire.

Si nous avons été forcés de remarquer les fâcheux écarts d'un littérateur qui n'était pas d'un ordre vulgaire, ce n'est pas un motif suffisant pour accorder quelque mention à des censeurs subalternes, condamnés, par l'instinct d'une basse envie, et par la conscience de leur nullité, à déprimer tous les talens, à vouloir étouffer toutes les lumières. Dans leurs pamphlets périodiques, remplis de personnalités et de délations, ils dépassent les bornes de la satire, et même les bornes connues du libelle, sans pouvoir jamais atteindre à la critique littéraire. Ce serait un genre aussi facile qu'odieux, s'il consistait seulement à trouver ou à supposer les défauts. L'ignorant ne voit point les beautés; le détracteur ne veut point les voir; le critique les voit et les met en évidence. Parle-t-il des grands écrivains qui ne sont plus; c'est avec respect, ce n'est point avec idolâtrie. Il les admire, et cependant il les juge, mais en observant cette circonspection modeste que recommande Quintilien. Il sait découvrir leurs fautes; il fait plus : ce sont les fautes des modèles; par là même elles sont dangereuses; il les signale, non pas à la manière de Zoïle, qui, par des injures répétées chaque jour, croit ternir la gloire d'Homère ; mais comme Horace, qui, malgré le sommeil d'Homère, reconnaît en lui le chef des poètes et des philosophes; comme Longin, qui reprend quelquefois Sophocle, Démosthène et Platon, et qui pourtant les place au premier rang des classiques ; comme Voltaire, qui relève les incorrections de Corneille, et qui le déclare supérieur en ses endroits sublimes à tous les poètes tragiques de toutes les nations. Le critique a-t-il à parler de ses contemporains, il célèbre ceux qui méritent la renommée, comme Cicéron, dans son Traité des Orateurs illustres, vante Brutus, Antoine, Hortensius; comme Horace chante Virgile et Varius; comme Boileau rend hommage à Racine, à Molière, aux écrivains de Port-Royal. C'est pour acquérir le droit d'outrager les vivans, que le détracteur exagère le culte des morts. Juste envers les morts, le critique est juste avec bienveillance envers les vivans. Ce n'est pas qu'il trahisse ou qu'il néglige la vérité. Des hommes éclairés s'oublient-ils jusqu'à donner l'exemple du dénigrement? c'est à regret, mais avec force, qu'il les condamne, sans les imiter. Des charlatans foulent-ils aux pieds les droits de l'espèce humaine, et les noms consacrés par la reconnaissance publique? il déploie une énergie sévère. Là, toute indulgence serait complicité. Hors de là, il ne loue encore que ce qui est louable; il le cherche dans les ouvrages, ne se bornant pas à l'admiration des chefs-d'œuvre, mais payant un tribut d'estime aux travaux utiles, n'oubliant ni les hommages dus à la vieillesse entourée des monumens littéraires qu'elle va léguer à la postérité, ni les encouragemens affectueux qu'a droit d'attendre la jeunesse, espoir et garant d'une gloire future. Est-il contraint de prononcer sur ses rivaux en quelque genre d'écrire? c'est alors qu'il redouble d'égards, rejetant loin de lui l'aperçu d'un sentiment jaloux, appréhendant jusqu'aux traces d'une partialité même involontaire. S'élève-t-il aux généralités? il pose des principes et non des limites. D'autres que lui, resserrant l'espace en un point, prescriront de suivre un modèle unique; d'autres contesteront au génie l'indépendance qu'il tient de la nature, et qu'il ne se laisse point ravir. C'est donc bien à tort que l'on voudrait confondre ensemble deux choses directement opposées. La fausse critique nuit et veut nuire : elle est ennemie des talens, dont la vraie critique est auxiliaire. L'une est le métier de l'envie; l'autre est la science du goût dirigé par la justice.

CHAPITRE IV.

Art oratoire.

L'ÉLOQUENCE, chez les Français, précéda l'art oratoire ; car ces deux termes ne sont pas synonymes, comme ont paru le croire quelques rhéteurs. Tous les tons de la haute éloquence se trouvaient dans les tragédies de Corneille, avant même que Balzac, dans ses discours, eût donné à la prose française du nombre et de la gravité. Pascal fut aussi très-éloquent, et de plus d'une manière, dans un immortel écrit polémique, où les formes oratoires ne sont point admises. Lingendes, prélat du temps de Louis XIII, et célèbre alors par ses sermons et ses oraisons funèbres, aurait encore de la réputation, s'il eût employé à les perfectionner en français le temps qu'il perdit à les traduire en latin. Il avait entrevu l'éloquence de la chaire ; Mascaron s'en rapprocha ; Bossuet l'atteignit, et la porta, dans ses oraisons funèbres, à une hauteur inconnue avant et après lui. Fléchier, sans être son rival, montra quelquefois du génie, et déploya toujours une rare habileté dans la distribution des parties oratoires, dans la construction des périodes, dans le choix et l'arrangement des mots. Bossuet a des émules comme sermonnaire; et l'on place au moins à côté de lui Bourdaloue, plus vanté que lui; Massillon, relu souvent, toujours goûté davantage, et l'un des plus beaux modèles que nous présentent l'éloquence et l'art d'écrire. Entre les successeurs des classiques se font remarquer le protestant Saurin, grave, mais négligé; Cheminais, touchant, mais faible; l'abbé Poule, abondant, pompeux, mais prolixe et sans variété; l'abbé de Boismont, élégant écrivain, mais orateur maniéré, froid par conséquent; enfin l'évêque de Senez, Beauvais, qui n'a point les défauts de l'abbé de Boismont, et dont nous allons parler avec plus de détail.

Les ouvrages de l'évêque de Senez, publiés il y a dix-huit ans, ont été réimprimés l'année dernière. Cette fois on a rétabli quelques morceaux que les circonstances avaient, dit-on, fait supprimer dans la première édition. Des sermons, des panégyriques, des oraisons funèbres: tels sont les différens discours qui composent les quatre volumes de ce recueil intéressant. Nous ne savons pourquoi l'on n'y a point inséré le fameux sermon de la Cène, prêché le jeudi-saint devant le roi Louis XV, quarante jours avant la mort de ce prince. C'est là que l'orateur, s'élevant avec énergie contre les scandales de la cour, renouvela, sans croire et sans vouloir être prophète lui-même, l'effrayante prophétie de Jonas : « Encore quarante jours, et Ninive sera détruite. » Au reste, c'était une figure, ou, si l'on veut, une formule oratoire qui lui était familière; car il l'avait déja employée à la fin de son sermon sur la conversion, également prêché devant le monarque, à l'ouverture du carême de 1774. C'est vers ce temps que l'abbé de Beauvais fut pourvu de l'évêché de Senez, non par un mouvement spontané de Louis XV, comme on l'a souvent écrit, mais sur la demande formelle des trois filles du roi. Cela prouve que l'on peut réussir à la cour, même en faisant son devoir; car il s'en faut bien qu'il y ait prêché en courtisan. Sous différens titres, presque tous ses discours ont pour objet la misère du peuple, le luxe et la corruption des classes supérieures; le dogme y est rarement traité. C'est un reproche que lui font quelques théologiens rigides; mais doit-on le blâmer d'avoir su se borner à la partie morale de la religion? Il n'est point de secte chrétienne à qui de tels sermons ne soient convenables. Prêchés à Versailles, ils pourraient l'être à Naples, à Pétersbourg, à Berlin, à Londres; et nous ne croyons pas leur donner un médiocre éloge. L'orateur a moins réussi dans le genre des panégyriques, quoique son talent se retrouve en quelques morceaux du panégyrique de saint Augustin, qu'il prononça devant l'assemblée du clergé de France. Ses ouvrages les plus travaillés, les mieux écrits, les meilleurs à tous égards, sont les quatre oraisons funèbres par lesquelles il termina sa carrière apostolique. Dans l'oraison funèbre de Louis XV, on admire l'éloquent exorde où le prélat rappelle à ses auditeurs les paroles littéralement prophétiques qu'il adressait au monarque dont il vient déplorer la mort. Entre plusieurs endroits remarquables du discours, on a retenu cette phrase imposante, et qui restera célèbre : « Le peuple n'a pas sans doute le droit de « murmurer ; mais sans doute aussi il a le droit « de se taire ; et son silence est la leçon des rois. » Il y a beaucoup de sagesse et de gravité dans l'oraison funèbre du maréchal du Muy, personnage de mœurs irréprochables, et le plus religieux des maréchaux de France, mais qui n'était connu, comme général, que par sa défaite à Varbourg, et qui ne s'était illustré, comme ministre de la guerre, par aucune institution de quelque importance. On est bien plus ému en lisant l'oraison funèbre de Charles de Broglie, évêque de Noyon. L'orateur y paraphrase d'une manière touchante deux beaux discours de saint Ambroise. On entend se mêler ensemble les accens de la douleur et ceux de l'espérance : c'est un ami désolé qui pleure sur les cendres d'un ami ; c'est un évêque résigné qui prie sur le mausolée d'un évêque. L'oraison funèbre du curé de Saint-André-des-Ars est d'un ton plus austère. L'évêque de Senez et beaucoup d'autres prélats de l'église de France avaient été formés par ce vieillard vénérable, qui fut, dit-on, le modèle du sage curé de Mélanie. Le pontife s'incline avec respect vers la tombe de l'humble pasteur, pour y recueillir les dernières leçons d'un maître chéri dont il veut rester le disciple. Tout est simple, mais tout est solennel dans ce discours : ce n'est pas l'éloge d'un grand de la terre, ni même, ce qui est bien différent, l'éloge d'un grand homme ; c'est le panégyrique d'un saint, présenté comme exemple aux pasteurs, et plutôt invoqué que loué. Si l'on vit un prélat rendre à d'obscures vertus des honneurs publics, long-temps réservés à la puissance, il faut bien en faire hommage à l'esprit du dernier siècle. Ce n'est pas que nous prétendions placer l'évêque de Senez au rang des philosophes modernes : il les attaque souvent, au contraire ; mais il les attaque avec décence. Loin de se dissimuler leurs talens, leurs succès, leur force toujours croissante, il en paraît épouvanté. Comme eux, d'ailleurs, il prévoit, il annonce une révolution prochaine, dont les symptômes ne pouvaient échapper qu'aux vues faibles, et que Louis XV entrevoyait lui-même, malgré les prestiges du trône; une révolution que tout rendait inévitable: le désordre des finances, le discrédit d'une cour sans gloire et même sans gloire militaire, les progrès de la nation, la décadence du gouvernement, et l'écroulement des préjugés que la raison renversait par l'examen. Celui qui s'était montré hardi dans la chaire de Versailles parut timide dans l'Assemblée constituante. Il en était membre durant la dernière année de sa vie; et ce fait, récent encore, est aujourd'hui presque ignoré. Sa voix n'y fut jamais entendue, soit qu'il faille plus d'audace pour haranguer des égaux qui vont vous répondre qu'un roi qui vient vous écouter; soit qu'il n'ait pas voulu soumettre à l'épreuve des opinions populaires une réputation de trente ans. Cette réputation se maintiendra. L'évêque de Senez est sage dans ses compositions, correct et simple dans son style, trop simple même en quelques endroits; mais ce défaut est bien préférable à la fausse élégance, à la finesse énigmatique des prédicateurs de son temps. Il approche quelquefois de l'élévation de Bossuet, dont il n'a jamais l'énergie et la profondeur; il atteint presque à la douceur de Massillon, sans connaître et distribuer comme lui toutes les richesses de l'art d'écrire; il tombe dans des redites fréquentes. On lui souhaiterait plus de couleur et plus de forme; mais il touche, il communique les émotions qu'il éprouve; et, depuis ces deux grands modèles, aucun orateur n'a mieux saisi le ton noble et persuasif qui convient à l'éloquence de la chaire.

Les sermons de M. le cardinal Maury ne sont point imprimés, et nous ne connaissons pas d'oraisons funèbres de cet orateur. Il n'a pas jugé à propos de donner encore au public son panégyrique de saint Vincent-de-Paule, discours qui jouit d'une haute réputation, et que l'on se souvient de lui avoir entendu prononcer plusieurs fois dans les églises de Paris. Mais deux morceaux d'un rare mérite, le panégyrique de saint Louis et celui de saint Augustin, sont publiés à la suite du livre sur l'Éloquence de la chaire. Ces deux sujets, traités par une foule d'orateurs, l'avaient été récemment par l'évêque de Senez; nous avons déja remarqué qu'il réussissait peu dans ce genre; et pour le mouvement, la couleur, la force, l'harmonie du style, l'écrivain dont nous parlons lui est de beaucoup supérieur. Dans le panégyrique de saint Louis, les croisades de ce prince sont justifiées par un noble motif: la délivrance des Français, des chrétiens en captivité. Ces émigrations armées causèrent de grands maux; mais elles eurent aussi quelque influence sur la civilisation européenne. C'est en historien que Robertson avait exposé ces avantages ; le panégyriste les fait valoir en orateur. Il peint surtout de couleurs touchantes l'héroïsme du pieux monarque, cette probité magnanime qui le rendit l'arbitre de ses voisins et même de ses ennemis; ses soins pour rendre la justice, ses travaux, ses établissemens, les pleurs versés sur sa tombe, des regrets prolongés pendant un siècle, et le cri des Français, durant les six règnes suivans, redemandant, à chaque vexation, les établissemens de saint Louis. Ce discours, prononcé devant l'Académie française, fixa sur l'orateur, jeune alors, les regards bienveillans de cette compagnie célèbre : elle lui donna des marques d'un intérêt spécial. Il s'en montra digne; et l'on sentit combien son talent se perfectionnait, lorsqu'il prononça devant le clergé de France le panégyrique de saint Augustin. Comme on y voit ce Bossuet du quatrième siècle illustrer, défendre et dominer l'église chrétienne ! Malgré son zèle ardent contre l'hérésie, comme on aime à le trouver tolérant ! Avant d'entrer en lice avec les évêques donatistes, l'évêque d'Hippone exigea que les soldats d'Honorius sortissent de Carthage : ainsi Fénélon *ne voulut commencer ses missions en Saintonge qu'après avoir fait éloigner de la province les légions de Louis-le-Grand.* Ce rapprochement heureux honore doublement l'orateur, homme trop éclairé pour faire cas des conversions opérées par les baïonnettes. Son discours est plein de traits de cette force ; il est nerveux, rapide, éloquent ; et, puisque Marc-Aurèle n'est point un saint, puisque son éloge est un discours profane, ce panégyrique de saint Augustin nous paraît mériter la première place dans un genre où Massillon s'est exercé.

Nous chercherions en vain des orateurs du premier ordre, soit au barreau, soit au ministère public ; et l'éloquence judiciaire n'a jamais été parmi nous ce qu'elle fut chez les deux peuples classiques de l'antiquité : elle nous présente toutefois des noms honorables. Dans les premières années du règne de Louis XIV, Patru bannit du barreau français le mauvais goût et la barbarie ; il avait fait de notre langue une étude profonde : c'est là son principal mérite ; et son style n'a pour l'ordinaire d'autre qualité que la correction. Pélisson, dans ses Plaidoyers pour le surintendant Fouquet, s'éleva jusqu'à l'éloquence. La noblesse, l'harmonie, une élégance continue, mais peu animée, caractérisent les nombreux discours du célèbre d'Aguesseau. Cochin, d'ailleurs si estimable pour la sagesse et la clarté, lui est inférieur comme écrivain, sans le surpasser comme orateur. La génération suivante eut plus d'énergie : c'est là ce qui domine dans les Mémoires, rédigés à la hâte, que La Chalotais, captif, écrivit pour sa défense et contre ses persécuteurs. Le même magistrat et Monclar, avocat-général du parlement d'Aix, déployèrent une raison courageuse, en dénonçant les constitututions des jésuites. L'avocat-général Servan posséda mieux encore les secrets de l'art; et son Plaidoyer pour une femme protestante est parmi nous le plus beau modèle de l'éloquence judiciaire. Moins oratoires, les écrits de Voltaire en faveur de Calas et des Sirven sont admirables par ce naturel toujours élégant, et cette philosophie toujours utile que l'on admire en ses ouvrages. L'avocat Gerbier a laissé d'imposans souvenirs : ses Mémoires imprimés ne donneraient de lui qu'une idée incomplète. L'attitude, le maintien, le geste, un œil éloquent, une voix sonore et flexible, tout le servait au barreau. Rien de tout cela, sans doute, ne fait l'écrivain : *c'est le corps qui parle au corps*, dit Buffon; mais tout cela fait l'orateur, s'il faut en croire Cicéron, dont l'autorité semble irrécusable. A ces parties essentielles Gerbier joignait le don d'émouvoir; et l'on ne peut révoquer en doute sa supériorité, garantie par trente ans de succès, attestée même par ses émules, entre lesquels on doit remarquer Target et M. Treilhard. Le premier Mémoire publié dans l'affaire du comte de Morangiez fit honneur aux talens de Linguet, qui n'eut point cette fois la recherche et le faux esprit dont il fournirait tant d'exemples. Les Mémoires de Beaumarchais dans l'affaire Goëzman ont un mérite éminent et varié. Quelques traits de mauvais goût les déparent ; mais les traits heureux y abondent; l'intérêt, la gaîté maligne, un style original et rapide, les soutiennent, et les font relire encore. En adoptant une manière plus grave, d'autres écrivains fixèrent également l'attention. L'éloquent Plaidoyer de Dupaty pour trois innocens condamnés fit reconnaître les violens abus de la procédure criminelle. M. de Lacretelle, en d'excellens Mémoires pour le comte de Sanois, redoubla l'horreur générale contre les détentions arbitraires. Dans une cause d'adultère, un habile écrivain, M. Bergasse, approfondit une question de morale publique, et, sortant même des bornes de sa cause, osa, durant le cours du procès, dénoncer ouvertement le ministère qui gouvernait la France il y a vingt années.

On aperçoit ici, comme en tout autre genre, les progrès de l'esprit du siècle. Un esclave ne peut être éloquent : cet axiôme est de Longin; et rien n'est mieux senti, ni mieux prouvé. Quand la Grèce cessa d'être libre, ses orateurs disparurent; elle eut des rhéteurs et des sophistes. Le plus éloquent des Romains mérita le surnom de père de la patrie. Après Cicéron, plus de patrie, comme aussi plus de tribune. Grace à Tite-Live, à Tacite, l'éloquence romaine se réfugia dans l'histoire, avec le génie de la république. Chez les Français, la chaire fut éloquente, parce qu'elle fut libre. L'orateur républicain, l'orateur sacré, jouissent de la même indépendance : protégés, l'un par la loi commune, l'autre par le privilége de la religion, tous deux s'élèvent à un point, d'où ils peuvent tout dire. Si, du haut de la tribune populaire, Démosthène réveille la Grèce assoupie, et tonne contre l'ambition d'un roi conquérant; du haut de la chaire évangélique, et par momens du haut du ciel, Bossuet proclame le néant du trône, et foudroie les grandeurs humaines. En acquérant une liberté tardive, le barreau s'approcha de la haute éloquence. Enfin, la révolution française éclata; de nouvelles institutions renouvelèrent l'art de parler; et, durant l'espace de quinze ans, toutes nos assemblées politiques ont pu citer des orateurs plus ou moins célèbres. Le premier en date comme en renommée fut Mirabeau.

Doué d'un esprit vigoureux et d'une ame ferme, instruit par les malheurs, par les fautes même d'une jeunesse orageuse, ayant vu cinquante-quatre lettres de cachet dans sa famille et dix-sept pour lui seul, selon la déclaration qu'il ne manqua pas d'en faire à la tribune, Mirabeau, soit à la Bastille, soit à Vincennes, soit dans les autres prisons d'état, où, comme il le dit encore, *il n'avait pas élu domicile*, mais où, pourtant, s'était consumé le tiers de sa vie, avait eu le temps de mûrir sa haine contre le despotisme, et d'étudier à loisir les principes de la liberté; toujours plus chérie quand elle est absente. Les états-généraux furent convoqués: la Provence, sa patrie, le revit paraître au moment des élections; et là, rejeté par la noblesse, il fut adopté par le peuple, alors nommé le tiers-état. Les discours qu'il prononça dans cette occasion doivent être cités parmi les meilleurs ouvrages, et sont de beaux monumens de l'éloquence tribunitienne. Il fallait un grand théâtre à l'étendue de ses talens : il les déploya dans l'Assemblée constituante, où ses travaux furent immenses. Des tours habiles, des expressions pesées, la force et la mesure, caractérisent son Adresse au roi sur le renvoi des troupes. On se rappelle encore la séance où, peignant à grands traits le tableau hideux d'une banqueroute générale, il fit adopter sans examen le plan de finances proposé par un ministre alors favori du peuple, et sur qui, par cette confiance même, il faisait tomber tout le poids d'une responsabilité sans partage. L'orateur improvisa sa courte harangue; et jamais improvisation plus énergique ne produisit de plus grands effets. Entre une foule de morceaux, dont l'exacte énumération serait déplacée, on a remarqué sa réponse à M. l'abbé Maury sur les biens ecclésiastiques, un brillant discours sur la constitution civile du clergé; un discours très-sage sur le pacte de famille, base d'une longue alliance entre la France et l'Espagne; deux discours sur la sanction royale, deux autres sur le droit important de faire la paix ou la guerre, et le second surtout où, combattant Barnave et le prenant pour ainsi dire corps à corps, Mirabeau, sans changer d'opinion, parvint à ressaisir une popularité qui lui échappait. Il excellait spécialement dans la partie polémique de l'art oratoire : il en donna des preuves signalées, soit en réclamant l'abolition de l'ancienne caisse d'escompte, qui prétendait soutenir son crédit par des arrêts de surséance; soit en dénonçant la chambre des vacations du parlement de Rennes, qui croyait ne pouvoir obtempérer aux décrets de l'Assemblée nationale; soit lorsque, à l'occasion de la procédure du Châtelet sur une émeute passagère, d'accusé qu'il était il se rendit accusateur; soit enfin lorsque, devenant à la tribune le patron de sa ville natale, il invoqua pour elle le secours des lois contre les vexations arbitraires du prévôt de Marseille. C'est là que Mirabeau quelquefois atteignit les fameux orateurs de l'antiquité; c'est, dans notre langue, ce qui approche le plus de ces beaux discours où Cicéron mêle aux débats judiciaires les discussions politiques. Laissons à l'histoire un droit qui n'appartient plus qu'à elle : il ne nous convient pas de juger ici l'homme tout entier; nous apprécions seulement les ouvrages et le génie de l'homme public. En considérant Mirabeau comme écrivain, on lui a reproché du néologisme : ce reproche, qui n'est pas tout-à-fait injuste, a été du moins fort exagéré. Qu'on relise avec attention ses discours, et ils composent cinq volumes, qu'y pourra-t-on reprendre à cet égard? douze ou quinze termes nouveaux, dont quelques-uns étaient nécessaires pour exprimer des idées nouvelles. Comme orateur, il possédait la plupart des qualités essentielles : élocution noble et grave, débit imposant, dialectique pressante, élévation, force, entraînement; ajoutez-y de vastes connaissances, et une portée plus grande, qui lui faisait presque deviner les connaissances qu'il n'avait pas encore acquises. Il ne faut pas oublier un amour-propre habile et caressant pour celui des autres, l'art de profiter de toutes les lumières, de rallier à lui tous les talens distingués, d'en faire les artisans de sa gloire, les collaborateurs de ses travaux, et de conserver sur eux l'ascendant non de l'orgueil mais d'une vraie supériorité. Nul ne sut mieux à-la-fois convaincre la raison, et remuer les passions d'une assemblée. Tout ce qui le distinguait au milieu des hommes réunis, il le conservait dans l'intimité : séduisant par les charmes d'une conversation riche, animée, originale; réunissant, ce qui semble contraire aux esprits étroits, le goût des études abstraites, le goût des beaux-arts, celui même des plaisirs, et faisant tout servir à son ambition, qu'il ne cachait pas, mais qu'il gouvernait comme son éloquence, et qu'il justifiait par l'éclat de ses différens mérites. Homme du premier ordre à la tribune, il l'eût encore été dans le ministère, surtout à la suite d'une révolution qui avait désabusé des vieilles routines. Les intérêts, les événemens, à mesure qu'ils acquéraient de l'importance, s'élevaient au niveau et de son caractère et de son talent. Gêné dans les objets vulgaires, il était à son aise dans les grandes choses [1].....

---

[1]. La mort ayant surpris Chénier avant la fin de son travail, ce chapitre n'a point été terminé.

CHAPITRE V.

L'Histoire.

Si, pour écrire l'histoire, il suffisait de rassembler des faits, et de les classer selon leur date, la littérature française pourrait se glorifier d'un plus grand nombre d'historiens que toute autre littérature; mais il n'en est pas tout-à-fait ainsi. Pour être dignement traité, ce genre, aussi important que difficile, exige à-la-fois de grands talens, l'amour de la vérité, la liberté nécessaire pour être véridique : trois choses qui manquèrent souvent aux écrivains placés sur l'immense catalogue des historiens. Long-temps nous n'avons eu que des chroniques, la plupart rédigées en latin, et presque toutes par des moines. Entre les vieux auteurs qui ont adopté notre langue, et qui n'appartenaient point au cloître, Joinville, et Froissart [1] après lui, nous plaisent encore par des narrations naïves. Plus tard, Philippe de Comines [2], nourri dans les intrigues des cours, peignit avec quelque profondeur le sombre et dissi-

---

1. Voyez la fin du présent volume, art. Fragments littéraires.
2. *Idem*, *idem*.

mulé Louis XI. Seyssel, historien de Louis XII, est peu digne de son héros. Brantôme n'a droit d'obtenir place que parmi les compilateurs d'anecdotes. Sully, Péréfixe, graves et dignes de confiance, se soutiennent par leur sagesse, et par l'intérêt qu'inspire Henri IV. Il est fâcheux que l'habile et judicieux De Thou n'ait pas écrit en français. Mézerai, qui vint ensuite, publia l'Histoire complète de la monarchie française. Contemporain de Richelieu, il manifesta des opinions indépendantes. Il y a du nerf et de l'originalité dans sa diction, souvent trop familière; quelquefois même il atteint à l'éloquence; et, malgré tout ce qui lui manque, il l'emporte sur Daniel, et à beaucoup d'égards sur Véli et ses deux continuateurs. En racontant la conquête de la Franche-Comté, Pélisson, d'ailleurs si correct, fut moins historien que panégyriste. Bossuet, dans son Discours sur l'histoire universelle, allia les vues religieuses d'un pontife aux formes d'un grand orateur. Saint-Réal, qui plus d'une fois porta le roman dans l'histoire, acquit une renommée durable par son élégant récit de la conjuration de Venise, où pourtant il n'est point l'égal de Salluste, quoiqu'on l'ait souvent affirmé. Si quelque Français rappelle la manière brillante et ferme du peintre de Catilina, c'est assurément le cardinal de Retz, mais seulement lorsque son style s'élève;

car cet historien, digne de la Fronde, unit comme elle le grave au comique; et, dans les récits d'anecdotes, madame de Sévigné n'est pas plus naturelle, Hamilton n'est pas plus plaisant. Après les Mémoires de Retz, mais à une longue distance, ceux du duc de Saint-Simon se font remarquer par la franchise du style et par de curieux détails. En écrivant l'histoire de quelques révolutions célèbres, Vertot, disciple de Saint-Réal, se fit une réputation plus solide et plus étendue que celle de son maître. Sur des sujets du même caractère, le jésuite d'Orléans ne déploya pas un talent du même ordre. Un autre jésuite, Bougeant, mérite plus d'éloges par sa judicieuse histoire du traité de Westphalie. Celle de la ligue de Cambrai ne fait pas moins d'honneur à l'abbé Dubos. Élève des historiens de l'antiquité, Rollin, qui les traduit ou les commente, fut simple, élégant et facile, au moins dans son Histoire ancienne; mais, comme il écrivait pour l'enfance, les lecteurs d'un autre âge ont droit de lui reprocher des réflexions puériles, et même une crédulité trop complaisante. Au milieu du dernier siècle, le président Hénault rédigea, sur un plan neuf et bien conçu, son Abrégé chronologique de l'Histoire de France, livre qui sera long-temps utile, malgré des inexactitudes reconnues, et des omissions que l'on peut croire involontaires. Deux hommes de génie dominaient alors : Montesquieu décrivait la grandeur et la décadence du plus imposant des peuples anciens, comme un Romain survivant à Rome, et regrettant la république sur les débris mêmes de l'empire. A la brillante Histoire de Charles XII, Voltaire faisait succéder l'*Essai sur les Mœurs des Nations* et le *Siècle de Louis XIV*, monumens immortels, qui ne lui laissent aucun rival entre les historiens modernes. Il est le chef d'une école qui s'étendit en Angleterre, où l'esprit public et la liberté favorisent les travaux historiques. En France, par des causes contraires, ils furent long-temps gênés ou mal dirigés. Condillac, en son Cours d'histoire ancienne et moderne, soutint faiblement sa renommée, si légitime à d'autres titres. Mably, frère de Condillac, affermit la sienne par ses Observations sur l'Histoire de France, ouvrage lumineux et nécessaire à tous ceux qui veulent étudier à fond la marche du gouvernement français. Nous avons perdu l'Histoire de Louis XI, qu'avait composée Montesquieu : l'on ne sent que trop cette perte en lisant la même histoire écrite par Duclos. C'est le récit, ce n'est pas le tableau du règne. Duclos est plus à son aise dans ses Mémoires secrets sur la fin du règne de Louis XIV, et sur la régence du duc d'Orléans, sujet qui convenait mieux à son goût décidé pour les anecdotes, et à la trempe de son esprit, plus fin que profond. Millot, dans ses divers Élémens d'Histoire moderne, est correct, impartial et sage, mais décoloré, timide et médiocrement instructif. Le règne de Charlemagne, celui de François Ier, la rivalité de la France et de l'Angleterre, offraient des sujets heureux ; et Gaillard ne les a pas traités sans succès : mais un style diffus dépare les écrits de cet historien, très-éclairé d'ailleurs, et maintenant trop peu apprécié. L'histoire philosophique du Commerce des Européens dans les deux Indes, acquit à l'abbé Raynal une réputation tardive, mais éclatante, et que ses premiers essais n'avaient pu lui faire espérer. Ce n'est pas que ce livre célèbre soit, à beaucoup près, exempt de défauts. On y trouve assez souvent l'enflure à côté même de la sécheresse. L'auteur s'y permet des déclamations fréquentes, et jusqu'à de longues apostrophes qui seraient déplacées partout, mais qui répugnent spécialement à la sévérité du genre. Toutefois ce grand ouvrage présente aussi des beautés nombreuses et un majestueux ensemble : il tient sa place entre les monumens de la philosophie moderne ; et l'on ne saurait rabaisser sans ingratitude un talent qui a servi la cause des nations. Quoique très-courte, l'histoire de la révolution qui fit monter Catherine II sur le trône de Russie est digne de beaucoup de louanges. Le style en est orné, mais rapide et plein de mouvement :

CHAPITRE V.

c'était, avant l'histoire de Pologne, la meilleure production de Rulhière. Quoique très-longue, l'Histoire de la Monarchie prussienne, sous Frédéric-le-Grand, serait à peine citée, si elle n'était pas de Mirabeau. Elle contient des matériaux immenses, mais plutôt accumulés que mis en ordre : elle suppose des recherches nombreuses, des études approfondies; mais elle est indigeste et pénible à lire; et tout le renom de l'auteur ne suffit point pour la placer au rang des ouvrages qui font honneur à notre langue.

Ayant à parler dans ce chapitre d'une foule de traductions importantes, nous ne croyons pas devoir en former une classe distincte à la suite des ouvrages originaux ; car il deviendrait impossible d'éviter la confusion des époques; et tout ce qui est relatif à l'histoire moderne se trouverait précéder la plupart des articles qui concernent l'histoire ancienne. Afin de suivre une méthode plus satisfaisante pour les lecteurs instruits, nous ferons intervenir chaque ouvrage, original ou traduit, selon l'ordre chronologique des événemens que l'on y raconte. Le premier livre qui se présente est donc la traduction d'Hérodote, par M. Larcher. Ce n'est ici qu'une seconde édition, mais qui suppose un nouveau travail, puisqu'on y remarque beaucoup de changemens, soit dans l'interprétation du texte, soit dans le commentaire aussi docte qu'abondant, dont le traducteur a cru devoir enrichir un historien déja si riche par lui-même. On sait avec quel éclat et quelle heureuse variété de formes Hérodote expose les origines de l'Égypte et celles de la Grèce, les mœurs des anciens peuples de l'Asie, les événemens principaux écoulés dans les grandes monarchies qui précédèrent les républiques du Péloponèse, enfin l'entreprise de Xerxès : des armées, des flottes énormes, toute la puissance du grand roi, venant échouer contre ces républiques, si faibles en apparence, mais devenues invincibles par leurs vertus et par leur union. Nous n'osons point affirmer que le style de M. Larcher égale en tout celui d'Hérodote; nous ne trouvons même à cet égard aucun perfectionnement sensible dans la seconde édition, et l'on peut mettre en doute si les changemens qu'a subis le commentaire ont contribué à l'embellir. Beaucoup de personnes préfèrent l'édition antérieure, et fondent leur préférence sur des opinions philosophiques qui s'y trouvaient manifestées, et qui ont été remplacées, dix ans après, par des opinions contraires. Mais dix ans de réflexions mûrissent le jugement d'un commentateur. D'ailleurs, l'ancien précepte, *conformez-vous aux temps*, ne peut qu'être utile à suivre. Qui sait même si ces variantes d'opinions ne sont pas le résultat d'une nouvelle méthode inventée pour rendre un même ouvrage agréable à deux classes différentes de lecteurs? Quoi qu'il en soit, le traducteur d'Hérodote occupe depuis long-temps une place éminente parmi nos érudits actuels. La prose française de ce savant helléniste sera-t-elle surpassée par quelque nouvel interprète, qui, non content de rendre avec fidélité le texte d'Hérodote, voudra donner au moins une idée de son harmonieuse élégance? C'est ce que nous penchons à croire possible, afin de ne décourager personne; mais M. Larcher n'en conservera pas moins l'honneur d'avoir aplani le premier des difficultés de plus d'un genre; car les gothiques versions qui existaient déja n'ont pu lui être d'aucun secours : lui seul a frayé ces chemins pénibles; et, même en fait de traductions, ceux qui ouvrent la route méritent beaucoup de reconnaissance.

On nous reprocherait d'oublier un petit ouvrage qui a pour titre : *Supplément à l'Hérodote de Larcher*. Ce Mémoire, où beaucoup de choses sont rassemblées en quatre-vingts pages, est important par son objet et par le mérite d'une excellente rédaction. La voix publique l'attribue à un voyageur qui s'est rendu célèbre, en décrivant de nos jours cette antique Égypte qu'Hérodote avait décrite, il y a deux mille ans, lorsqu'elle était florissante, et qu'elle intruisait encore les hommes les plus instruits parmi les Grecs. A l'aide des tables astronomiques, faites par Pingré, en faveur de l'Académie des Inscriptions, pour dix siècles de l'histoire ancienne, l'auteur fixe avec une précision rigoureuse, à l'an 625 avant notre ère, l'éclipse centrale de soleil, qui, selon le récit d'Hérodote, fut prédite autrefois par Thalès, et, conformément à cette prédiction, fit cesser une bataille, et termina la guerre entre Cyaxares, roi des Mèdes, et Alyathes, roi des Lydiens. L'analyse exacte et rapide de quelques passages d'Hérodote, habilement rapprochés entre eux, suffit au critique pour désigner avec une égale certitude l'an 557 avant notre ère, comme date précise de la prise de Sardes, époque où la monarchie lydienne devint une province du vaste empire de Cyrus. De ces deux dates bien constatées découle aisément toute la chronologie des rois mèdes et des rois lydiens, par conséquent du premier livre d'Hérodote. La démonstration paraît sans réplique, à en juger par la réplique même qu'elle a occasionée. Forcé de défendre un grand historien contre son commentateur, c'est en y regardant de près que l'auteur du Supplément nous fait voir une extrême clarté dans cette même série chronologique, où M. Larcher n'avait aperçu, apporté et laissé que des ténèbres. On espère que ce travail sera continué sur l'ouvrage entier d'Hérodote. C'est ainsi qu'à l'exemple de Fréret les savans de choses rendent utile cette érudition, qui, dans les gros livres des savans de mots, n'est qu'une lourde futilité.

Il y a quatorze ans que M. Lévesque a publié sa traduction de Thucydide, la seule qui jusqu'à présent soit digne de quelque attention. Seyssel, historien de Louis XII, en fit une au commencement du seizième siècle, par l'ordre et pour l'instruction de cet excellent prince. Elle est aujourd'hui complètement oubliée, sans l'être toutefois davantage que celle de Perrot-d'Ablancourt, plus moderne, mais plus inexacte, moins complète, et d'ailleurs écrite dans un style tout-à-fait contraire au génie de l'original. Thucydide, au moins égal à Hérodote, offre avec lui, parmi les Grecs, le point le plus élevé des progrès de l'histoire : elle ne commença point, comme l'épopée, par atteindre la perfection. Six siècles avant notre ère, Cadmus de Milet, laissant le rhythme à la poésie, employa le premier la prose dans le récit des événemens. Il écarta les fables mythologiques, pour s'en tenir uniquement aux véritables traditions des peuples. Entre les nombreux historiens qui lui succédèrent durant deux siècles, Hécatée, son compatriote, se distingua par la pureté de son langage et par la douceur du dialecte ionique. Après lui, vint Hérodote, le plus ancien des historiens qui nous sont restés. Les critiques grecs et latins s'accordent à dire qu'il surpassa tous ses prédécesseurs. Les formes de sa composition, l'abondance et les grâces de son style, l'ont fait surnommer par eux le chantre et l'Homère de l'histoire. Il lut son brillant ouvrage devant la Grèce assemblée aux jeux olympiques. Thucydide, âgé de quinze ans, assistait à cette lecture solennelle : il pleura d'admiration ; et, parmi les applaudissemens d'un peuple entier, le vainqueur, sans rival encore, distingua ces jeunes et nobles larmes, qui lui promettaient un émule. En vain Denys d'Halicarnasse, né dans la même ville, mais non avec le même génie qu'Hérodote, se fait-il un devoir de rabaisser Thucydide : le judicieux Quintilien ne partage pas cette injustice. Outre qu'il jugeait sans passion, Quintilien n'était pas de ces critiques à vue courte qui, dans chaque genre, n'aperçoivent qu'une manière, et ne peuvent louer qu'un seul homme. A la vérité, ce n'est point l'éclat des événemens qui soutient l'histoire de la guerre du Péloponèse ; il n'y a plus là ni Marathon, ni Salamine : échecs, succès, tout est désastreux ; qu'Athènes l'emporte, ou que Sparte soit victorieuse, l'historien est grec ; et partout des Grecs gémissent. De là, cette teinte mélancolique si remarquée dans ses récits ; mais toutes les passions politiques y parlent, y agissent : on y voit avec douleur une nation généreuse user son énergie contre elle-même ; et, si l'ouvrage

CHAPITRE V. 153

d'Hérodote consacre cette imposante vérité, que l'union des peuples libres leur donne une force qui triomphe du despotisme presque tout-puissant, de l'ouvrage de Thucydide jaillit cette autre leçon, terrible, mais utile à donner, que leur division brise cette force, et, par l'essai même de l'empire, les mûrit pour la servitude. Ajoutez que le talent de l'écrivain n'est jamais inférieur au sujet qu'il traite. Il ne cherche point l'harmonie, quelquefois même il la brave; mais chez lui tous les mots sont des pensées; dans son style concis et nerveux, il unit l'austérité d'un philosophe, et l'audace élevée d'un grand citoyen. Narrateur moins fleuri qu'Hérodote, il n'est jamais, comme lui, conteur agréable : il est peintre plus énergique; peintre des choses, lorsqu'il décrit l'expédition de Sicile, ou la contagion d'Athènes; peintre des hommes partout, et spécialement dans les harangues, où il excelle, et qu'il place avec plus d'art qu'Hérodote, peut-être même qu'aucun autre. Introduit-il Périclès déterminant les Athéniens à la guerre, ou prononçant l'éloge funèbre des citoyens morts aux combats? les idées, les expressions, les tours, les images étalent toute la magnificence oratoire. Fait-il parler Archidamus, roi de Lacédémone, ou l'éphore Sténélaïdas? c'est avec une briéveté simple et grave. Brasidas a-t-il plus de pompe : il fut éloquent, quoique Spartiate, observe aussitôt Thucydide, toujours fidèle au costume des mœurs, toujours scrupuleux gardien des convenances. Tel fut le maître de la tribune attique, le modèle adopté par Démosthène, qui le copia huit fois tout entier ; et, dans la carrière de l'histoire, nul doute que, chez les Latins, on n'ait le droit de compter parmi ses élèves Salluste, qui souvent l'égale, et Tacite qui a tout surpassé. L'on doit donc rendre grâce à M. Lévesque de son heureuse et difficile tentative. On doit le remercier encore d'avoir été sobre de notes, bien différent de ces traducteurs qui ne voient dans le texte qu'un accessoire, et commentent les écrivains les plus illustres, ainsi que le docteur Mathanasius commentait le chef-d'œuvre d'un inconnu. Le mérite de M. Lévesque, le sentiment profond qu'il a des beautés de Thucydide, la sévérité modeste avec laquelle il juge sa propre traduction, nous garantissent qu'il fera de nouveaux efforts pour la perfectionner, et la rendre digne, autant qu'il est possible, de cet admirable historien.

Une dissertation sur les historiens d'Alexandre, composée par M. de Sainte-Croix, il y a plus de trente ans, et couronnée par l'Académie des Inscriptions, avait obtenu, en paraissant, tout le succès que ces sortes d'écrits doivent espérer. Mais les éloges donnés à l'auteur n'ont pu lui fermer les yeux sur les défauts de son travail. Il n'y a vu qu'une ébauche imparfaite, au point que sa dissertation, revue, corrigée et augmentée, est devenue un très-gros volume in-quarto, qu'il a publié, il y a trois ans, sous le titre d'*Examen critique des anciens historiens d'Alexandre*. L'ouvrage est divisé en six sections. La première traite des anciens historiens, de ceux même qui sont antérieurs à l'époque d'Alexandre, ou qui n'ont jamais parlé de lui : elle se termine par quelques détails sur les traditions orientales relatives à ce conquérant. La seconde et la troisième embrassent son histoire entière, d'après les récits de Diodore, d'Arrien, de Plutarque parmi les Grecs; de Quinte-Curce et de Justin parmi les Latins. Il s'agit dans la quatrième du témoignage de l'Écriture et des écrivains juifs sur Alexandre. La cinquième et la sixième sont consacrées, l'une à la chronologie, l'autre à la géographie de ses historiens. Le livre est complété par un appendice sur les historiens du moyen âge. Les lecteurs qui aiment la précision seront peu satisfaits ; car le style, d'ailleurs assez correct, est d'une abondance qu'un censeur sévère appellerait prolixité. Ceux à qui l'érudition suffit doivent être contens : outre les passages cités, qui forment plus d'un tiers du volume, il n'est guère de phrases qui n'aient deux ou trois autorités pour escorte et pour appui.

Sans être trop rigoureux, on pourrait désirer une critique plus judicieuse. En effet, s'il était curieux de faire des recherches sur l'éducation d'un personnage tel qu'Alexandre, sur le procès de Parménion, sur l'accès de colère et d'ivresse où fut tué Clitus, sur la fantaisie qu'eut Alexandre de se déclarer fils de Jupiter, et d'être lui-même un dieu, sur les fâcheux changemens que les conquêtes opérèrent dans les mœurs du conquérant, il semblait moins nécessaire de s'enquérir avec grand soin si, devant son armée en révolte, Alexandre prononça le discours succinct que lui prête Polyen, ou le long discours que rapporte Arrien, ou le discours plus long, mais tout différent, qui se trouve dans Quinte-Curce, et qui est une assez belle amplification; s'il y avait bien un milliard quatre-vingt millions dans la citadelle d'Ecbatane, et combien de millions vola le général Harpalus, à qui ce trésor était confié; si Ptolémée était ou n'était pas au siége de la ville des Malliens; si le gymnosophiste Calanus, qui se brûla lui-même, fut consumé dans une maison de bois faite exprès, ou s'il expira sur un lit doré; si ce fut le satrape Orxine, ou Polimaque de Pella, qui fut condamné à mort pour avoir pillé le tombeau de Cyrus; si ce tombeau renfermait le corps du monarque persan, ou n'était qu'un cénotaphe; enfin si, après la mort d'Alexandre, on enduisit son corps de cire, ou bien si *on le mit dans l'huile*, ou bien encore si *ce prince fut mis en état de momie* : ce sont les termes de M. de Sainte-Croix. Quoique les pensées de l'écrivain se réduisent pour l'ordinaire à faire combattre les pensées des autres, il manifeste pourtant quelques opinions fort édifiantes. On remarque aussi qu'il lance à tout propos, souvent même hors de propos, des traits amers contre la philosophie et contre le gouvernement populaire. Toutefois, comme il n'aime pas mieux les conquérans que les républiques et les philosophes, il juge Alexandre avec une franchise qui, du temps de ce prince, coûta la vie au philosophe Callisthène, mais qui, à vingt-trois siècles de distance, n'a, par bonheur, aucun danger pour les savans. L'auteur eût fait un livre plus méthodique, plus agréable et plus utile, si, voulant bien économiser les longues citations qu'il est si facile d'accumuler, laissant de côté d'autres choses qui sont à la fois des lieux communs et des écarts, il se fût donné la peine d'écrire une histoire raisonnée d'Alexandre et de son siècle. Là venaient se fondre et se placer des notions chronologiques et géographiques; là, devait se trouver, ce qu'on cherche en vain dans l'ouvrage : un exposé de l'état des lettres, des sciences, des arts à cette mémorable époque; là même on pouvait admettre quelques discussions d'érudit, mais avec la discrétion que conseille une saine critique, et dont il ne faut pas se dispenser quand on aspire à être lu.

En suivant, pour l'histoire romaine, l'ordre que nous avons suivi pour l'histoire grecque, le premier livre qui se présente est une traduction complète de Salluste, ouvrage posthume de l'estimable Dureau de la Malle. On ne saurait contester à Salluste une éminente place entre les historiens latins; mais il fut apprécié très-diversement à Rome. On lui reprochait de son vivant l'affectation de rajeunir des mots vieillis. Tite-Live, qui le juge peut-être avec la sévérité d'un rival, prétend qu'il est fort inférieur à Thucydide, et qu'il le gâte en l'imitant. Tacite lui décerne la palme de l'histoire latine, palme qu'aujourd'hui nous décernons à Tacite. Quintilien, critique si judicieux et si mesuré, vante avec complaisance cette rapidité admirable qui distingue Salluste, et que Tite-Live, ajoute-t-il, a su atteindre par des qualités différentes. Il s'en réfère au jugement de Servilius Nonianus, qui déclarait ces deux émules plutôt égaux que semblables. On a peine à concevoir que d'autres Romains, le rhéteur Cassius Severus, par exemple, et même Sénèque, aient trouvé les harangues de Salluste plus faibles que ses narrations. Dans la Guerre de Catilina, les discours de ce chef de conjurés, ceux de Caton et de César, ne sont-ils donc pas des morceaux d'un rare mérite? Et quel historien, sans exception, nous a laissé une harangue plus éloquente que celle de Marius contre les patriciens, dans la guerre de Jugurtha? Il y a de beaux discours de Salluste jusque dans les fragmens qui nous sont restés de sa grande histoire, ouvrage dont nous devons vivement regretter la perte, puisqu'il renfermait la longue rivalité de Marius et de Sylla, la dictature entière du dernier, enfin tous les temps écoulés entre la guerre numidique et la conjuration de Catilina. Salluste a été souvent traduit en français. La version du président de Brosses n'est digne d'aucun éloge; on fait plus de cas de sa vie de Salluste, production déparée toutefois par un mauvais style et par une critique vulgaire, mais curieuse par des recherches d'érudition, matériaux qui peuvent être utiles pour composer un meilleur ouvrage. Il y a quarante ans, Dotteville obtint un succès mérité en traduisant de nouveau Salluste; et Beauzée, quoique venu plus tard, est loin d'avoir fait aussi bien que lui. Le seul qui souvent ait mieux réussi que Dotteville nous paraît être Dureau de la Malle; mais, quoique cet habile traducteur aspire à rendre partout la nerveuse rapidité de son modèle, sa version néanmoins pourrait gagner encore du côté de la couleur et de l'énergie. Nous croyons qu'il l'aurait perfectionnée, s'il eût vécu davantage. Au reste, son principal titre littéraire est sans contredit une autre traduction plus considérable, plus difficile, et dont nous allons parler à l'instant.

Tacite, que Racine appelle à si juste titre le plus grand peintre de l'antiquité, eût mérité d'avoir pour traducteurs des écrivains du premier ordre. Une traduction de Tacite est la seule qui eût été digne de Montesquieu. Un de ses égaux s'est mis sur les rangs, mais dans un essai trop peu étendu : J.-J. Rousseau a traduit ce magnifique premier livre de l'Histoire où Tacite peint à si grands traits la fin de l'empire de Galba, et les commencemens du court empire d'Othon. On ne lit guère cette traduction. Dans le vaste recueil de Rousseau, elle est comme étouffée par ses chefs-d'œuvre. Cependant, quoique imparfaite, elle ne doit pas être négligée; quelquefois tout son talent s'y retrouve. Sans y égaler Tacite, ni lui-même, il reste à une place où il n'est pas facile de l'atteindre ; et, sinon pour la fidélité, du moins pour le choix des expressions et le tour des phrases, il est encore un objet d'étude. Il n'a pas été plus loin que ce premier livre. *Un si rude jouteur m'a bientôt lassé*, dit-il, avec la franchise et la verve de Montaigne. D'Alembert a choisi seulement quelques morceaux d'un grand éclat dans les différens ouvrages de Tacite. Son choix est excellent; mais, il faut l'avouer, d'Alembert, malgré tout son mérite, a peu réussi dans sa traduction : même il y est constamment sec; précis, mais en géomètre et non pas en grand écrivain; d'ailleurs, souvent infidèle au texte, et plus souvent au génie de Tacite. Les six derniers livres des Annales et les cinq livres de l'Histoire ne font point partie du travail de La Bléterie, travail dont la vie d'Agricola est l'article le plus estimé. Ce chef-d'œuvre, où tant de choses tiennent si peu d'espace, a été de nouveau traduit, il y a douze ans, par M. des Renaudes, à qui l'on doit une portion d'éloges; car il écrit avec soin, même avec scrupule : mais nous craignons toutefois que son style n'ait pour l'ordinaire plus de recherche que de nerf et de coloris. Dotteville et Dureau de la Malle nous ont donné deux traductions complètes de Tacite : l'une est antérieure à notre époque; l'autre a paru pour la première fois, il y a dix-huit ans. Celle que nous devons à Dotteville offre beaucoup de choses estimables : une vie de Tacite, où l'érudition est embellie par une saine littérature; des abrégés supplémentaires, où l'auteur a eu le bon esprit de ne pas vouloir être brillant; les notes diversement instructives qui accompagnent la traduction; souvent cette traduction même retravaillée à chaque édition nouvelle, mais qui pourtant renferme encore trop de périphrases, trop d'équivalens substitués aux expressions du texte, comme s'il pouvait y avoir des équivalens avec Tacite! Dureau de la Malle, en son discours préliminaire, a clairement exposé, d'après un Mémoire de La Bléterie, quelles magistratures réunies formaient dans l'empire romain le pouvoir du prince. Il nous paraît moins heureux lorsqu'il veut prouver en forme que la cruauté des empereurs était un moyen de finance, et que la proscription des riches pouvait seule fournir à la magnificence impériale. Sans pousser trop loin la discussion, Titus fut aussi magnifique, ce sont les propres termes de Suétone, qu'aucun des empereurs qui l'avaient précédé : nous savons que Trajan le fut encore davantage; et cette réponse doit suffire. Éclaircissant le texte par des notes courtes et judicieuses; laissant, comme des vides inaccessibles, ces lacunes désespérantes que le génie même ne pourrait remplir, Dureau de la Malle, en qualité de traducteur, surpasse presque toujours La Bléterie, d'Alembert et Dotteville. Attentif à corriger sans cesse, comme on le voit par l'édition publiée depuis sa mort, il s'attache plus qu'aucun d'eux aux idées, aux images, aux expressions de son modèle. Et quel modèle eut jamais droit d'exiger une fidélité plus respectueuse! Soit que, d'une plume austère, il décrive les mœurs des Germains; soit qu'avec une pieuse éloquence, il transmette à la postérité la vie de son beau-père Agricola; soit qu'ouvrant l'ame de Tibère il y compte les déchiremens du crime, et les coups de fouet du remords; soit qu'il peigne le sénat, les chevaliers, tous les Romains se précipitant vers la servitude, esclaves même des délateurs, et accusant pour n'être point accusés, l'artificieux Séjan redouté d'un maître qu'il craint, les affranchis tout-puissans par leur bassesse, Pallas gouvernant l'imbécile Claude; Narcisse, l'exécrable Néron, les avides ministres de Galba se hâtant, sous un vieillard, de saisir une proie qui va bientôt leur échapper, les Romains combattant jusque dans Rome, afin qu'entre Othon et Vitellius la victoire nomme le plus coupable, en se déclarant pour lui; soit qu'il représente Germanicus vengeant la perte des légions d'Auguste, ou puni par le poison de ses triomphes et de l'amour du peuple, l'historien Cremutius Cordus forcé de mourir pour avoir loué Brutus et Cassius, et, suivant un très-juste usage, sa proscription doublant sa renommée, Britannicus, Octavie, Agrippine, victimes d'un tyran trois fois parricide, Sénèque se faisant ouvrir les veines, conjointement avec son épouse, les débats héroïques de Servilie et de son père Soranus, Thraséas, aux prises avec la mort, offrant une libation de son sang à Jupiter libérateur, et prescrivant la vie comme un devoir à la mère de ses enfans, il est tour à tour, ou à la fois, énergique, sublime; variant ses récits autant que le permet la monotonie du despotisme, et toujours également admirable; imitant Thucydide et Salluste, mais surpassant ses modèles, comme il surpasse tous ses autres devanciers, et ne laissant à ses successeurs aucun espoir de l'atteindre. Étudiez l'ensemble de ses ouvrages : c'est le produit d'une vie entière, d'études prolongées, de méditations profondes. Examinez les détails : tout y ressent l'inspiration ; tous les mots sont des traits de génie et les élans d'une grande âme. Incorruptible dispensateur et de la gloire et de la honte, il représente cette conscience du genre humain que, selon ses énergiques expressions, les tyrans croyaient étouffer au milieu des flammes, en faisant brûler publiquement les œuvres du talent resté libre, et les éloges de leurs victimes, dans ces mêmes places où le peuple romain s'assemblait sous la république. Son livre est un tribunal où sont jugés en dernier ressort les opprimés et les oppresseurs : c'est à l'immortalité qu'il les consacre ou les dévoue; et dans cet historien des peuples, par conséquent des princes qui savent régner, chaque ligne est le châtiment des crimes, ou la récompense des vertus. Affirmer que Dureau de la Malle ait rendu toutes les beautés d'un tel historien serait exagérer la louange. Il en est que ses plus grands efforts ne peuvent dompter, pour ainsi dire. Quelquefois même on sent la peine qu'il éprouve. Il craint un génie qui soutient souvent, mais qui accable lorsqu'il ne soutient pas. On doit cependant beaucoup d'éloges à ce laborieux littérateur. Ce n'est point à demi qu'il avait étudié l'art de traduire; et, jusqu'à présent, parmi nous, aucune version de Tacite ne peut être mise avec avantage en parallèle avec la sienne. Lorsqu'il fut enlevé à sa famille, à ses amis, et à l'Institut, il achevait une traduction de Tite-Live. Elle tiendra, dit-on, le premier rang parmi ses ouvrages. On nous promet qu'elle sera bientôt rendue publique; et nous le désirons pour sa mémoire. Ce n'est pas un honneur vulgaire que d'avoir été le meilleur traducteur français des trois plus grands historiens que nous ait laissés l'antique Italie.

Suétone est loin d'approcher de son contemporain Tacite, et ne peut même trouver place entre les grands historiens de l'antiquité. A l'exception de quelques traits épars à de longues distances, son style manque de nerf et de chaleur: il ne peint ni les hommes ni les choses; il ne raconte même pas les événemens; il les énonce: mais il est curieux à lire par la nature et la multitude des faits qu'il rassemble; et, quoiqu'il les accumule sans méthode, quoiqu'il ne sache point faire ressortir les petits détails dont il abonde, sa véracité, froide, impassible, souvent portée jusqu'au cynisme, donne une physionomie particulière et de l'autorité à son histoire. Sans pouvoir d'ailleurs suppléer aux lacunes d'un écrivain tel que Tacite, il présente, au moins, dans un abrégé complet le règne des douze premiers empereurs romains. On doit donc savoir gré à M. Maurice Lévesque d'avoir publié récemment une traduction de Suétone. Déja nous en avions plus d'une; et celle de La Harpe est digne d'éloges : mais La Harpe, se croyant supérieur à l'historien qu'il traduit, prend avec lui d'étranges libertés. Tantôt il corrige ou plutôt il altère le sens des phrases latines; tantôt il supprime d'assez longs passages. Le nouveau traducteur l'emporte sur lui pour l'exactitude, et lui cède rarement pour la correction. Si l'on peut reprocher à M. Maurice Lévesque quelques expressions hasardées, quelques tournures inélégantes, quelques périodes péniblement construites, ces fautes, en petit nombre, aisées d'ailleurs à faire disparaître, ne diminuent point le mérite et l'utilité de son estimable travail.

Un autre M. Lévêque, le traducteur de Thucydide, vient de donner au public une Histoire critique de la République romaine. Elle commence à la fondation de Rome, et comprend même un abrégé de l'histoire de l'empire. Nous avons déja beaucoup de livres sur les Romains; et, quoique cette production ne soit pas dépourvue de mérite, elle est loin d'offrir l'intérêt qui règne dans le rapide et brillant ouvrage de Vertot. Est-il besoin d'ajouter qu'il n'y faut pas chercher la profondeur d'idées, la hauteur de style, l'étendue de résultats que nous admirons dans le chef-d'œuvre de Montesquieu? L'on savait d'ailleurs depuis long-temps que les premiers siècles de Rome présentaient peu de certitude historique; à cet égard, M. Lévêque s'est donné la peine de prouver fort en détail ce qu'on avait prouvé avec concision, et ce dont personne ne doutait plus. Il y a, au contraire, dans son travail, une partie qui pourra sembler beaucoup trop neuve. L'écrivain déprime avec affectation le peuple dont il écrit l'histoire, et en particulier plusieurs Romains des plus illustres : les deux Brutus, par exemple, les deux Caton, Fabius Maximus et même Cicéron. Excepté ce qui concerne Caton l'ancien, les inculpations de M. Lévêque paraissent très-frivoles. Il a voulu, dit-on, *affaiblir l'enthousiasme qu'inspirent les Romains;* il a craint que cet enthousiasme ne fît naître le mépris et le dégoût des gouvernemens qui ne ressemblent pas à leur république : certes, le motif est louable; mais il n'est pas suffisant pour calomnier des personnages dont la gloire est fondée sur des titres immortels; bien moins encore un peuple entier qui, sans doute, exagère l'amour des conquêtes, mais qui laisse partout sur ses traces l'empreinte ineffaçable de sa grandeur, et chez qui, depuis tant de siècles, les premiers hommes des premières nations modernes ont trouvé de sublimes modèles et de talens et de vertus.

Anquetil, en débutant dans la carrière historique, avait attiré l'attention des lecteurs par deux ouvrages intéressans et même assez bien écrits : l'*Esprit de la Ligue*, et l'*Intrigue du Cabinet*. Nous n'en pourrons dire autant des productions de sa vieillesse; et d'abord nous trouvons ici son *Histoire universelle*, abrégé faible et vide du volumineux ouvrage des gens de lettres anglais. L'entreprise ne valait guère la peine d'être tentée. Rien ne serait plus utile assurément qu'une bonne histoire universelle. Nous n'entendons parler ici ni d'un rassemblement indigeste des annales de toutes les nations, ni d'une simple table des matières; il ne s'agit même pas d'un beau discours oratoire, où tout roule sur une seule idée religieuse; où, à travers quelques époques marquées par des traits rapides, on cherche toujours l'instruction en trouvant de l'éloquence; où l'on admire enfin sans apprendre. Nous voudrions un ouvrage substantiel, sans lacune et sans développement inutile, embrassant la série des siècles, et classant avec une concision méthodique, mais exempte de sécheresse, tous les faits d'une importance réelle. Un tel livre est difficile : il exige un grand talent et une vie entière. Condillac n'a réussi qu'incomplètement dans une composition de ce genre. Ne soyons pas surpris qu'Anquetil y ait complètement échoué, en écrivant à la hâte, d'une main glacée par l'âge, et d'après un mauvais modèle.

Parvenus à l'histoire moderne, nous regardons comme un devoir d'examiner attentivement l'ouvrage élémentaire composé par Thouret sur les révolutions successives du gouvernement français. Les quatre premiers livres présentent, dans un précis rapide, les recherches de l'abbé Dubos sur l'établissement des Francs dans les Gaules. Les huit derniers offrent l'analyse des Observations de Mably sur l'Histoire de France. On voit que le fonds n'appartient pas au rédacteur; mais une telle rédaction n'en suppose pas moins un rare mérite. Il est impossible de choisir avec plus de sagacité, de classer avec plus de méthode, d'exposer avec plus de clarté les idées principales des écrivains qu'il a suivis. La première partie est un peu conjecturale; la seconde est fondée sur des faits incontestables; et, durant les douze siècles écoulés depuis la conquête des Gaules par Clovis jusqu'à la fin du règne de Louis XIV, plusieurs époques dans chaque siècle fournissent des remarques importantes. Thouret explique, en abrégeant Mably, sans rien omettre d'essentiel, comment la constitution primitive des Français, libres même après la conquête, fut altérée bientôt par l'ascendant des leudes et des prêtres; comment s'établirent les justices seigneuriales; comment furent créés les bénéfices militaires, qu'à cette époque il ne faut pas confondre avec les fiefs; comment ces mêmes bénéfices devinrent héréditaires sous Clotaire II; comment enfin la force des leudes et la faiblesse des derniers rois Mérovingiens amenèrent une dynastie nouvelle, en concourant à former l'autorité des maires du palais. Sous les rois Carlovingiens, l'auteur signale des révolutions plus remarquables encore: Pepin, moins religieux que politique, augmentant la puissance du clergé pour garantir et consacrer la sienne, tandis que les seigneurs, dans leurs domaines, instituent la vassalité, premier germe du gouvernement féodal qui va naître au siècle suivant; Charlemagne, dont le règne obtient à juste titre des regards prolongés avec complaisance, rétablissant les champs de Mars et les champs de Mai, rendant le pouvoir législatif à la nation, la distribuant en trois ordres, mais sachant maintenir l'équilibre entre ces divers élémens, bien convaincu que sa vaste domination ne peut avoir de base solide que la liberté publique; Louis-le-Débonnaire, maîtrisé par les grands, humilié par les prêtres; après lui, l'empire de Charlemagne divisé; dans le royaume de France, échu en partage à Charles-le-Chauve, les bénéfices militaires prenant tout-à-coup le nom de fiefs, changement qui marque dans notre histoire la véritable origine du gouvernement féodal; ces faibles monarques, suivis d'héritiers plus faibles encore; et, comme au déclin de la première race, de nouveaux rois fainéans, laissant tour à tour envahir le trône par Eudes, comte de Paris, par Raoul, duc de Bourgogne, et par Hugues Capet, qui le ravit pour toujours à la maison régnante, et fonde la troisième dynastie. Le gouvernement féodal, accru sans cesse depuis Charles-le-Chauve, et prévalant sur le peuple, sur le clergé, sur la royauté même, fut ensuite affaibli progressivement durant deux siècles: sous Louis VI, par l'établissement des communes; sous Philippe-Auguste, par l'admission des vassaux inférieurs et des officiers royaux dans la cour des pairs, long-temps composée des seuls grands vassaux; sous Louis IX, par les réformes judiciaires qui détruisirent au profit de la royauté l'influence des justices seigneuriales; enfin, sous Philippe-le-Bel, quand les seigneurs perdirent presque à la fois le droit de guerre et le droit de battre monnaie. Ce prince habile restreignait en même temps le pouvoir du clergé, celui même du souverain pontife. Il convoquait la nation, non pour la rendre libre, ainsi qu'avait fait Charlemagne, mais pour s'en servir contre les grands. De là vinrent les états-généraux, qui, durant tout ce quatorzième siècle, firent pour la liberté des efforts courageux, mais sans succès : efforts appréciés par Mably et Thouret, après avoir été calomniés par l'ignorance ou la servilité de presque tous nos historiens. Dans le même siècle, naquit avec les lits de justice l'autorité du parlement; revêtu d'abord du droit d'enregistrement, bientôt devenu permanent, un peu plus tard se confondant avec la cour des pairs, tantôt opposé par les rois à la représentation nationale, tantôt chargé de porter au pied du trône les doléances des provinces, et, par une suite du droit de remontrance, croyant ou voulant participer au pouvoir législatif. Mais on voit la puissance monarchique agrandie par Charles V, abandonnée à l'étranger par Charles VI, reconquise par Charles VII, rendue odieuse par les intrigues de Louis XI, respectable par les vertus de Louis XII, formidable par les armées permanentes de François Ier, maintenue sous Henri II malgré les persécutions religieuses, sous Charles IX malgré les crimes politiques, ébranlée par la faiblesse de Henri III, raffermie par le courage magnanime de Henri IV, briser enfin ses dernières limites sous le ministère inflexible de Richelieu; et, plus imposante encore après les dissensions ridicules de la Fronde, au milieu des victoires et des chefs-d'œuvre, s'accroître sans obstacle et sans mesure sous le règne pompeux de Louis XIV. Tel est en substance l'ouvrage de Thouret : ouvrage instructif et plein de sens, écrit comme ses discours de tribune, d'un style simple et même austère, mais concis, net et rapide. L'auteur le composa pour son fils, alors très-jeune, et qui, depuis, l'a rendu public. C'est à lui qu'il s'adresse toujours; et l'on est touché de voir avec quelle attention paternelle il le conduit par la main dans une route qu'il aplanit, et qu'il éclaire. N'oublions pas que cette production est le dernier fruit de ses veilles : voilà ce qu'il écrivait dans la prison d'où il n'est sorti que pour mourir. C'est au nom de la liberté, c'est comme ennemi du peuple, qu'il fut proscrit et frappé par une tyrannie sanguinaire, lorsqu'à peine il achevait un livre dont toutes les pages respirent et inspirent le respect pour les droits du peuple et l'ardent amour de la liberté.

Si nous avons analysé complètement le livre

de Thouret, et parce qu'il a un mérite remarquable, et parce qu'il présente lui-même l'analyse du meilleur ouvrage de Mably, ce n'est pas une raison pour attacher beaucoup d'importance à des productions plus étendues, mais sans physionomie particulière. Nous sommes forcés de compter dans ce nombre, et l'histoire de France d'Anquetil, et celle de M. Fantin Desodoards. Toutes les deux ne sont bien véritablement que de longs abrégés des énormes fatras que nous avons déjà sous ce titre. Mêmes développemens sur les choses inutiles; même ignorance, ou même discrétion sur tout ce qu'il importerait de savoir; même faiblesse et souvent plus de familiarité dans les formes du style; même insouciance à l'égard des variations du gouvernement, des coutumes, des mœurs publiques; même vague sur le caractère des personnages dont on raconte les actions, et que l'on ne voit point agir. Joinville, Froissart et surtout Philippe de Comines, dont le langage a plus ou moins vieilli, ont cependant plus de couleur, plus d'intérêt, que tous ces faiseurs de chroniques, dont le seul art est celui d'unir la sécheresse et la prolixité. Aucun des grands talens, immortel honneur de la France, ne s'occupa d'écrire notre histoire générale, si ce n'est Bossuet, qui en fit à la hâte des espèces de thêmes pour le dauphin, fils de Louis XIV. Ce n'est pas là qu'il faut chercher le génie de cet illustre orateur : on sent combien de motifs commandaient aux auteurs ou les génuflexions continuelles devant le pouvoir, ou les réticences fréquentes. Les plus sages et les plus habiles ont dû préférer le silence absolu. De là ce préjugé long-temps établi sur le peu d'intérêt de notre histoire générale, préjugé qui tombera dès qu'elle sera dignement traitée ; mais ce n'est pas à des écrivains vulgaires qu'est réservé le succès d'une si haute entreprise. Rien de plus difficile que de fondre en entier ce grand ouvrage ; rien de plus aisé que de mettre à contribution des auteurs médiocres, pour faire aussi mal ou plus mal qu'eux. Ici la gloire nationale nous interdit toute indulgence. Assez de compilations surchargent nos bibliothèques, sans nous enrichir d'une idée. Nous succédons au dix-huitième siècle : il a ouvert des routes nouvelles ; il faut savoir les parcourir ; et, comme les anciennes entraves n'existent plus que pour ceux qui les ont dans l'esprit ; comme, en ces matières du moins, la borne où l'écrivain s'arrête n'est désormais autre chose que la borne de son talent même, il est temps que notre histoire générale soit écrite par des historiens.

On a traduit, il y a douze ans, l'histoire de la confédération helvétique par Muller. Cet écrivain, Suisse de nation, vient d'être enlevé à la littérature allemande, qui le regrette et le célèbre à juste titre. Il commence son ouvrage à l'origine de la Suisse. Il entre même dans quelque détails sur la première guerre des Helvétiens contre la république romaine, et décrit la défaite du consul Cassius par les Tiguriens, un peu avant les victoires de Marius contre les Cimbres, leurs alliés. Les développemens se suivent sans intervalle, à partir de la chûte de l'empire romain, lorsque l'Europe, émancipée trop tôt, se recompose dans la barbarie; mais ils n'acquièrent beaucoup d'intérêt qu'aux premières années du quatorzième siècle, à cette grande époque où les Suisses, brisant le joug de l'Autriche, fondent la liberté avec courage, et la maintiennent avec sagesse, en formant par degrés leur confédération respectable. L'auteur, ou du moins son traducteur, s'arrête au milieu du quinzième siècle, avant cette autre époque non moins brillante, où toutes les richesses et toutes les forces de Charles-le-Téméraire se trouvèrent insuffisantes contre les vertus d'un peuple pasteur et guerrier. Cette histoire a pourtant neuf volumes : car elle est pleine de recherches sur les origines des villes, et sur leurs traditions particulières. Elle doit être spécialement chère aux Suisses, ce que nous disons par éloge et non par reproche : quoique fort érudite, elle n'est point sèche; elle abonde en réflexions toujours judicieuses, et quelquefois d'une grande portée. Quant à l'exécution générale, la manière de l'auteur est large et grave : la chaleur n'est pas sa qualité dominante; mais il a souvent de la noblesse; et, dans ce qui concerne l'histoire naturelle de la Suisse, partie traitée de main de maître, son style s'élève à des formes majestueuses, dont la trace est facilement aperçue dans la traduction. L'ouvrage est dédié à tous les confédérés de la Suisse. Cette dédicace, que l'auteur fait à ses pairs, n'est pas d'un ton subalterne : on y remarque, comme en tout le reste du livre, un profond sentiment de liberté, et, ce qui pourrait à l'analyse se trouver encore la même chose, un grand respect pour le genre humain. Nous sommes fâchés que le traducteur ait cru devoir garder l'anonyme : il mérite à la fois des remercimens et des louanges. Nous avons une autre histoire des Suisses, composée plus récemment dans notre langue : elle est de M. Mallet, connu depuis longtems par son histoire du Danemarck. Les particularités relatives aux différentes villes de la Suisse n'entrent point dans le plan de l'auteur. Il s'attache uniquement à l'ensemble de la confédération helvétique. Tout l'espace que parcourt Muller est ici renfermé dans le premier tome. Trois autres volumes contiennent les événemens écoulés depuis le milieu du quinzième siècle jusqu'au moment où l'auteur écrit. C'est donc une histoire complète, mais peu détaillée. Le style en est sans ornemens : toutefois elle se fait lire, et peut satisfaire cette classe nombreuse de lecteurs à qui des élémens suffisent. Quant aux hommes qui font de l'histoire une étude, c'est l'ouvrage important de Muller qu'ils aimeront à consulter.

L'histoire des républiques italiennes du moyen âge offrait un sujet difficile. En le traitant, M. Simonde de Sismondi a rendu un véritable service à notre littérature. L'ouvrage commence à la fin du cinquième siècle, et s'arrête un peu avant le milieu du quinzième; mais son terme, ainsi que l'annonce l'introduction, sera l'époque où, cent ans plus tard, la souveraineté de la Toscane deviendra le partage héréditaire de la maison de Médicis. Les huit volumes que l'auteur a déjà publiés présentent l'histoire générale de l'Italie durant plus de neuf siècles. En parcourant ce long espace, il distribue sans confusion les événemens écoulés dans une foule de cités célèbres : événemens aussi nombreux que variés, et qu'il ne lui est pas toujours possible d'enchaîner ensemble. Il montre, dans les premiers âges, le gouvernement républicain reprenant à Rome quelque ombre d'existence, et cherchant à se maintenir à côté du pontificat; Naples, Gaëte, Amalfi, Venise, Pise et Gênes, se formant en républiques; et enfin l'affranchissement de toutes les villes italiennes vers les derniers temps du onzième siècle. Après ces origines mêlées de ténèbres, et pourtant développées par M. Sismondi avec autant d'érudition que de clarté, viennent des époques plus brillantes. La résistance des deux ligues lombardes aux empereurs Frédéric Barberousse et Frédéric II inspire surtout un vif intérêt. En général, tout ce qui concerne les Guelfes et les Gibelins est soigné dans cette histoire; et nulle part ne sont mieux retracées ces interminables guerres civiles qu'excita dans toute l'Italie la rivalité de l'empire et du sacerdoce. A l'ensemble de la composition, à l'esprit général, au caractère de plusieurs détails, l'auteur semble un élève de Muller, que d'ailleurs il vante beaucoup, peut-être même un peu trop, quel que soit le mérite de cet historien. Comme lui, M. Sismondi joint une raison forte à des connaissances étendues; mais il est plus inégal que Muller; et ses écrits ont souvent de la sécheresse : ce qui ne vient pourtant pas d'un excès de précision. Quelquefois, en récompense, il sait donner de la couleur à son style : des traits nerveux, des expressions brillantes, et de temps en temps d'assez belles pages, annoncent que la hauteur de l'art d'écrire ne lui est pas inaccessible. Son livre, déjà très-recommandable, est digne d'être perfectionné:

en peu de temps il a obtenu deux éditions; quelques efforts de plus lui obtiendraient un rang assuré parmi les bons livres.

L'*Histoire de Laurent de Médicis*, et l'*Histoire du pontificat de Léon X*, toutes deux composées en anglais par Roscoë, ont été traduites en français, la première par M. Thurot, la seconde par M. Henry. Ces traductions nous ont paru correctement écrites; et c'est, après la fidélité, le seul mérite dont elles fussent susceptibles ; car l'auteur lui-même, satisfait d'instruire ses lecteurs, ne semble prétendre ni à la chaleur ni à l'éclat. Le fond des ouvrages est d'ailleurs aussi riche qu'intéressant. Fils de Côme de Médicis, qui, simple citoyen de Florence, obtint le plus glorieux des titres, celui de *père de la patrie*, Laurent fut surnommé le Magnifique, et laissa un glorieux souvenir, bien moins pour avoir préparé la haute illustration où parvint depuis sa famille que pour avoir noblement protégé les arts et les lettres. Comme son père, et avec plus de grandeur encore, il accueillit et Lascaris et Chalcondile, et tous ces Grecs réfugiés qui survivaient à l'empire d'Orient. Avec eux se rassemblaient les savans de l'Italie, entre autres cet Ange Politien, littérateur habile, érudit, laborieux, poète élégant et digne précepteur de Léon X. Ce fut encore dans ces jardins de Médicis, si renommés à la fin du quinzième siècle, que se formèrent, sous les yeux et par les bienfaits de Laurent-le-Magnifique, tant d'artistes plus ou moins célèbres, et à leur tête le plus puissant génie qui, chez les modernes, ait illustré les arts du dessin, Michel-Ange. L'un des fils de Laurent, Jean de Médicis, devenu souverain-pontife sous le nom de Léon X, suivit l'exemple de son père et de son aïeul, encouragea tous les talens, sut apprécier et récompenser Raphaël, et n'eut pas une médiocre influence sur la splendeur du seizième siècle. A l'histoire de Laurent de Médicis est mêlée celle de la république de Florence; à l'histoire du pontificat de Léon X, celle de l'Italie entière, celle encore des agitations politiques et religieuses de l'Europe, spécialement des réformes de Zuingle en Suisse, et de Luther en Allemagne. Dans les deux ouvrages, toutefois, ce qu'il y a de plus curieux et de mieux traité, c'est la partie relative au progrès des lettres et des arts en Italie, depuis l'époque de leur véritable renaissance, au siècle du Dante, jusqu'à l'époque de leur plus grand éclat. Mais, si les recherches sont précieuses, l'ordonnance, il faut en convenir, laisse beaucoup à désirer : les faits se succèdent, sans être liés entre eux, et l'ensemble est indigeste; les détails abondent, surabondent, soit dans les chapitres, soit dans les notes : la plupart sont instructifs; mais on les voudrait plus choisis, et mieux fondus. Il se pourrait que l'auteur n'eût point assez travaillé; car le lecteur travaille lui-même, et trouve d'excellens matériaux, plutôt que d'excellens ouvrages. De belles pierres accumulées dans un grand espace, fussent-elles rangées en ordre, et même taillées avec art, ne font pas encore de beaux édifices.

Dans l'*Histoire de la guerre de trente ans*, Schiller a des formes plus larges, plus de précision, plus de méthode. En Allemagne, où les ouvrages allemands sont appréciés un peu haut, on n'a fait aucune difficulté de comparer cette histoire à celle de Charles-Quint, composée par Robertson. Le parallèle nous semble inadmissible : on ne trouve pas dans Schiller la plénitude, le profond savoir, la marche égale et sûre du chef des historiens anglais. Le sujet qu'a traité Robertson, quelque brillant qu'il soit, n'est pourtant pas supérieur au sujet choisi par l'auteur allemand. Le dernier même nous semblerait préférable : une étendue heureusement circonscrite, soit pour le temps, soit pour les lieux; une seule génération, une seule contrée, mais des puissances, des nations s'armant de toutes parts; un conquérant réformateur, et avec lui, ou après lui, une foule d'éminens personnages venant concourir ou s'opposer à ses projets; des généraux illustres, des ministres fameux, des négociateurs habiles, mêlés diversement à cette vaste action, dont les fils sont si variés, et dont l'unité n'est jamais rompue; une guerre désastreuse, et pourtant utile; de grands résultats politiques; les progrès de l'art de combattre, et ceux de l'art de pacifier; après tant de batailles célèbres, le plus célèbre des traités assurant en Allemagne l'équilibre des religions rivales, donnant au droit public de l'Europe une base nouvelle, et qui fut long-temps inébranlable : tel est le sujet que présente la guerre de trente ans; et, dans toute l'histoire, c'est celui peut-être où un talent du premier ordre unirait le mieux l'esprit philosophique des modernes et les belles formes de l'antiquité. Sans avoir, à beaucoup près, atteint ce but, Schiller a fait un ouvrage qui n'est point vulgaire. Il peint bien Gustave-Adolphe, ainsi que Valstein et Tilly; ses récits sont rapides, quelques-uns même pleins de verve : celui de la bataille de Lutzen, par exemple, et plus encore celui du siège de Magdebourg. La réputation et le mérite de son livre le rendaient digne d'être traduit : aussi en avons-nous deux traductions. La première est anonyme : elle a paru il y a seize ans; on l'a imprimée à Berne; et l'on pourrait bien l'y avoir faite; car les locutions bizarres dont elle fourmille décèlent un étranger qui s'efforce d'écrire en français. C'est à Paris, l'année dernière, que l'on a publié la seconde : on la doit à M. de Chamfeu : la diction n'en est pas dépourvue d'élégance; elle a quelquefois de l'énergie.

Il serait à désirer que l'on eût aussi bien traduit l'*Histoire d'Angleterre* de madame Macaulai-Graham. Cette histoire embrasse les temps écoulés depuis l'avénement de Jacques 1er jusqu'à la révolution de 1688. La traduction s'arrête à la seconde année du protectorat de Cromwel. Sur cinq volumes, les trois derniers, qui sont avoués par Guiraudet, offrent un assez grand nombre de termes impropres et même d'incorrections évidentes. Les deux premiers, que l'on attribue à Mirabeau, ne sont guère moins défectueux; et, ce qu'il y a de plus remarquable, aucune forme de langage n'y révèle un homme de talent : soit que Mirabeau ait traduit cette partie de l'ouvrage avec une excessive rapidité, soit plutôt qu'il ne l'ait point traduite; et que, par un charlatanisme dont les exemples ne sont que trop multipliés, un écrivain médiocre, ou un libraire avide, ait spéculé sur un nom célèbre. Quoi qu'il en puisse être, on ne saurait contester un mérite réel à la production originale. Aussi connue par l'austérité de ses mœurs que par l'importance de ses travaux, madame Macaulai, loin de partager les haines personnelles de Clarendon, évite même la circonspection timide de Hume en cette partie délicate

CHAPITRE V.

de l'histoire, et professe, sans les affaiblir, les énergiques théories de la liberté civile et politique. L'analyse fidèle des actes écrits du gouvernement, et des principaux débats parlementaires, en augmentant l'intérêt de son ouvrage, lui donne encore, aux yeux des lecteurs attentifs, une irrécusable authenticité. Ce n'est donc pas à tort qu'il a obtenu beaucoup de succès en Angleterre. Il n'en obtiendra pas moins en France, lorsqu'au lieu d'une version sèche, incorrecte et tronquée, nous en posséderons une traduction complète, et rédigée sans négligence..................
....

Louis XIV, sa Cour et le Régent: tel est le titre d'un ouvrage publié par Anquetil, il y a peu d'années, et dont beaucoup de pages se retrouvent, avec de légers changemens, dans les derniers volumes de son Histoire de France. L'auteur écrivait pour amuser sa vieillesse : ce qui réclame l'indulgence. On ne saurait pourtant dissimuler combien il est inférieur à son sujet, et l'on ne conçoit pas aisément qu'il ait cru pouvoir lutter contre une des plus belles productions du génie de Voltaire. Il la cite quelquefois, mais toujours en l'attribuant à M. de Francheville, soit qu'une telle affectation lui ait paru plaisante, soit qu'il ait ignoré, chose peu probable, qu'en publiant le Siècle de Louis XIV Voltaire se cacha d'abord sous ce nom factice. Anquetil, dans la seconde partie de son livre, est en concurrence avec Duclos et Marmontel, dont les talens auraient dû suffire pour intimider le sien. Il ne faut chercher, en lisant son ouvrage, ni des aperçus nouveaux, ni des récits animés, ni un style brillant, ni même une diction correcte. Ce que l'on y trouve de mieux est tiré des *Mémoires de Saint-Simon;* encore avouons-nous à regret que trop souvent l'auteur les gâte, en évitant de les copier servilement.

Ces Mémoires, restés long-temps manuscrits, mais dès-lors connus de nos historiographes et de quelques autres gens de lettres, n'ont été imprimés que dans les commencemens de la révolution, ainsi que les *Mémoires secrets* écrits par Duclos sur la fin du règne de Louis XIV, sur la régence et sur une partie du règne de Louis XV: mais, Duclos étant mort il y a près de quarante ans, et Saint-Simon plus de trente ans avant Duclos, nous avons dû considérer les deux ouvrages comme antérieurs à notre époque, et c'est dans le préambule du chapitre que nous en avons dit quelques mots. C'est ici au contraire que nous parlerons des *Mémoires sur la minorité de Louis XV*, publiés, il y a huit ans, sous le nom de Massillon; car ces Mémoires, évidemment supposés, appartiennent au temps même où ils ont paru. Ils sont adressés à Louis XV, et d'après son ordre, suivant le texte d'une lettre improprement appelée préface. Il serait à désirer qu'une telle idée fût venue à ce prince : elle lui eût fait honneur; et nous aurions un chef-d'œuvre de plus. Le prélat illustre qui, dans la chaire, avait si bien instruit un enfant roi, sans doute, en un récit véridique, n'eût pas moins utilement instruit sa jeunesse; et le plus élégant des orateurs eût encore été le plus élégant historien. Mais le piége tendu à la curiosité publique n'est pas difficile à reconnaître. En effet, quelles pensées et quelles expressions! Le duc d'Orléans se détermina pour la chambre de justice, *par la seule raison que le duc de Noailles n'avait pas voulu en démordre*; l'abbé Dubois avait été *mis par feu M. de Saint-Laurent, gouverneur du régent, alors duc de Chartres, pour lui faire seulement des répétitions de latin*; et trois lignes plus bas : *il lui faisait tous ses thèmes, et faisait croire par là des progrès, qui dans le fond n'étaient qu'une tricherie*; M. d'Arménonville *était friand de toute prévarication*; M. de Breteuil *était un de ceux dont madame de Prie s'accommodait le mieux pour les momens d'infidélité à l'égard de M. le duc*; le roi d'Angleterre Georges Ier *était véritablement un bon et brave gentilhomme*; une princesse portugaise *avait un sang redoutable et un soupçon de folie*; mademoiselle de Vermandois *avait fait parler d'elle;* quant à la fille de Stanislas, *on disait des choses admirables de ses qualités de corps et d'esprit;* madame de Prie voulait s'en *faire un appui plus solide que les faveurs de M. le duc;* elle fit nommer Vanchoux, *pour aller faire un dernier examen plus particulier de la personne de la princesse;* on se décida *malgré la duchesse de Lorraine, enragée de la préférence;* madame la duchesse, *enragée, osait presque vouloir que l'on substituât mademoiselle de Charolois ou mademoiselle de Clermont;* la duchesse d'Orléans *enrageait de voir la maison de Condé s'élever;* madame de Prie *était-elle en état de lui faire connaître votre majesté : ce qui eût dû être l'objet principal? Ni M. le duc, ni elle, ne la connaissaient point;* c'est la reine d'Espagne *qui a songé à mettre votre majesté hors d'état d'avoir postérité;* sa majesté *n'avait assurément aucune idée sur les devoirs du mariage : le tempérament ne disait rien.* Certes, Massillon ne se fût jamais permis cet amas d'incorrections, de trivialités, d'indécences. Massillon n'eût pu écrire: *la compagnie de la Émilie, danseuse de l'Opéra, avec qui reposait le duc d'Orléans, n'était pas naturellement celle en laquelle on devait disposer d'un siége ecclésiastique;* encore moins eût-il ajouté, de peur de n'être pas entendu : *la Émilie et ses charmes furent pris à témoin de la parole qu'il venait de donner*. Massillon eût senti combien il était inconvenant à un prélat de paraître si fort initié dans les secrets du prince; à un vieillard, d'entretenir un jeune roi d'anecdotes aussi scandaleuses qu'incertaines, et de les lui conter dans un pareil langage : Massillon n'eût point accusé le respectable abbé de Saint-Pierre d'avoir composé la *Polysynodie par un esprit d'adulation* : car il est odieux et ridicule de compter parmi les flatteurs le plus indépendant des hommes de lettres, et à l'occasion du livre même qui l'avait fait exclure de l'Académie française, par un esprit d'adulation pour l'ombre d'un roi. En jetant des soupçons sur la conduite de l'abbesse de Chelles, Massillon n'eût pas dit : *Elle était fille de M. le Régent; et c'en est assez.* Ce n'est pas ainsi qu'il se fût exprimé sur le neveu de Louis XIV, en s'adressant à Louis XV; et, dans tout son livre, il eût jugé avec moins de rigueur un prince distingué à beaucoup d'égards, à qui d'ailleurs il devait de la reconnaissance, qui avait apprécié son mérite, et par qui seul il était évêque, lui qui dès long-temps aurait dû l'être, puisqu'à la mort de Louis XIV il avait déja cinquante-trois ans. Après tant de preuves, et il nous serait facile de les multiplier bien davantage, nous osons affirmer que de tels Mémoires ne sont pas de l'éloquent évêque de Clermont. Mais de qui sont-ils? Nous l'ignorons.

L'éditeur cite avec éloge, soit dans sa préface, soit dans ses notes, les *Mémoires de Richelieu*, qu'a rédigés M. Soulavie : il annonce même une Histoire de la révolution, que doit rédiger M. Soulavie.

De tout cela, il ne résulte aucune conséquence nécessaire; et, sans vouloir accuser personne, il nous suffit d'avoir disculpé Massillon. Ceux qui ne voient en littérature que des affaires de librairie se permettent, sinon des fraudes pieuses, au moins des fraudes lucratives. Il est vrai qu'en usurpant le nom d'un écrivain célèbre ils ont soin de conserver leur propre style; mais il est un public assez nombreux qui n'y regarde pas de si près : les simples se laissent tromper. Tous les jours encore les prétendus Mémoires de Massillon sont cités avec complaisance, et dans les journaux, et même dans les livres. Ainsi, des faits hasardés, des opinions plus hasardées encore, se fortifient d'une autorité qui n'existe pas; et si, faute de réclamations suffisantes, l'ouvrage est une fois admis comme authentique, il finit par compromettre le nom même dont on a dérobé l'appui. La gloire des grands écrivains fait une partie essentielle de la gloire nationale, et doit être défendue contre toute espèce d'outrages. Les calomnies volontaires et directes ne sauraient leur nuire : beaucoup d'exemples le démontrent. C'est sans le vouloir, mais plus sûrement, qu'un entrepreneur les calomnie, en leur imputant ses ouvrages.

Marmontel, en qualité d'historiographe, avait composé une *Histoire de la Régence*. On l'a publiée depuis sa mort. Dire qu'elle est supérieure à l'ouvrage d'Anquetil, et aux Mémoires du faux Massillon, serait lui rendre une justice incomplète : moins piquante que les *Mémoires secrets* de Duclos, elle est écrite d'un style plus noble et plus grave. Marmontel ne court point après les anecdotes, comme faisait son prédécesseur : il en est sobre, et les choisit avec circonspection. Ainsi que Duclos, il consulte beaucoup les Mémoires de Saint-Simon ; il en copie même d'assez longs passages : ce que n'avait point fait Duclos. Tous deux professent une égale défiance pour cet écrivain passionné, non moins connu par ses opinions féodales et ses haines ardentes que par son éloquence naturelle et l'extrême inégalité de son style. Tous deux pourtant le suivent pas à pas dans les détails secrets des événemens ; ce qui est peut-être une inconséquence ; car ses opinions et ses haines n'ont pas médiocrement influé sur la manière dont il a vu les objets. Duclos, ne s'attachant qu'à peindre les mœurs, comme il en convient lui-même, avait trop négligé ce qui concerne les finances. Marmontel y consacre deux longs chapitres. Dans le premier, remontant jusqu'à

Colbert, il explique fort nettement les opérations de ses successeurs, Pont-Chartrain, Chamillard, Desmarets. Dans le second, sous le Régent, il examine avec plus de détail encore l'administration du conseil de finance, ensuite celle de Law, et enfin celle de Lepelletier, qui le remplaça. En traitant des affaires politiques, l'auteur répand beaucoup de clarté sur les intrigues du cardinal Albéroni. Pour les affaires intérieures, la partie relative au jansénisme et aux querelles ecclésiastiques est celle où il déploie le plus de talent. Il raconte aussi très-bien quelques événemens particuliers : la description de la peste de Marseille est d'une vérité sombre et terrible. Un défaut de l'ouvrage, à notre avis, c'est qu'à chaque chapitre on est obligé de rétrograder, de parcourir de nouveau des époques déja parcourues, et de s'enfoncer très-loin dans le règne précédent. Ce n'est pas ainsi qu'est distribué le *Siècle de Louis XIV*, chef-d'œuvre dont Marmontel a cru peut-être imiter le plan. Là, les vingt-quatre premiers chapitres contiennent, selon l'ordre des temps, toute l'histoire politique et militaire du règne. C'est dans les quinze derniers que Voltaire examine successivement les divers objets qui auraient ralenti sa marche; et de l'ensemble il résulte autant d'instruction que d'intérêt. D'ailleurs les réflexions que Voltaire entremêle à ses écrits, sont courtes

et d'un grand sens. Marmontel a moins de portée, va moins vite, et disserte quelquefois. Au reste, il est impartial envers ses personnages, et surtout envers le Régent, dont il est loin d'épargner les vices, mais dont il sait apprécier les qualités et les talens. Il manifeste des opinions dignes du dix-huitième siècle, et montre partout une connaissance approfondie du sujet qu'il traite. A l'égard de sa diction, elle est toujours correcte, souvent d'une élégance remarquable. A tout considérer, cette Histoire de la Régence fait honneur à Marmontel. Après l'avoir lue, on la relit; et, malgré quelques imperfections, elle figure avec avantage parmi les titres littéraires de cet estimable et laborieux académicien...............
....

Les Mémoires du duc de Choiseul, ceux du duc d'Aiguillon, ceux du comte de Maurepas, sont des spéculations de librairie plutôt que des monumens historiques : ils n'ont rien d'intéressant que leur titre; rien n'y mérite l'attention, si ce n'est quelques lettres, quelques pièces déja connues depuis long-temps. A la fin des Mémoires de Choiseul est imprimée une comédie satirique : irrévérence à part, elle pouvait être plaisante, et n'est qu'ennuyeuse. Mais, malgré les assertions de l'éditeur, il ne paraît ni prouvé ni vraisemblable qu'il faille l'imputer au duc de Choiseul. En général, tous ces

Mémoires, qui seraient importans si les ministres à qui on les attribue les avaient écrits ou dictés eux-mêmes, et s'ils avaient voulu tout dire, n'ont évidemment aucune authenticité............

....

C'était un sujet bien triste, mais bien instructif, que l'Histoire de l'anarchie de Pologne, et du démembrement de cette république. Un pareil tableau, tracé par Rulhière, est digne à tous égards d'une haute attention. L'on ne trouve point ici un compilateur d'anecdotes, encore moins un compilateur de gazettes : c'est un véritable historien qui sait choisir et classer les incidens, les resserrer, les étendre, les faire ressortir, selon le degré de leur importance, et coordonner habilement toutes les parties d'un vaste ensemble. A mesure que la série des faits l'exige ou le permet, il distribue dans son ouvrage, à la manière des historiens de l'antiquité, des notions détaillées sur l'origine et les mœurs des Polonais, des Moscovites, de la horde inhumaine des Zaporoves, des diverses hordes tartares; des Turcs, à qui deux siècles de conquêtes n'ont laissé qu'une faiblesse orgueilleuse, et les souvenirs d'une gloire éclipsée; des Monténégrins, qui bordent le golfe de Venise, et sont, comme les Russes, de race esclavonne; des Macédoniens, des Épirotes, des Grecs du Péloponèse, et, parmi ces derniers, spécialement des

Maniotes, qui, si près du joug ottoman, conservent encore la rudesse, le fier courage, et jusqu'à l'indépendance des Spartiates leurs ancêtres. Des liaisons intimes avec les chefs des différens partis polonais, l'aide des ministres et des ambassadeurs les mieux instruits des affaires de l'Europe, tous les genres de secours : notes diplomatiques, mémoires particuliers, lettres sans nombre, entretiens confidentiels, avaient mis l'auteur à portée de recueillir des éclaircissemens très-curieux, et d'assigner quelquefois avec précision les causes long-temps secrètes des évènemens publics. C'est ainsi qu'en parlant de la correspondance établie durant quinze années entre Louis XV et le comte de Broglie, à l'insu du ministère français, il explique par quelle intrigue bizarre les agens de la cour de Versailles ont pu recevoir en même temps des ordres directement opposés, donnés au nom du même roi. Il ne jette pas moins de jour sur la conduite des cabinets qui déterminèrent le sort de la Pologne ; il développe des caractères qui semblent d'une vérité frappante : Catherine, dont l'ambition s'irrite par les voluptés, dévorant à la fois des yeux et la Turquie et la Pologne; Frédéric, long-temps vainqueur rapide, désormais lent médiateur, n'usant ni ses soldats ni ses trésors où suffisent la force des circonstances et le poids de sa renommée, prince né pour les arts de la paix, au moins autant que pour la guerre, et sachant unir à tous les talens d'un général et d'un politique toutes les vertus que ne s'interdit pas le despotisme; Marie-Thérèse, faisant prouver par de vieux diplômes les droits qu'elle s'assure avec l'épée; son fils, l'empereur Joseph, impatient de régner, de réformer et d'envahir; près d'eux le prince de Kaunitz fondant sa vieille réputation sur un traité qui jadis étonna l'Europe en réconciliant la France et l'Autriche, ministre laborieux, quoique frivole à l'excès, rusé sous l'air de l'indiscrétion, sincère dans sa vanité, faux sur tout le reste, adroit et heureux négociateur, à qui la malice des courtisans pardonnait quelque mérite en faveur de ses ridicules. Aux bornes de l'Europe, d'autres images se présentent : les agitations de Constantinople, l'indécision du divan, l'ineptie politique et militaire des grands vizirs, les qualités inutiles du sultan Mustapha, trop bien intentionné pour ne pas sentir, mais trop ignorant pour guérir les maux d'une monarchie théocratique, où l'ignorance est un point de religion. Non loin de là, un descendant de Gengiskan, Crimguérai, qui, du sein de sa disgrâce, avait éclairé le sultan sur les projets de la Russie, apparaissant tout-à-coup à la tête de ses Tartares, est arrêté par une mort soudaine : tant la destinée sert bien Catherine.

Au milieu de ces mouvemens, la Pologne, envahie par les armes russes, déchirée par les factions intérieures, préfère au joug étranger les caprices de sa liberté ombrageuse. On admire encore cette liberté sur des ruines, et ses derniers soutiens qui succombent : un vieillard octogénaire, le grand maréchal de Lithuanie, beau-frère du roi, mais tout entier à la patrie ; un prince de Radziwil, épuisant pour elle son immense fortune, bravant la persécution, la misère et la fuite ; des hommes nouveaux, des parvenus à la gloire, Pulawski et ses deux fils, levant des troupes qui sont quelquefois victorieuses ; deux prélats respectables, Krasinski, évêque de Kaminiek, organisant avec son frère une confédération puissante ; et l'évêque de Cracovie, Gaëtan Soltik, martyr intrépide, dévoué sans espoir à la cause commune, n'ayant d'autre attente qu'un exil en Sibérie, attente que le gouvernement russe n'a pas trompée ; enfin, Mokranouski, plus brillant qu'eux tous, se trouvant partout où l'intérêt public l'appelle : aux diétines, aux armées, dans la diète ; à Versailles, dans le cabinet du duc de Choiseul ; à Berlin, dans celui de Frédéric ; ardent, jeune, ayant tous les courages, comme aussi toutes les passions nobles, servant l'amour et l'honneur, mais avant tout la liberté de son pays ; héros des temps chevaleresques, et républicain des temps antiques. On conçoit aisément que l'auteur comble d'éloges des personnages si dignes du souvenir reconnaissant de l'histoire. S'étonnera-t-on s'il ne traite pas aussi bien ce Poniatouski, longtemps obscur citoyen d'un État libre, amant favori d'une princesse étrangère, couronné par elle à force ouverte, lui vendant pour le nom de roi la servitude publique et la sienne; et, malgré son infatigable obéissance, ne parvenant à jouer sur le trône que le rôle d'un courtisan disgracié? N'oublions pas un fait notable. Cette histoire, austèrement véridique, fut entreprise, il y a quarante ans, par ordre de l'ancien gouvernement français; soit qu'on puisse le louer d'avoir au moins voulu rendre hommage aux droits d'un peuple allié qu'il n'avait osé secourir; soit qu'il faille seulement féliciter Rulhière d'avoir rempli sans molle complaisance les nobles devoirs d'un historien....

Au reste, quelques travaux que suppose l'Histoire de l'Anarchie de Pologne, on a lieu d'être surpris que Rulhière n'ait pu l'achever en vingt-deux ans. Telle qu'elle est néanmoins, c'est elle qui le maintiendra célèbre. Elle n'est pas seulement beaucoup plus étendue que ses autres écrits; elle leur est fort supérieure; et c'est à haute distance qu'elle s'élève au-dessus de toutes les productions historiques publiées depuis vingt ans en Europe. Peut-être à une révision scrupuleuse, Rulhière eût-il cru devoir abréger les trois premiers livres, qui ne sont qu'une introduction; mais il n'eût rien changé sans doute aux trois suivans, où sont réunies tant de beautés énergiques. C'est là qu'il accumule sans confusion les principaux traits de son grand tableau : en Russie, la fin languissante d'Élisabeth, les courtes folies de Pierre III, le prompt veuvage de Catherine; en Pologne, la longue agonie du roi Auguste et celle même de son pouvoir, les outrages prodigués à Brulh, son ministre, les trames de Czartorinski, l'astuce habile de Keiserling, l'audace féroce de Repnine, et cette diète, trop mémorable, où Stanislas Poniatouski fut élu roi des Polonais par le sabre des Moscovites. Le reste est moins fort, sans être faible; et plusieurs morceaux sur les réclamations des dissidens, sur la guerre des Turcs, sur les confédérations polonaises, sont encore animés par un talent rare. L'auteur, dans les diverses parties que nous indiquons, approche quelquefois de Thucydide, dont il retrace les formes heureuses; et, si l'ouvrage entier se soutenait à ce degré de vigueur, après les chefs-d'œuvre de Voltaire, d'ailleurs conçus et exécutés dans une manière différente, nous cherchons en vain quelle histoire il serait possible de lui comparer, pour la beauté du plan, pour l'art de mettre en jeu les caractères, pour la chaleur et la grâce du style.

M. de Castéra, plus de dix ans avant la publication de l'ouvrage de Rulhière, avait fait paraître une histoire de l'impératrice de Russie, Catherine II. Un règne de trente-cinq ans, brillant à plusieurs égards, et presque toujours heureux, au moins dans l'acception vulgaire du mot, pouvait devenir l'objet des études d'un historien. Les déchiremens de la Pologne, l'imbécillité du divan, l'inaction léthargique de l'empire ottoman, qui semblait se résigner à sa ruine, ont bien facilité les succès militaires de cette souveraine. Il raconte avec une austère franchise l'étrange événement qui donna le trône à Catherine; et, quoiqu'il saisisse toutes les occasions de vanter le bien qu'elle a fait, celui même qu'elle a voulu paraître faire, il a semblé trop véridique. On pourrait soupçonner au contraire qu'il a souvent usé d'indulgence; mais les actions parlent d'elles-mêmes. On trouve d'amples détails dans l'ouvrage de M. de Castéra. Le style en est correct, naturel et grave; on y voudrait quelquefois plus de souplesse et plus d'énergie. Il y a de la rapidité dans les narrations, peut-être aussi des couleurs trop peu variées et trop peu distinctes dans la peinture des principaux caractères. Quoi qu'il en soit, c'est un livre fort estimable. Déja bien fait en général, il mérite d'être perfectionné dans plusieurs parties. L'auteur est en état de sentir mieux que personne, et d'y ajouter aisément ce qu'une critique impartiale y peut avec raison désirer encore.

L'Histoire de Frédéric-Guillaume II, roi de Prusse, offrait à M. de Ségur un cadre heureux pour tracer le tableau politique de l'Europe durant les dix années qui suivirent immédiatement la mort du grand Frédéric. Il avait fallu tous les talens d'un prince aussi extraordinaire, pour donner à un royaume tel que la Prusse cette influence prépondérante qui la faisait intervenir successivement, et presque à la fois, dans les révolutions de la Hollande, du Brabant, de la Pologne et de la France. Un précis sur sa vie et, avant ce précis, une courte introduction font connaître, autant que le peuvent des aperçus si rapides, l'état progressif de l'électorat de Brandebourg, et du duché de Prusse, érigé en royaume à la fin du dix-septième siècle. Bientôt M. de Ségur expose à grands traits la situation des États de l'Europe à l'avénement de Frédéric-Guillaume II au trône de Prusse. Il peint avec plus de développemens le caractère du monarque, ses premières opérations, les espérances qu'il donne et qu'il trompe. Viennent ensuite les événemens mémorables qui, tantôt par lui, tantôt malgré lui, ont changé la face de l'Europe. Toujours heureux dans ses transitions, l'auteur sait unir avec beaucoup d'art les différens objets qu'il embrasse. Ce qu'il dit sur les révolutions du Brabant et de la Pologne est curieux à lire et bien présenté. Ce qui concerne la révolution française forme la plus grande partie du livre. Il faut l'avouer, en cette partie, les faits que raconte M. de Ségur, la manière dont il les expose, les sentimens qu'il manifeste, les jugemens qu'il lui plaît de porter, seraient susceptibles de très-longues discussions; mais elles seraient ici hors de place; et, la matière étant aussi délicate qu'importante, nous croyons à cet égard devoir nous interdire l'éloge et le blâme, afin de ne partager ni sur les choses ni sur les personnes la responsabilité de l'historien. Rendre justice à ses talens comme écrivain, nous suffira pour le moment; et c'est un devoir que nous aimons à remplir. La sagesse et la clarté font le principal mérite de son style, auquel on ne saurait reprocher ni l'excès de chaleur ni les ornemens ambitieux. Content de raconter nettement, l'auteur ne cherche point les effets: on sent qu'il veut instruire, et non remuer ses lecteurs. Sous le titre modeste de *Mémoire sur la révolution de Hollande*, son troisième volume est à lui seul un morceau d'histoire complet; c'est même une production très-remarquable. Elle est entièrement de Caillard, qui, après avoir rempli avec succès plusieurs missions diplomatiques, est mort, il y a peu d'années, archiviste des relations extérieures. Là se

trouve racontée avec tous les détails nécessaires cette révolution rapide par laquelle, en 1787, le stathoudérat, soutenu des armées prussiennes, triompha pour un moment du peuple batave. Il est aisé de voir combien l'auteur possède à fond sa matière. Sans dépasser le sujet qu'il traite, il y jette à propos des notions précises sur l'histoire antérieure de la Hollande, sur ses lois constitutives, et sur la lutte prolongée durant deux siècles entre le pouvoir populaire et l'autorité stathoudérienne. Il ne paie point à la puissance le tribut des ménagemens pusillanimes; il ne dit pas de ces demi-vérités qui sont aussi des demi-mensonges; partout l'accent de la liberté se fait entendre et résonne très-haut. Cet excellent travail honorera toujours l'homme habile à qui on le doit; et M. de Ségur s'est honoré lui-même en le publiant à la suite de ses propres travaux. Un esprit vulgaire eût essayé d'en profiter, en le déguisant sous d'autres formes. Il n'y a qu'un esprit très-distingué qui ait pu consentir à l'adopter pleinement, sans craindre la concurrence du mérite, ni même celle des opinions......................
....
....

CHAPITRE VI.

Les Romans.

Les plus anciens monumens de notre littérature sont des romans historiques, et même des romans en vers. Le premier de tous, le roman de Brut, fut composé au milieu du douzième siècle, sous le règne de Louis-le-Jeune, à la cour d'Éléonore d'Aquitaine, autrefois épouse de ce prince, alors duchesse de Normandie, et depuis reine d'Angleterre. Trente ans plus tard, sous le règne de Philippe-Auguste, fut écrit *Tristan du Léonois*, le plus vieux de nos romans en prose, et le plus joli des romans de la Table Ronde. A leur série très-nombreuse succédèrent, au treizième siècle, les romans des douze Pairs de France. Les Amadis, qui sont d'origine italienne ou espagnole, ne furent connus en France que long-temps après, dans le cours du seizième siècle. Des magiciens, des fées, agissent dans presque tous ces ouvrages. La féerie nous vient des Arabes; on sait que la magie est plus ancienne. Beaucoup d'autres romans historiques sont étrangers à ces divisions de bibliographie. On distingue entre eux Gérard de Nevers et le Petit Jehan de Saintré, productions aimables du règne de Charles VII, et que Tressan, de nos jours, a su rajeunir avec grâce. Sous le même Charles VII avaient été publiées les *Cent Nouvelles de la cour de Bourgogne*, ouvrage écrit sur le modèle du Décaméron de Bocace, qui fut depuis mieux imité dans l'Heptaméron de la reine de Navarre, sœur de François Ier. Déjà venait de paraître, sous les auspices d'un cardinal, ce livre ingénieux et bizarre où le curé Rabelais, qui avait bien étudié son siècle, se fit pardonner la raison par la bouffonnerie, et la liberté par la licence. La satire Ménippée, que Rapin, Passerat et quelques autres composèrent contre les chefs de la ligue, est, quant aux formes, un roman historique, où la fiction rend la vérité plus piquante et le ridicule plus saillant. Dans l'âge suivant, à l'arrivée d'Anne d'Autriche en France, la littérature espagnole influa sur nos romans comme sur notre scène. L'Astrée de d'Urfé, roman pastoral, dans le goût de la Diane de Montemayor, obtint un succès mémorable, et fut quelque temps le type favori des productions de ce genre. Les habitudes de la fronde amenèrent une autre mode : des princes, des généraux, combattaient et changeaient de bannière à la voix de beautés célèbres ; en même temps l'amour des lettres s'était répandu à la cour. Les belles strophes de Malherbe, quelques vers heureux de Racan, son élève, les premiers chefs-d'œuvre de Corneille, la pompe exagérée mais harmonieuse de Balzac, le badinage maniéré mais ingénieux de Voiture, contribuaient à l'élégance des mœurs, en perfectionnant celle du langage. Il fallait peindre ce mélange de galanterie, d'héroïsme et de bel-esprit : de là, les romans de la Calprenède et ceux de mademoiselle de Scudéri. Mais on travestissait à la moderne tous les héros de l'antiquité; des sentimens factices prenaient la place des passions : Boileau le sentit; et quelques traits de ridicule firent tomber ces rapsodies ambitieuses, où la nature n'était pas moins défigurée que l'histoire. Au temps même où l'on admirait Cassandre et Cléopâtre, le coryphée trop fameux du genre burlesque, Scarron, donnait son Roman comique. Des ridicules de province, des comédiens de campagne, des scènes d'auberge ou de tripot : voilà ce qu'on y trouve; les incidens, les personnages, le style, tout est ignoble et grotesque; mais tout est vrai. Le livre amuse; on le lit encore; il restera : tant le naturel sait prêter d'agrémens aux tableaux qui en paraissent le moins susceptibles. Les *Nouvelles* de Scarron sont aujourd'hui presque oubliées. On a remarqué toutefois, et avec justice, que le fond d'une belle scène de Tartufe est puisé dans la nouvelle qui a pour titre, les *Hypocrites*. Perrault composa des contes de fées; mais ils ne sont que puérils: ceux d'Hamilton sont piquans, moins pourtant que ses *Mémoires de Grammont*, ouvrage plein de sel, et que le genre austère de l'histoire cède volontiers au genre des romans. A cette époque brilla madame de La Fayette: sa Nouvelle de Zayde est attachante, mais trop chargée d'incidens; une composition simple, un intérêt doux, un style élégant et naturel, charment dans sa Princesse de Clèves, le meilleur roman qui eût paru jusqu'alors en France. A la fin du dix-septième siècle, et pour couronner ses travaux, s'élève le chef-d'œuvre de Télémaque: livre que nous avons déja placé à la tête des ouvrages de morale, et livre à part en toute classe, plein d'idées, d'images, de sentimens, partout modelé sur l'antique, partout respirant la poésie et la philosophie des Grecs, et qui semble écrit par Platon d'après une composition d'Homère. On voit néanmoins que le siècle de nos grands poètes a produit peu de romans célèbres: dans l'âge suivant, la liste en est nombreuse et variée. Le Don Quichote espagnol, traduit depuis long-temps en français, restait encore un modèle unique. Le Sage fut notre Cervantes: il déploya dans Gilblas, et mieux que dans Turcaret même, les ressources d'un génie comique, le seul qui eût approché Molière, s'il n'eût trouvé l'abandon et l'oubli au lieu des encouragemens qu'il méritait. L'abbé Prévôt, qui serait beaucoup lu, s'il n'avait trop écrit, sut inventer et émouvoir dans Cléveland, dans le Doyen de Killerine, et surtout dans Manon Lescaut. Le même écrivain nous fit connaître le beau roman de Clarisse et les autres ouvrages de Richardson. Pour développer les pensées les plus secrètes de ses personnages, ce grand peintre de mœurs, le plus vrai qu'ait eu l'Angleterre, préférait au simple récit les formes d'une correspondance. Déjà, parmi nous, Montesquieu les avait employées dans les Lettres Persanes, production importante sous une apparence frivole, où la fable d'un roman sert de cadre à la satire, où la satire est une arme invincible que dirige la philosophie. Cette même raison supérieure, une satire moins forte et plus gaie, et tous les charmes de l'esprit le plus flexible qui fut jamais, ornent Zadig, Micromégas, le Huron, Candide, ingénieux délassemens de la vieillesse de Voltaire. Les premiers écrivains du siècle réunissaient des talens très-divers pour illustrer un même genre d'écrire. La Nouvelle Héloïse parut; et si Rousseau n'égala point l'auteur de Clarisse dans la composition générale et dans la peinture des caractères, il lui fut bien supérieur pour la richesse des détails, pour l'éloquence du style, comme aussi pour celle des passions. En seconde ligne, un peu loin de la première, se présentent Marivaux, moins maniéré peut-être dans ses romans que dans ses comédies; mesdames de Tencin, de Graffigny, Riccoboni, qui se firent apercevoir sur les traces de madame La Fayette; Duclos et Crébillon le fils, qui se plurent à peindre des mœurs dont l'existence est restée problématique; enfin Marmontel, dont le *Bélisaire* et les *Contes moraux* offrent des tableaux heureux, d'utiles préceptes et le mérite d'un bon style. On a remarqué plus récemment les Liaisons dangereuses de Laclos et le Faublas de Louvet. En composant Numa Pompilius, Florian ne fit qu'augmenter le nombre des faibles copies de Télémaque : il fut plus heureux dans ses Nouvelles, et surtout dans les pastorales d'Estelle et de Galatée. Ces compositions aimables, quoiqu'un peu froides, eurent quelque temps la vogue; mais leur éclat pâlit bientôt devant les brillans ouvrages de M. Bernardin de Saint-Pierre.

Déja, par les Études de la Nature, cet excellent écrivain s'était acquis une renommée légitime: elle s'est beaucoup augmentée lorsqu'il a publié *Paul et Virginie* et la *Chaumière indienne.* Le premier de ces romans est un peu antérieur à l'époque où remontent nos observations; si nous en parlons ici, c'est uniquement pour rappeler le prodigieux succès qu'il obtint, et qu'il a toujours conservé. C'est peu d'avoir protégé sur nos théâtres lyriques deux copies trop peu dignes de leur modèle : il a franchi les bornes de la France; et partout il a réussi; car il a su partout émouvoir. L'intérêt d'une fable charmante a réchauffé la tiédeur des traductions; mais quel traducteur a pu rendre la couleur et la mélodie d'un pareil style? La Chaumière indienne a paru trois ans après : ce petit livre honore et embellit les temps dont nous écrivons l'histoire littéraire; il unit des vues philosophiques à tous les genres de mérite qui distinguent Paul et Virginie; il respire une raison aimable, qui sent avec délicatesse, plaisante avec grâce, sourit même en s'attendrissant, ne prêche pas, mais persuade, et, toujours ferme avec douceur, reste inaccessible aux préjugés. Comme l'auteur peint tout ce dont il parle, Bénarès et les bords du Gange, et le temple de Jagrenat, si respecté des peuples de l'Inde! Comme il fait sentir le respect des Brames pour les Brames, et leur mépris pour le genre humain! Comme il met bien en contraste l'orgueil ignorant d'un grand-prêtre, et la modestie éclairée d'un paria! Comme il est simple avec élégance, soit dans le récit des amours du paria, soit dans le tableau des divers aspects que présente, au milieu de la nuit, l'intérieur à demi silencieux d'une grande ville, soit dans le tableau plus doux d'une humble famille, heureuse sous le toit qui la couvre, au sein du champ qui suffit pour la nourrir! Il n'enfle point sa diction de ces épithètes descriptives tant prodiguées par ceux qui ne font que dénaturer la prose, en voulant y introduire ce qu'ils appellent de la poésie. Averti par une oreille délicate et savante, il ne confond pas non plus l'harmonie indépendante qui sied au langage ordinaire avec le rhythme poétique. Vous ne rencontrez pas, en le lisant, des vers de toute mesure, accumulés et marchant de suite : ce qu'ont affecté plusieurs écrivains modernes, entre autres Marmontel dans ses *Incas*, mais ce qu'ont toujours évité nos classiques, surtout ceux qui écrivaient également bien en vers et en prose, et qui sont restés doublement modèles. Le talent de M. Bernardin de Saint-Pierre se retrouve dans son *Voyage en Silésie*, opuscule agréable, et dont il a orné l'une de nos séances publiques ; il se retrouve encore dans les *Arcades*, joli roman que l'auteur aurait dû finir. Il éclate avec pompe dans les belles pages de morale, et dans les magnifiques descriptions de ses *Etudes de la Nature* : mais, parmi ses ouvrages, *Paul et Virginie* et la *Chaumière indienne* touchent de plus près à la perfection continue, et doivent être placés, sans aucun doute, au rang des chefs-d'œuvre de la langue. A le considérer en général, harmonieux et pittoresque, habile à choisir et à placer les mots, les sons, les images, à saisir l'expression la plus vraie du sentiment le plus intime, à s'élever et à descendre avec la nature et comme elle, il se rapproche de Fénélon et de J.-J. Rousseau. Formé par ces grands écrivains, sans les imiter, il les rappelle ; il est de la même école ou plutôt de la même famille ; on sent que leur génie est parent du sien.

Le petit roman d'*Atala*, par M. de Châteaubriand, est du commencement de ce siècle : il a fait du bruit ; il est singulier pour la conception, pour la marche et pour le style ; il exige donc un article détaillé. Un sauvage américain, de la nation des Natchès, a quitté son pays pour venir en France. Après avoir été *galérien à Marseille*, il s'est transporté *à la cour de Louis XIV : il y a vu les tragédies de Racine ; il a été l'hôte de Fénélon*. De retour en Amérique, il y vieillit tranquille, et c'est à l'âge de soixante et treize ans qu'il raconte une aventure de sa jeunesse à René l'Européen, qui vient s'établir chez les sauvages. Or voici cette aventure en substance : Chactas, *fils d'Outalissi, fils de Miscou*, étant pris par Sinaghan, *chef des Muscogulges et des Siminoles*, est reconnu pour Natché. Sinaghan lui dit : *Réjouis-toi, tu seras brûlé au grand village*; à quoi il répond : *Voilà qui va bien*. Son âge et sa figure

CHAPITRE VI. 213

intéressent les femmes : elles lui apportent *de la sagamite, des jambons d'ours et des peaux de castor*. Il distingue une jeune chrétienne, qu'il prend d'abord pour *la vierge des dernières amours*. Il sait bientôt que c'est Atala, *fille de Sinaghan aux bracelets d'or*. *Nous nous rendons*, lui dit-elle, *à Apalachucla, où tu seras brûlé*. Elle revient lui parler tous les soirs : elle était dans son cœur *comme le souvenir de la couche de ses pères*. Au temps où *l'éphémère sort des eaux, lorsqu'on entrait sur la grande savane Alachua*, Atala trouve moyen d'être seule avec le prisonnier ; mais, par une étrange contradiction, Chactas, *qui désirait tant de dire les choses du mystère à celle qu'il aimait déja comme le soleil*, voudrait maintenant *se jeter aux crocodiles de la fontaine* plutôt que de rester *seul avec elle*. La *fille du désert* n'était pas moins *troublée* que lui ; car *les génies de l'amour avaient dérobé les paroles* de Chactas et d'Atala. Chactas hésite à fuir, attendu qu'il *est sans patrie, et qu'aucun ami ne mettra un peu d'herbe sur son corps pour le garantir des mouches*. Atala devient fort tendre ; mais elle est bientôt plus sévère. Chactas, désespéré, lui déclare qu'il ne fuira point, et *qu'elle le verra dans le cadre de feu*. A cette menace, Atala veut à son tour *se jeter aux crocodiles de la fontaine* ; elle s'en abstient toutefois. Le lendemain, *la fille du pays des palmiers* conduit Chactas dans une forêt, où il contraint *cette biche altérée d'errer avec lui, pendant que le génie des airs secoue sa chevelure bleue, embaumée de la senteur des pins.* Déja Chactas emportait Atala *au fond de toutes les forêts : rien ne pouvait la sauver qu'un miracle;* et ce miracle fut fait; elle dit un *Ave Maria* : des guerriers reprennent Chactas. Atala dédaigne de leur parler; *car elle ressemblait à une reine pour l'orgueil de la démarche et de la pensée.* Cinq nuits s'écoulent : enfin *l'on aperçoit Apalachucla, situé aux bords de la rivière Chatauché.* On pare Chactas pour le sacrifice; *on lui met à la main une Chichikoué.* Le conseil s'assemble, et décide, malgré les réclamations de quelques femmes, que Chactas sera brûlé conformément à l'ancien usage. Des jeux funèbres sont célébrés. *Le jongleur invoque Michablou,* et raconte, entre autres belles choses, *les guerres du grand lièvre contre Matchimanitou,* génie du mal. Cependant le supplice de Chactas est remis au lendemain; mais, durant la nuit, *une grande figure blanche* rompt les liens du captif; un des soldats croit voir *l'esprit des ruines;* c'est Atala : Chactas fuit avec sa libératrice, *qui lui brode des mocassines de peau de rat musqué avec du poil de porc-épic.* Elle lui apprend de plus que sa mère, étant mariée à Sinaghan, lui dit : *Mon ventre a conçu; j'ai connu un homme de la chair blanche* : à quoi Sinaghan, qui est très-*magnanime*, répondit : *Puisque tu as été sincère, je ne te couperai pas le nez et les oreilles.* Or, cet homme de la chair blanche se nommait *Lopès* : c'est le père d'Atala : c'est aussi le père de Chactas. Tous deux se félicitent d'être frère et sœur : Chactas n'en est que plus ardent ; la chrétienne et pieuse Atala, loin d'être effarouchée de ce changement d'état, *n'opposait plus qu'une faible résistance* ; mais un orage survient à propos ; et les amans sont rencontrés par le père Aubri et son chien. Ce père Aubri est un missionnaire, qui habite au milieu de quelques sauvages convertis par ses prédications. Il est le *chef de la prière* ; il est aussi l'*homme des anciens jours* ; il est de plus le *vieux génie de la montagne* ; il est encore le *serviteur du grand esprit* ; il n'en est pas moins l'*homme du rocher*. Il emmène chez lui Chactas et Atala, leur donne à souper, à coucher, et le lendemain leur dit la messe : de quoi Chactas est fort ému, quoiqu'il juge à propos de rester païen. Quelques jours s'écoulent à peine, lorsqu'il survient une catastrophe, assurément très-imprévue. Atala, d'après un ancien vœu de sa mère, se croit condamnée à rester vierge : en conséquence, elle s'empoisonne. Le père Aubri eût tout arrangé, s'il eût été informé à temps, comme il a soin de l'observer lui-même. Faute de cette précaution, il ne peut que confesser Atala mourante, *qui voit avec joie sa virginité dévorer sa vie.* Elle regrette pourtant de n'être point à Chactas. Quelquefois j'aurais voulu, lui dit-elle, *que la divinité se fût anéantie, pourvu que, serrée dans tes bras, j'eusse roulé d'abîme en abîme avec les débris de Dieu et du monde.* Le récit des funérailles vient ensuite; enfin l'auteur se met lui-même en scène dans ce qu'il nomme un épilogue. Il trouve cette histoire parfaitement belle; car le *Siminole*, qui la lui conta, *y mit la fleur du désert et la grâce de la cabane.* Il est temps de s'arrêter : nous ne voulons pas déterminer avec une justesse rigoureuse le genre d'imagination dont cet ouvrage offre les symptômes; mais nous avons peine à concevoir ce qu'il peut y avoir de moral dans un amour charnel et sauvage, auquel la religion vient mêler des sacremens très-graves, dont le mariage ne fait point partie; quel intérêt peut résulter d'une fable incohérente, où des événemens, qui restent vulgaires en dépit des formes les plus bizarres, ne sont ni amenés, ni motivés, ni liés entre eux, ni suspendus par aucun obstacle. Quant aux détails, on y sent l'affectation marquée d'imiter l'auteur de *Paul et Virginie*; mais, pour lui ressembler, il faudrait, comme lui, décrire et peindre. Des noms accumulés de fleuves, d'animaux, d'ar-

CHAPITRE VI.

bres, de plantes, ne sont pas des descriptions; des couleurs jetées pêle-mêle ne forment pas des tableaux. M. de Châteaubriand suit la poétique extraordinaire qu'il a développée dans son *Génie du christianisme*. Un jour, sans doute, on pourra juger ses compositions et son style d'après les principes de cette poétique nouvelle, qui ne saurait manquer d'être adoptée en France du moment qu'on y sera convenu d'oublier complètement la langue et les ouvrages des classiques.

De toutes les dames françaises qui ont cultivé la littérature, celle qui a produit le plus d'ouvrages, c'est assurément madame de Genlis. Avant la révolution, nous lui devions déja quinze volumes; elle en a donné plus de vingt depuis cette époque. Le plupart contiennent des romans, qui sont estimables dans quelques parties, mais défectueux à plusieurs égards. On n'écrit pas toujours bien quand on veut toujours écrire : l'esprit et l'imagination ne sont pas constamment aux ordres de ceux même qui en ont le plus. Ainsi, dans les *Vœux téméraires*, les vertus de lady Clarendon, ses chagrins, le déchaînement de ses alliés, les froideurs de son époux long-temps abusé, la justice éclatante qu'il lui rend avant de mourir, le serment qu'elle grave sur le tombeau de cet époux chéri, produisent d'assez grands effets. L'intérêt se soutient encore au milieu des calomnies qu'occasionne le séjour de l'héroïne en France; mais il se ralentit par de nouvelles amours, et s'anéantit par un dénoûment aussi triste que péniblement amené. Dans *Alphonsine*, on est touché des malheurs de Diana, plongée au fond d'un souterrain, où elle fait naître, conserve, élève une fille adorée. On excuse d'assez fortes invraisemblances rachetées par une émotion continue; mais l'émotion cesse quand Diana n'est plus captive : un nouveau roman commence et se traîne longuement, sans exciter même la curiosité du lecteur. Dans les *Mères rivales*, la marquise d'Erneville offre sans doute un beau caractère; mais, sans rappeler des tracasseries provinciales, qui tiennent beaucoup d'espace, et procurent peu d'amusement, que dire de mademoiselle de Rosmond? Elle n'est point vicieuse, au moins dans l'intention de l'auteur, et pourtant, facile à l'excès pour un homme qu'elle n'a jamais vu, et qu'elle ne saurait épouser, puisqu'il est marié, elle envoie secrètement le fruit de sa faiblesse, à qui? à l'épouse même de son amant! Pour jouir injustement d'une renommée sans tache, elle fait planer, durant dix-huit ans, sur cette épouse vertueuse un soupçon que tout confirme; et, au bout de dix-huit ans, elle en est quitte pour se faire religieuse, après un aveu tardif, qui ne rend point à sa victime une jeunesse noyée de larmes, privée du bonheur domestique, incessamment tourmentée par le désolant contraste d'une conduite irréprochable et d'une réputation flétrie. Nous ne déciderons point si cette fois la dévotion peut compenser l'immoralité. Quant au faible ouvrage qui a pour titre *Alphonse* ou le *Fils naturel*, nous y louerons la tendresse courageuse et passionnée d'une mère, afin d'y pouvoir louer quelque chose. En peignant de nouveau *Bélisaire*, madame de Genlis a tiré de l'histoire plusieurs beaux traits du Vandale Gélimer, qu'elle a rendu plus brillant que son personnage principal; mais on est obligé de l'avouer : soit pour la composition, soit pour les détails, soit pour la couleur et l'harmonie du style, la supériorité de l'ancien Bélisaire est très-marquée, surtout dans ce quinzième chapitre qui valut jadis à Marmontel des anathèmes frivoles, d'éphémères censures, et des éloges que ratifiera la postérité. Dans les *Chevaliers du Cygne*, on aime assez Olivier, son ami fidèle Ysambart, la tendre et douce Béatrix, duchesse de Clèves; mais le caractère et les aventures cyniques d'Armoflède, princesse du sang de Charlemagne, repoussent tout lecteur qui a quelque respect pour les dames, pour la décence et pour le goût. La jeune Clara, le père Arsène, ont de l'éclat dans le *Siége de la Rochelle*; mais on est surpris que le fameux commandant Lanoue soit resté dans l'ombre : on n'est guère moins étonné d'entrevoir à peine le cardinal de Richelieu, à qui toutefois l'auteur accorde un cœur généreux et sensible, éloge étrange pour un tel ministre, et le seul qui fût resté neuf après tous les discours prononcés à l'Académie française par les récipiendaires et les directeurs, durant l'espace de cent cinquante ans. Il y a du beau dans le roman sur *Madame de la Vallière*, au moins ce qui fut dit textuellement par l'héroïne; mais, tout en louant Louis XIV sans mesure, l'auteur le représente comme un égoïste, tour à tour ardent ou glacé, forçant un cloître pour arracher à Dieu la maîtresse qu'il aime encore, et trop pieux pour lui disputer la maîtresse qu'il n'aime plus. Le sujet de *Madame de Maintenon* pouvait être traité de plus d'une manière : l'auteur a choisi le genre sérieux. La visite de madame de Montespan, sur le déclin de sa faveur, à madame de la Vallière, déja religieuse aux Carmélites, offre une scène très-imposante. Sans être de la même force, d'autres détails sont remarquables; mais, pour nous faire croire à la candeur de madame de Maintenon, il fallait la peindre autrement : elle ne parle qu'aux faiblesses du monarque; soit qu'elle le flatte, soit qu'elle le gronde, tout semble manége et calcul; et, quoique tant célébré, Louis XIV paraît un vieillard dévot et blasé, que subjugue avec art sa vieille gouvernante. Un roman fort joli d'un bout à l'autre, c'est *Mademoiselle de Clermont :* la brièveté en est le moindre mérite. Les caractères de la princesse, de son frère M. le duc, et de son amant le duc de Melun, sont tracés avec une vérité charmante. Là, ni incidens recherchés, ni déclamations prétendues religieuses; action simple, style naturel, narration animée, intérêt toujours croissant: voilà ce qu'on y trouve. On croirait lire un ouvrage posthume de madame de La Fayette; et, s'il nous a été pénible, dans cet article, d'avoir à multiplier les critiques, il nous est doux de le terminer par cette louange.

Madame Cottin s'est acquis une réputation méritée. Son coup d'essai, *Claire d'Albe*, ne donnait toutefois que de médiocres espérances : la fable en est vulgaire et mal tissue; les détails n'en sont point heureux; on rencontre même dans les lettres d'une certaine Élise plusieurs traits inintelligibles pour le lecteur et pour l'auteur. C'est ce que Boileau nommait si bien du galimatias double. De Claire d'Albe à *Malvina* le progrès a lieu d'étonner : non que ce second ouvrage soit à beaucoup près exempt de défauts. M. Prior y paraît fort déplacé, quoiqu'il serve à l'action. Un prêtre catholique, des mœurs les plus graves, mais qui, malgré sa piété, s'avise d'être amoureux, et de se battre au pistolet avec son rival, est un personnage inadmissible. Edmont, tout passionné, tout brillant qu'il est, Edmont lui-même laisse quelque chose à désirer. Il n'en est pas ainsi de Malvina : c'est à tous égards un des plus beaux caractères que puissent offrir les romans modernes. Depuis l'inoculation de l'amour dans la Nouvelle Héloïse, il n'est point de situation mieux conçue, mieux développée, plus pathétique en tous ses détails, que celle de Malvina s'introduisant, déguisée, dans le château d'une famille qui la persécute, y devenant la garde malade d'Edmont, son amant; et là, muette, impénétrable autant qu'active et vigilante, l'arrachant, à force de soins, à la mort, qui semblait déjà le saisir. On n'est pas moins attendri en lisant *Amélie Mansfield*. Ce qui concerne le premier époux d'Amélie est, à la vérité, peu attachant; mais c'est comme l'avant-scène du drame; et, dès qu'Ernest a paru, les émotions se succèdent avec un progrès rapide, jusqu'au jour où les deux amans sont renfermés dans le même cercueil. On les aime et on les regrette; on plaint avec effroi madame de Woldmar, mère d'Ernest, et très-digne baronne allemande, qui laisse mourir de chagrin son fils unique, de peur qu'il n'épouse Amélie, fille d'une haute naissance, mais veuve d'un mari qui avait le malheur de n'être pas né baron allemand. C'est avec beaucoup de force que l'auteur a peint cet orgueil barbare, qui ne cesse d'être inflexible que par des maux irréparables, et se borne à gémir en vain sur les tombeaux qu'il a creusés. Le courage et la piété filiale de la jeune Élisabeth Potoski charment dans les *Exilés de Sibérie;* et les détails de ce petit roman historique respirent une simplicité touchante. Quant à *la Prise de Jéricho*, dont nous avons déjà parlé à l'occasion des Mélanges de littérature de M. Suard, nous n'en dirons ici qu'un mot : c'est un mauvais ouvrage dans un mauvais genre; un poëme qui n'est point en vers. Les prétendues aventures de la Juive Raab sont moins embellies que défigurées par un langage hermaphrodite, qui se sépare de la prose sans pouvoir atteindre à la poésie. Ces formes lourdes et guindées nous semblent aussi déparer les commencemens de *Mathilde*, roman dont l'action se passe à la fin du douzième siècle, durant la croisade de Philippe-Auguste et de Richard-Cœur-de-Lion; mais bientôt l'auteur s'échauffe avec son sujet; la diction devient naturelle: alors l'intérêt commence; et quelquefois il acquiert une haute énergie. Philippe ne paraît qu'un moment; Richard n'occupe guère plus d'espace; Lusignan, roi de Jérusalem, est fort maltraité; Montmorenci a beaucoup d'éclat; Saladin, sans être méconnaissable, est inférieur à sa renommée; pour son frère, Malek-Adhel, c'est le personnage d'élite : il est bon, généreux, tendre, passionné, vaillant, invincible; il unit au plus haut degré toutes les qualités aimables et toutes les vertus chevaleresques. Mathilde, sœur de Richard, est digne du héros musulman : son amour pour Malek-Adhel est gradué, motivé avec art; on est fortement ému, soit lorsque, seule avec lui au milieu de l'ouragan du désert, elle attend la mort qui les menace, soit lorsqu'elle accourt sur un champ de bataille devenu l'autel, le lit nuptial et le tombeau de son amant, qui expire en invoquant le dieu de Mathilde. En général, les effets tragiques dominent dans les productions de madame Cottin. Hors des scènes de passion, son style se traîne; et l'on voit qu'elle ne connaît point assez l'art d'écrire; mais elle fut douée d'une sensibilité rare: elle sait peindre l'amour, surtout l'amour entouré de malheurs; elle ne prêche ni ne régente; et, dans chacun de ses bons romans, l'héroïne est aussi tendre qu'aimable : elle établit et soutient bien un caractère qu'elle affectionne; elle compose enfin sans timidité, mais sans audace; et l'on doit regretter cette dame, enlevée à la littérature dans un âge où son talent, déja très-remarquable, pouvait encore se perfectionner.

Les romans de madame de Flahaut, aujourd'hui madame de Souza, se distinguent par une grâce qui leur est particulière. Dans *Adèle de Sénange*, rien de mieux dessiné que les trois principaux personnages, Adèle, le lord Sidenham, et le marquis de Sénange, modèle d'un vieillard aimable et d'un excellent mari. Dans *Émilie et Alphonse*, l'auteur peint avec vérité les grands airs du duc de Candale; mais, si ce brillant homme de cour inspire fort peu d'intérêt, on en prend beaucoup en récompense aux chagrins de sa jeune épouse, et même au sort de l'espagnol Alphonse, malgré la bizarrerie de son caractère et de ses tragiques aventures : ces deux romans sont rédigés en forme de lettres. *Charles et Marie*, ainsi qu'*Eugène de Rothelin*, a la forme simple et rapide d'un journal écrit à la hâte, à mesure que les événemens s'écoulent. Tout plaît dans *Charles et Marie* : les vertus de la bonne lady Seymour, la sensibilité ingénue de Marie, sa troisième fille, la tendresse passionnée de Charles Lenox, et même l'égarement de Philippe, qui a confondu avec l'amour la douce amitié de Marie. Un père ami intime et confident de son fils, un fils non moins dévoué à son père qu'à sa maîtresse, l'esprit supérieur de la maréchale d'Estouteville, et encore plus le charme infini de sa petite-fille, Athénaïs, embellissent Eugène de Rothelin. C'est, à notre avis, après *Adèle de Senange*, le meilleur ouvrage de madame de Flahaut, si pourtant il faut choisir entre des productions presque également agréables.

Ces jolis romans n'offrent pas, il est vrai, le développement des grandes passions; on n'y doit pas chercher non plus l'étude approfondie des travers de l'espèce humaine; on est sûr au moins d'y trouver partout des aperçus très-fins sur la société, des tableaux vrais et bien terminés, un style orné avec mesure, la correction d'un bon livre et l'aisance d'une conversation fleurie, l'usage du monde, mais cet usage exquis et rare qui observe et ne s'exagère point les convenances; des sentimens délicats, des tours ingénieux, des expressions choisies, l'esprit qui ne dit rien de vulgaire, et le goût qui ne dit rien de trop.

Nous avons eu déja plus d'une occasion de rendre hommage aux talens de madame de Staël; mais c'est dans le genre des romans qu'ils se sont déployés avec le plus d'avantage. *Delphine* et *Corinne* sont deux productions brillantes : toutefois, en leur payant un juste tribut d'éloges, nous estimons trop l'auteur pour dissimuler de justes critiques. Nous commencerons par *Delphine*. Il est dangereux d'attribuer à des personnages que l'on met en scène tous les genres de supériorité: c'est beaucoup promettre; et du moins faut-il être sûr de tenir parole. Léonce est au juste le premier homme qui existe; Delphine est précisément la première des femmes possibles; et c'est une chose tellement convenue qu'eux-mêmes l'avouent de fort bonne grâce, l'un pour l'autre, et chacun pour soi. Nous sommes bien fâchés de ne pouvoir adopter sur Léonce ni son avis, ni celui de Delphine; mais, en conscience, il n'y a d'extraordinaire en lui que son amour-propre et son imperturbable personnalité. Il se résigne à tous les sacrifices qu'on lui prodigue; mais il s'abstient d'en faire, tant il se respecte. Tremblant devant les caquets qu'il appelle l'opinion, il se fâche quand Delphine est compromise; et c'est lui qui la compromet sans cesse. Abusé par des calomnies, il ne l'a point voulue pour épouse; désabusé, il la veut pour concubine. Bien plus, dans l'église où il vient de voir une victime de l'amour s'arracher au monde pour expier sa faiblesse, dans cette même église, où jadis il forma, devant Delphine au désespoir, un lien qui subsiste encore, il s'efforce d'arracher à celle dont il a causé l'infortune tout ce qu'il lui a laissé : l'honneur et le droit de ne point rougir. Delphine est aussi vaine que Léonce; mais elle est du moins spirituelle et généreuse; elle réfléchit peu sur sa conduite; mais sa bonté va plus loin que son imprudence, qui toutefois est excessive : elle comble de bienfaits sa rivale. Cette rivale meurt; Léonce est libre; épousera-t-il Delphine? Non; ce n'est pas à quoi il songe : c'est le temps de notre révolution; la guerre vient d'éclater; les ennemis sont à Verdun ; Léonce les joint, afin de punir les Français, qui ont changé de gouvernement sans sa permission. Par malheur il est pris les armes à la main : c'est son premier et unique exploit. Après d'inutiles efforts pour lui sauver la vie, Delphine lui donne la sienne. Dans la prison, sur le char funèbre, au lieu du supplice, elle l'accompagne, l'exhorte, et meurt avec lui. Ce dénoûment est trop fort pour être pathétique ; mais la nullité de Léonce, qui n'est à tous égards qu'un héros passif, relève le courage actif et sans bornes de la véritable héroïne. Autour de cette figure principale sont habilement groupés d'autres personnages. L'auteur peint avec des couleurs aussi vives que variées cet égoïsme adroit et caressant; science de vivre de madame de Vermont; le sec bigotisme de sa fille, épouse de Léonce; la dévotion pleine d'amour de Thérèse d'Ervins; la sagesse modeste de mademoiselle d'Albémar, et la raison ferme de Lebensey. Dans chaque lettre, à chaque page, on trouve des idées fines ou profondes ; mais nous ne saurions admettre le principe qui sert de base à tout l'ouvrage. Non : l'homme ne doit point braver l'opinion ; la femme ne doit point s'y soumettre : tous deux doivent l'examiner, se soumettre à l'opinion légitime, braver l'opinion corrompue. Le bien, le mal sont invariables : les convenances qui assujettissent les deux sexes diffèrent entre elles, comme les fonctions que la nature assigne à chacun des deux ; mais la nature ne condamne pas l'un au scandale, et l'autre à l'hypocrisie : elle leur donna la vertu pour les inspirer, la raison pour guider la vertu ; et toutes les convenances s'arrêtent devant ces limites éternelles.

L'ensemble de *Corinne* est imposant ; et dans ce livre un seul défaut nous paraît sensible. L'auteur y exige encore une admiration respectueuse, un culte même pour les deux principaux personnages. On ne doit comparer aucune femme à Corinne, aucun homme à Oswald. L'incomparable Oswald n'est pourtant ni moins égoïste, ni moins borné que l'incomparable Léonce. Lucile Edgermond, jeune Anglaise, qui devient l'épouse d'Oswald, vaut beaucoup mieux que son froid compatriote ; mais elle fixe rarement l'attention. Le prince de Castel-Forte, le comte d'Erfeuil, l'un Italien, l'autre Français, tous deux remarquables par des nuances bien saisies, ne sont pourtant que des personnages accessoires ; Corinne seule anime tout le tableau : elle émeut, entraîne, subjugue ; c'est Delphine encore, mais perfectionnée, mais indépendante, laissant à ses facultés un plein essor ; exprimant, comme elle les éprouve, les sentimens qui la dominent, et toujours doublement inspirée par le talent et par l'amour. L'action est simple : ce qui est partout un mérite, mais ici, plus qu'ailleurs, puisque l'objet principal est la description de l'Italie ; et quelle description passionnée! Au milieu des cités pompeuses et des opulens paysages, c'est pour Oswald que son amante se plaît à célébrer cette contrée, deux fois classique, et long-temps peuplée de héros, où l'héritage du génie des Grecs fut recueilli par la victoire, et qui depuis retira l'Europe des longues ténèbres du moyen âge. C'est avec lui qu'elle se promène entre les prodiges antiques et les prodiges modernes, près de ces monumens debout encore, mais dont la grandeur égale à peine les débris des monumens renversés. Dans ces palais, dans ces temples qui étalent les chefs-d'œuvre de la peinture, et retentissent des chefs-d'œuvre de l'harmonie ; et, sous le plus beau ciel du monde, pour enflammer l'imagination, de tous côtés viennent s'unir à la puissance des arts la majesté d'une gloire lointaine, l'inspiration des souvenirs et l'éloquence des tombeaux. Ce n'est pas une idée vulgaire que celle de lier tous ces grands objets aux situations d'une âme ardente, et mobile. Ainsi les couleurs sont variées : leur éclat éblouit d'abord, lorsque, triomphante au Capitole, heureuse d'un amour naissant et partagé, Corinne, enchantée du présent, sourit aux promesses de l'avenir. Bientôt les teintes pâlissent en même temps que son bonheur; mais leur mélancolie les rend plus douces; et, quand elle a perdu jusqu'à l'espoir, c'est encore avec un charme nouveau qu'elle reproduit les mêmes images, rembrunies de sa douleur et des pressentimens de sa mort prochaine. Il y a beaucoup de mérite dans le roman de *Delphine*: à notre avis, toutefois, *Corinne* a moins de défauts, plus de beautés, et des beautés d'un plus grand ordre. Sans doute, on peut reprocher à ces deux ouvrages quelques pensées qui ne soutiendraient pas l'examen, quelques expressions plutôt cherchées que trouvées. Mais qu'importent ces taches légères? Tous deux sont riches de détails, tous deux étincellent de traits ingénieux ou diversement énergiques, et garantissent à madame de Staël un rang parmi les écrivains qui font aujourd'hui le plus d'honneur à la littérature française.

Quelques ouvrages moins généralement connus que ceux dont nous venons de parler n'ont pourtant pas échappé à l'attention publique. De ce nombre est le petit roman de *Primerose*, par M. de Morel de Vindé: les aventures de Primerose, fille du comte de Beaucaire, et de son amant de Gérardet, fils du duc de Valence, y sont racontées avec agrément. Le duc Gérard, qui veut toujours ménager des surprises, offre un caractère plaisant et vrai; du fond même de ce caractère naît un dénoûment très-bien filé. La composition est faible, mais amusante; et le style n'est pas dépourvu de grâces. *Le Nègre, comme il y a peu de Blancs*, roman de M. Lavallée, offre une action plus étendue et des personnages plus intéressans : Itanoko, par exemple, et la jeune Amélie, parmi les noirs; parmi les blancs. Germance et son amante Honorine, l'auteur semble persuadé qu'il est possible à un nègre d'avoir des vertus, et que l'esclavage des noirs n'est pas toutà-fait de droit divin. Ces deux opinions, propagées dans le dernier siècle, sont maintenant réfutées sans cesse en des journaux qui seront peutêtre immortels : il convient d'observer entre eux et la raison une neutralité prudente, mais sans négliger de rendre justice au talent et aux intentions philantropiques de M. de Lavallée. Ses *Lettres d'un Mameluck* encourent un reproche qu'avaient déja mérité les *Lettres turques* de SaintFoix et plusieurs productions semblables : celui d'oser rappeler les formes d'un chef-d'œuvre inimitable de Montesquieu. Mais, quoiqu'à distance respectueuse des Persans Usbek et Rica, le Mameluck Giesid n'en montre pas moins beaucoup de gaieté, de sens et d'esprit. Il est fâcheux que l'inépuisable M. Pigault-le-Brun ne sache point se borner : souvent il compile, souvent il n'invente que trop. Cependant nous distinguerons dans la longue liste de ses ouvrages, *la Folie espagnole, mon Oncle Thomas, M. Botte, l'Enfant du Carnaval*, et surtout *les Barons de Felsheim*. Il est aisé d'y blâmer de nombreux écarts, une imagination vagabonde, et qui risque tout, jusqu'au cynisme; mais il serait injuste de n'y pas louer des traits piquans, des boutades heureuses, et des scènes d'un comique original. Dans *les Quatre Espagnols* de M. Montjoye, le caractère de l'ambassadeur Massaréna est assez fortement tracé; la tendre amitié de son fils, don Carlos, et du jeune Fernand est peinte aussi d'une manière touchante. *Le Manuscrit trouvé au mont Pausilipe*, autre roman du même auteur, ne vaut pas *les Quatre Espagnols*; on y remarque toutefois le vieux jésuite Mendoza, personnage aimable et moral, savant distrait, mais ami attentif, et Gusman, scélérat dévot, qui figure très-bien dans la procession des flagellans, pour plaire à la petite comédienne Minirella, sa maîtresse. Au reste, c'est par l'intérêt de curiosité que se soutiennent les romans de M. Montjoye; car la diction en est traînante et la composition chargée d'incidens. Mais il est plus d'un public; et celui qui, en ce genre d'écrire comme en tout autre, a besoin de trouver un plan sage, embelli par les richesses du style, est assurément le moins nombreux.

Nous fâcherons peut-être ces lecteurs difficiles,

en faisant ici mention des romans de M. Fiévée, le même qui, durant la révolution, donna sur de petits théâtres de petits drames, qu'il croyait philosophiques, et qui depuis a publié de petites brochures dans un sens tout-à-fait contraire, apparemment pour se réfuter : ce qui paraissait inutile. Eh! comment passer sous silence *la Dot de Suzette* et *Frédéric*, lorsqu'en ses modestes préfaces l'auteur de ces deux romans affirme que le premier jouit d'un prodigieux succès, et croit voir dans le second des signes d'une immortalité probable? Sans vouloir partager la responsabilité de ses opinions sur ce point, nous croyons que la *Dot de Suzette* n'est pas dépourvue d'agrémens. Le caractère aimable de la jeune villageoise mariée par madame de Senneterre, sa modération dans l'état d'opulence où son mari est parvenu, sa respectueuse reconnaissance envers sa bienfaitrice, tombée dans l'adversité, réchauffent des aventures assez froides et terminées par un dénoûment aussi facile à prévoir qu'il est brusquement amené : du reste, rien de plus mince que les détails. L'auteur essaie bien de jeter quelques ridicules sur les mœurs des nouveaux Turcarets; et, certes, la matière est riche; mais, comme toute autre, elle n'est riche que pour le talent. On parle de religion dans *Frédéric*, on y parle même de morale. Or, voici le fond de l'ouvrage : la baronne Spouasi, satisfaite du zèle et de la discrétion de Philippe, son valet de chambre, a jugé à propos d'en faire son amant. Philippe ne cesse pas d'être au service ; il cumule seulement les deux fonctions. De ce commerce noble et légitime un fils naturel est survenu : c'est Frédéric. Il est élevé par son père, qui lui forme l'esprit et le cœur, lui donne des conseils profonds pour réussir en bonne compagnie, et lui révèle enfin sa naissance. La baronne imite cet exemple, et bientôt *meurt comme une sainte:* ce sont les termes de l'auteur. Qu'il nous soit permis de borner là notre analyse, sans faire connaître les relations intimes de Frédéric avec une madame de Vignoral, avec une madame de Valmont, ni même avec une Adèle, qu'il finit par épouser. Ce roman est fort inégal : la classe distinguée n'y parle guère son langage ; mais le valet de chambre et son bâtard, qui sont les deux héros du livre, ont toujours les mœurs et le ton qui leur conviennent. A cet égard, M. Fiévée suit avec scrupule les préceptes judicieux d'Horace et de Boileau.

Il nous reste à jeter un coup-d'œil sur quelques traductions des romans étrangers les plus remarquables ; et d'abord l'époque nous présente deux traductions nouvelles de Don Quichote : la première est de Florian, qui la publia vers la fin de sa vie, il y a dix-huit ans à peu près ; la seconde a paru l'année dernière : elle est de M. du Bournial. On sait combien l'ancienne version est rude, inégale, incorrecte. Les morceaux de poésie surtout y sont rendus avec une extrême négligence. Florian, dans ces mêmes morceaux, a montré de l'esprit et du goût; et là, s'il abrége le texte, il est digne d'éloges; car ces complaintes langoureuses sont trop longues dans l'original. Par malheur, il veut aussi raccourcir toutes les autres parties de l'ouvrage; or, souvent ce sont les beautés qu'il abrége; c'est le génie qu'il supprime; et ce n'est point là de la précision. Il attiédit la verve de Cervantes; un comique large et franc devient partout mince et discret. On va jusqu'à regretter le vieux traducteur, qui travestit quelquefois, mais qui, du moins, ne mutile pas son modèle, en voulant le perfectionner. M. du Bournial ne mérite aucun des deux reproches : il est simple, et n'est point trivial; il est surtout copiste fidèle : il l'est au point qu'en plaçant le français à côté de l'espagnol vous reconnaissez, dans la plupart des phrases, la même marche, les mêmes constructions, les mêmes tours : ce qui donne au style du traducteur un peu de gêne et d'affectation. Nous permettra-t-il de lui donner un conseil? Comme on s'aperçoit trop aisément qu'il n'a pas l'habitude d'écrire en vers, il devrait s'adjoindre un coopérateur pour la traduction des stances. Aujourd'hui, plusieurs jeunes gens d'un esprit orné font en ce genre aussi bien et mieux que Florian; cet embellissement nous paraît indispensable. Après cela, des corrections assez faciles, et même assez peu nombreuses, suffiront pour assurer à M. du Bournial l'honneur d'avoir dignement traduit le chef-d'œuvre brillant, mais unique, de la littérature espagnole.

On nous a transmis en langue française beaucoup de romans anglais, composés dans ces derniers temps. Plusieurs se font lire avec intérêt; et, dans ce nombre, il ne faut pas oublier *Simple Histoire*, qu'on pourrait toutefois nommer *Longue Histoire*; car elle tient l'espace de quarante ans; et deux générations s'y succèdent. On aime dans *Saint-Clair des Isles* l'esprit militaire et chevaleresque du héros principal, le beau caractère de l'héroïne et la variété des incidens. Nous avons entendu vanter le *Caleb Williams* de M. Godwin, et nous ne savons trop pourquoi. Tyrrel est un misérable : Falkland, que l'auteur prétend doué de qualités sublimes, est assassin, calomniateur, persécuteur : le tout pour conserver sa réputation; le persécuté Caleb se conduit souvent avec bassesse et malignité. De tous les personnages, le plus humain, c'est Raimond, le chef des voleurs. Des déclamations contre les lois pénales d'Angleterre, contre les cours de justice, et même contre la société civile, sont les ornemens de ce livre, un peu maussade et fort immoral. M. Godwin ose affirmer qu'il peint *les choses comme elles sont;* le fait nous semble au moins douteux. Ce qui ne l'est pas, c'est qu'il faut plaindre M. Godwin, puisqu'il a pu les voir ainsi. En général, il est à remarquer qu'en Angleterre, comme en France, ce sont des femmes qui figurent avec le plus de distinction parmi les romanciers modernes. On doit à miss Burney *Cécilia*, *Évélina*, *Camilla*. De ces productions agréables, dont nous avons d'assez bonnes traductions anonymes, la mieux composée est sans contredit la première. Cécilia est aimable; et l'on se plaît à la suivre chez ses trois tuteurs, dont les caractères, mis en contraste, fournissent tantôt des événemens qui attachent, tantôt des scènes qui divertissent. Un mérite égal, dans une manière toute différente, recommande les *Enfans de l'Abbaye*, joli roman de madame Roche : quelques touches lugubres y son tempérées par des effets pleins de douceur. Amanda et son amant Mortimer ont de la grâce; et l'on doit savoir gré à M. Morellet de nous avoir fait connaître cette intéressante production. Sans pouvoir obtenir autant d'éloges, le *Polonais* de miss Porter n'est pourtant pas à négliger: il se soutient par le nom du jeune Sobieski, l'un de ces généreux fugitifs qui, à la dernière révolution de Pologne, après avoir versé leur sang pour être libres, ont quitté, non leur patrie, mais un territoire où elle n'était plus. Ici s'offrent à nos regards les quatre romans de madame Radcliffe : les *Mystères d'Udolphe*, le meilleur des quatre, et dont madame de Chastenay n'a pas affaibli les sombres beautés ; le *Confessionnal des Pénitens noirs*, dont dous avons deux traductions estimables : l'une de madame Allart, l'autre de M. Morellet ; la *Forêt*, que nous croyons digne de la seconde place ; et *Julia*, qui nous paraît le plus faible de tous, quoi qu'en ait dit son traducteur anonyme. On trouve en ces divers ouvrages des caractères fortement prononcés, des situations terribles, que l'auteur amène et accumule, au hasard de s'en tirer péniblement ; de belles descriptions de l'Italie et du midi de la France, d'énergiques tableaux, de vrais coups de théâtre, et même quelques tons de Shakespeare, ce génie éminemment anglais, qui, depuis deux siècles, féconde encore dans sa patrie tous les champs de l'imagination. Ces romans, considérés dans leur ensemble, se rattachent à une seule idée d'un grand sens. Partout le merveilleux domine : dans les bois, dans les châteaux, dans les cloîtres, on se croit environné de revenans, de spectres, d'esprits célestes ou infernaux ; la terreur croît, les prestiges s'entassent, l'apparence acquiert presque de la certitude ; et, quand le dénoûment arrive, tout s'explique par des causes naturelles. Délivrer les esprits crédules du besoin de croire aux prodiges est un but très-philosophique; mais les plans n'ont pas l'étendue et la portée dont ils étaient susceptibles. L'exécution en serait tout à la fois plus originale et plus utile, si le lecteur était forcé de rire des choses mêmes qui lui ont fait peur. Tout ce qui blesse la raison, tout ce qui tend à la dégrader, est justiciable du ridicule : ses traits sont les plus fortes armes contre les sottises importantes. Horace l'a dit; et Voltaire l'a prouvé. Le genre de madame Radcliffe exige des facultés moins rares; aussi n'a-t-elle pas manqué d'imitateurs. Sa trace est facile à reconnaître dans le roman, médiocre et compliqué, qui a pour titre: *Adeline* ou *la Confession*, et dans l'*Abbaye de Grasville*, ouvrage beaucoup moins vulgaire, que madame Ducos a fort bien traduit. Si, dans toutes ces productions, le merveilleux n'est qu'apparent, dans le *Moine* de M. Lewis, il est employé comme agent réel. On se souvient qu'en France, il y a trente ans, il plut à l'illuminé Cazotte de composer une historiette du *Diable amoureux*. Ici c'est encore le diable qui, déguisé en jolie femme, séduit, damne et mène en enfer un prédicateur célèbre. On est surpris qu'une fable digne des couvens du quinzième siècle puisse aujourd'hui réussir à Londres. Ce n'est pas que, dans l'exécution du livre, on ne remarque de la vigueur et du talent; mais; quand le fond est absurde, le talent n'est pas employé : il est perdu. Ce n'était pas sur de tels moyens que Richardson, Fielding, Sterne et Goldsmith fondaient le succès durable de ces romans aussi variés que naturels, qui embellissent la littérature anglaise, et dont elle a droit de se glorifier.

Entre les romanciers allemands, il est juste de commencer par M. Goëthe, dont le *Werther* obtint autrefois, et conserve encore un succès si général et si légitime. Nous voudrions en dire autant de son *Alfred;* mais la chose est impossible: ce livre est trop long, quoique abrégé par son traducteur. Comme intendant des spectacles du duc de Saxe-Weimar, l'auteur a cru devoir prodiguer les observations sur l'art dramatique, et même sur l'art du comédien : la plupart sont communes ou minutieuses. Tout ce qu'on peut remarquer avec éloge, c'est que M. Goëthe ose admirer Racine et Voltaire; et c'est beaucoup pour un Allemand : aussi son ami Schiller l'en a-t-il vertement réprimandé. Du reste, une intrigue bizarre et mal ourdie; une action tantôt traînante et tantôt précipitée; des incidens que rien n'amène; des mystères que rien n'explique; un personnage principal pour qui l'on veut inspirer de l'intérêt, et qui n'est qu'un ridicule aventurier;

d'autres personnages que le romancier jette au hasard dans sa fable, et dont il se débarrasse par des maladies aiguës ou par un suicide, pour faire arriver bon gré mal gré un dénoûment vulgaire et froid : tel est le roman d'Alfred, incohérent ouvrage, où le talent qui inspira *Werther* ne se laisse pas même entrevoir. Dans *Claire et Eveling*, l'un des romans de M. Auguste Lafontaine, il y a beaucoup de choses négligées et triviales, plusieurs d'heureuses, quelques-unes d'une assez grande force. Le tableau des infortunes d'un ministre de village est l'objet du livre entier; il résulte de ce tableau que les disputes, les haines, les persécutions théologiques, ne sont pas plus étrangères aux temples luthériens qu'aux églises catholiques : ce qui n'est consolant pour personne, mais ce qui est instructif pour tout le monde; car rien ne fait mieux sentir l'impossibilité de niveler les opinions, et la nécessité de recourir à la tolérance universelle. Les principes de philanthropie qui respirent dans cet ouvrage animent aussi les autres romans de M. Auguste Lafontaine. Madame de Montolieu, connue elle-même par le joli roman de *Caroline de Lichtfield*, les a traduits pour la plupart; et c'est un service qu'elle a rendu aux amateurs de ce genre d'écrire. Qui n'a pas lu avec attendrissement les *Tableaux de famille* ! Qui ne s'est pas intéressé au bon ministre Bemrode, à son excellente femme, à leur tendre fille Élisabeth, à leur fille Mina, si sensible, si spirituelle, à toute cette famille heureuse par l'amour et par la vertu! Entre les productions de l'auteur, il n'en est peut-être aucune où l'on ne rencontre des traits charmans; mais il écrit sans cesse et très-vite : c'est dire assez qu'il est inégal. Sterne et Goldsmith paraissent avoir été ses modèles; et, s'il ne les atteint pas, il est du moins le premier de leurs élèves. Dans l'*Homme singulier*, le chien, plus juste que le ministre, puisqu'il déchire avec ses dents l'ordre d'une détention arbitraire, est une idée fort ingénieuse : elle eût fait honneur à Sterne; mais Sterne en eût tiré plus de parti. N'oublions pas de remarquer qu'en Allemagne, où l'on parle à tout propos de composition originale, l'imitation affectée des formes anglaises n'est particulière, ni à l'écrivain dont nous parlons, ni même aux seuls romanciers. Nous dirons en quoi elle consiste, où elle s'arrête, et combien le goût allemand diffère du goût français, lorsque, dans la suite de notre travail, l'ordre des matières nous présentera quelques traductions récentes des auteurs dramatiques étrangers.

Beaucoup de lecteurs trouveront que, dans ce chapitre, nous avons cité trop d'ouvrages; et nous sommes de leur avis. Beaucoup d'écrivains seront d'un avis contraire, et nous reprocheront des omissions nombreuses; mais devions-nous parler de tous les romans originaux ou traduits qui ont paru durant l'époque, spécialement depuis dix années? Un volume eût été trop peu pour en rendre compte : le seul catalogue en serait immense; et trois ans ne suffiraient pas pour les lire. En France, en Angleterre, en Allemagne, il existe pour les romans des manufactures établies, et dont les produits annuels sont à peu près déterminés. On sait, par exemple, combien M. Auguste Lafontaine peut donner de volumes par an: nous lui opposerions aisément plus d'un atelier non moins actif que le sien; et, dans ce genre de marchandise, le Strand de Londres ne le céderait ni à notre Palais-Royal, ni à la foire de Leipsick. Depuis la mort de l'abbé Chiari, romancier très-fécond jadis, mais aujourd'hui très-inconnu, l'Italie entre pour fort peu de chose dans ce commerce, qui est rarement celui des idées. En fait de livres inutiles, la surabondance est plus pauvre que la disette absolue; et cette surabondance, toujours croissante, devient un fléau pour notre littérature. Dans toutes les classes, tout ce qui sait lire lit des romans; nous voudrions ajouter seulement : tout ce qui sait écrire en écrit; mais l'émulation va beaucoup plus loin. Ce genre, comme nous l'avons dit ailleurs, se rapproche de

CHAPITRE VI.

l'histoire par le récit des événemens; de l'épopée, par une action fabuleuse en tout ou partie; de la tragédie, par les passions; de la comédie, par la peinture de la société; mais il n'exige ni les recherches, ni l'examen profond, ni l'exactitude méthodique de l'histoire, ni la majestueuse ordonnance et les riches détails de l'épopée; il ne présente pas l'extrême difficulté d'écrire en vers, surtout dans le style élevé; il n'est point assujetti aux règles sévères de notre théâtre; souvent même il coûte peu d'efforts à l'imagination. Quelle peine y a-t-il à multiplier les incidens, lorsqu'en prenant toute liberté, soit pour la durée, soit pour l'espace, on veut bien consentir encore à négliger toute vraisemblance? Après la critique vulgaire, rien n'est plus facile qu'un roman médiocre: aussi des hommes du monde, qui ne sont pas en même temps des hommes de lettres, des femmes aimables, qui ont négligé l'étude de l'orthographe pour donner plus de temps à la composition, font et traduisent des romans. Le but ordinaire de ce travail est d'obtenir des succès de société; par malheur, en littérature, ils ne sont le plus souvent que des ridicules; et un ridicule facile à prendre n'est pourtant pas facile à perdre: il reste quand le roman est oublié. Ce n'est pas tout: tant d'écrivains et d'écrits frivoles ont produit d'assez graves inconvéniens: ils ont ralenti d'une manière sensible le mouvement général des esprits vers des études importantes; et c'est avec le dix-neuvième siècle que commence ce changement notable: ils ont corrompu le style; ils ont même altéré la langue. En vain des censeurs, plus malveillans qu'habiles, ont-ils accusé d'un néologisme perpétuel les orateurs qui ont le plus honoré la tribune française. Sur quoi portaient ces reproches répétés à tant de reprises, exagérés avec tant d'amertume? nous l'avons déja remarqué : sur une vingtaine de mots que des institutions nouvelles rendaient presque tous nécessaires. Mais, chez la plupart des romanciers modernes, c'est dans le tableau de la vie sociale, c'est dans le langage des passions, éprouvées par tous les hommes, que viennent s'introduire en foule des locutions inadmissibles, des tours anglais ou germaniques, des barbarismes nombreux et des solécismes sans nombre. Il nous serait ici trop facile d'accumuler à volonté les exemples qui nous ont frappés à la lecture, et que nous avons recueillis; mais, quoiqu'une excessive gravité nous paraisse déplacée dans la critique littéraire, notre but n'est pourtant pas d'éveiller la gaieté maligne; et le travail qui nous est imposé, sans nous défendre la plaisanterie, nous interdit au moins les détails burlesques. D'autres réflexions se présentent. Pourquoi, depuis ces dernières années, plusieurs romanciers semblent-ils se croire de la classe des sermonnaires? Pourquoi les surpassent-ils même en rigorisme? En effet, Massillon et ses plus dignes successeurs laissaient les disputes à la Sorbonne et les anathèmes à l'Inquisition : bornant désormais la prédication à la morale évangélique, ils avaient agrandi leur art de tout ce qu'ils lui ôtaient d'inutile. Est-ce à titre de compensation, et pour qu'il n'y ait rien de perdu, que l'on veut aujourd'hui reporter dans les romans la controverse et l'intolérance? Nous avons déja parlé du merveilleux qui tient aux superstitions, et nous croyons superflu d'y revenir; mais il en est un autre qui n'est pourtant pas celui de l'épopée : c'est celui que Corneille appelle si bien le merveilleux de la tragédie; et, par ce mot, il veut dire un ensemble de personnages, de caractères, de sentimens, d'événemens non surnaturels, mais au-dessus de l'ordinaire. On a tort de le prodiguer dans les romans; il n'y est point à sa place : il lui faut la majesté du cothurne, l'appareil imposant du théâtre, le rhythme et les figures pressées de la poésie. Quant aux romanciers, ce qui est le plus à la portée de leur genre d'écrire, ce qui, pour eux, est à la fois le plus agréable et le plus utile à peindre, c'est la vie ordinaire; et si, en la peignant, il leur est trop difficile d'atteindre à la force comique de *Gil Blas*; si, d'un autre côté, ce livre charmant laisse à désirer un intérêt plus vif et plus d'unité d'action, Fielding leur présente un autre modèle dans le beau roman de *Tom-Jones*. Jamais l'unité ne fut plus complète; l'action se noue rapidement et avec force; elle se dénoue graduellement et avec mesure, sans lenteur et sans précipitation; toutes les figures sont en mouvement et en contraste; mais il n'y a ni ressorts forcés, ni couleurs tranchantes : l'amour est passionné, mais il n'a pas l'accent tragique; les bonnes qualités de la jeunesse sont mêlées de défauts aimables; le ridicule n'est point outré: la bonhomie s'y joint et le tempère; la vertu n'est point exagérée: elle tient à l'imperfection humaine, au moins par l'erreur. Un hypocrite abuse long-temps l'homme le plus sage; et, ce qui est un trait de maître, entre tant de personnages, le seul qui soit pleinement vicieux, c'est l'hypocrite : on sent partout le monde réel. Loin de nous l'idée de prescrire une route exclusive; mais, au milieu de tant de fausses routes, nous voulons seulement indiquer un chemin sûr: il mène au double but d'instruire et de plaire; et, parmi les bons romans, les moins romanesques sont les meilleurs.

CHAPITRE VII.

La Poésie épique.

Poëme héroïque; Poëme héroï-comique; Imitations et Traductions en vers.

Nous avons examiné les diverses applications de l'art d'écrire en prose; l'art d'écrire en vers, bien plus difficile encore, n'est guère moins varié. Dans cette carrière nouvelle, nous commençons par l'épopée, qui, chez les Grecs, inventeurs des arts, précéda la poésie dramatique, et, comme elle, se divise en deux genres. L'épopée héroïque étant la plus haute production du génie, il ne faut pas s'étonner si, durant l'espace de trois mille ans, parmi des tentatives sans nombre chez toutes les nations lettrées, cinq ou six chefs-d'œuvre seulement ont mérité l'admiration publique. A cet égard, notre littérature ne fut long-temps remarquable que par une fécondité stérile; et quand, sous le règne de Louis XIV, tous les genres de poésie florissaient en France avec tous les genres de gloire, les satires de Boileau nous font trop connaître les disgrâces multipliées des prétendus poètes héroïques. Voltaire, dans le dix-huitième siècle, vengea la nation du reproche que lui prodiguaient les étrangers. La *Henriade* parut : sa conception ressent la jeunesse, mais c'est la jeunesse d'un grand poète ; et, si cet ouvrage ne peut être comparé aux vastes compositions épiques de l'antiquité, si même il est inférieur au poëme du Tasse, pour tout ce qui ne tient pas à la diction, il a pourtant sa place marquée entre les épopées célèbres ; et, dans la poésie élevée, c'est en notre langue, après les tragédies de Racine, ce qui approche le plus de la perfection. Thomas, placé dans le premier rang des orateurs, mais non dans le premier rang des poètes, avait commencé un poëme épique sur Pierre-le-Grand : la mort surprit ce grand écrivain, quand il pouvait être longtemps encore l'un des soutiens de notre poésie et l'honneur de notre éloquence. Les fragmens étendus, ou plutôt les chants qui nous restent de sa *Pétréide*, ne suffisent pas pour nous faire juger de l'ensemble ; mais ils présentent partout, sinon la facilité, l'élégance et l'harmonie que l'on admire dans la *Henriade*, du moins cette gravité noble et cette hauteur de pensées qui distinguent l'Éloge de Marc-Aurèle et l'Essai sur les Éloges. Telle fut parmi nous l'épopée héroïque jusqu'à la fin du dix-huitième siècle.

Dans les dernières années de cet âge illustre, Masson publia son poëme des *Helvétiens*. La lutte mémorable des Suisses contre Charles-le-Téméraire; un peuple rustique et fier affermissant ses droits par les périls qu'il sait braver, par les obstacles qu'il sait vaincre; la pauvreté libre triomphant de la richesse corruptrice et du pouvoir ambitieux : voilà des objets dignes de la poésie; et ce grand exemple donné au monde méritait de retentir au milieu des siècles, célébré par la trompette épique. Si l'époque toutefois présentait des beautés imposantes que le poète a su saisir, elle offrait aussi de nombreux écueils qu'il n'a pas su toujours éviter : il a cru que des événemens modernes repoussaient le merveilleux; mais l'absence du merveilleux fait d'un poëme épique une histoire en vers. Ce n'est pas tout : quelques circonstances ont influé sur l'exécution de l'ouvrage. Masson, attaché depuis sa jeunesse au service militaire de la Russie, le quitta de la manière la plus honorable, lorsque l'empereur Paul Ier déclara la guerre à la France; mais presque tout son poëme avait été composé à Pétersbourg; et le séjour de Paris est nécessaire au talent le plus décidé, s'il veut bien écrire en vers français. Des habitudes septentrionales rendaient Masson trop facile sur la musique du langage : il pensait et colorait ses pensées par des images; mais il oubliait qu'en blessant l'oreille on ne satisfait complétement ni l'imagination ni l'esprit. Les noms suisses, d'ailleurs, étant surchargés de consonnes difficiles à prononcer, contribuent encore à donner au poëme une âpreté qui en diminue beaucoup l'effet dans les endroits les plus estimables. On y trouve en abondance des idées fortes, généreuses, dignes d'un esprit mâle et d'une ame élevée ; on y remarque souvent du nerf et de la franchise dans l'expression ; quelques narrations rapides, quelques discours pleins de verve, y brillent par intervalles ; mais, il faut en convenir, on y désire presque toujours la douceur, l'harmonie, l'élégance, tout ce qui fait le charme du style. Il est à regretter qu'une mort trop prompte ait enlevé à ses amis et à la littérature cet homme, diversement recommandable. Il n'a pu retoucher à fond un poëme qui méritait, mais qui exigeait d'heureuses corrections et des changemens nombreux.

Un écrivain distingué comme poète et comme prosateur, M. de Fontanes, s'occupe depuis long-temps d'une épopée. Les connaisseurs ont déja remarqué parmi ses ouvrages, le joli poëme du *Verger*, une traduction en vers de l'*Essai sur l'Homme*, plus concise et plus égale que celle de l'abbé Duresnel, et surtout un excellent morceau élégiaque, intitulé, le *Jour des Morts dans une Campagne*. Son poëme épique a pour titre la *Grèce sauvée*; pour sujet, la ligue du Péloponèse victorieuse des armées et des flottes de Xerxès.

Là, tout seconde un poète: l'harmonie des noms grecs et des noms asiatiques, la solennité de l'époque, la renommée lointaine des héros, l'autorité de l'histoire, le charme et la magnificence de l'antique mythologie. Glover, il y a soixante ans, traita ce beau sujet en Angleterre, sous le nom de *Léonidas*; et ce ne fut pas sans succès. Il est à présumer que M. de Fontanes réussira d'une manière plus éclatante. Il a lu dans nos séances publiques plusieurs fragmens de la *Grèce sauvée*. Un style harmonieux et correct, une précision nerveuse, une versification savante sans recherche, embellissent ces fragmens; et, comme l'exigeait l'époque la plus brillante des républiques grecques, les vers respirent à la fois l'enthousiasme de la poésie et celui de la liberté. Puisse ce grand ouvrage arriver bientôt à son terme! On a droit d'espérer qu'il soutiendra cette gloire poétique léguée par Malherbe à ses successeurs, et qui, de classique en classique, s'est conservée chez les Français durant deux siècles, toujours fidèlement recueillie, toujours enrichie de nouveaux trésors.

Dans l'épopée héroï-comique, nous ne sommes pas contraints de nous borner à des espérances; et déja notre littérature possédait deux chefs-d'œuvre en ce genre. Le froid Tassoni fut effacé par Despréaux, qui, cette fois indulgent, l'honora de quelques louanges; et, quel que soit le génie de l'Arioste, Voltaire, en luttant contre lui, s'est montré du moins son égal. M. de Parny n'est pas indigne d'être cité après ces modèles. Le pas que nous avons à franchir semble peut-être un peu difficile; toutefois il n'est ici question que du mérite littéraire. Un zèle pieux, en se croyant obligé d'être sévère, peut usurper le droit d'être injuste; l'envie, pour user du même droit, emprunte le langage et le masque de l'hypocrisie. Circonspects, mais appréciateurs du talent, nous ne voulons scandaliser aucune conscience, ni partager aucune injustice. Il y aurait une réserve ridicule à ne pas nommer la *Guerre des Dieux*, comme il y aurait une insigne malveillance à nier les beautés qui brillent partout dans ce poëme: il est soutenu d'un bout à l'autre par ce merveilleux si essentiel à l'épopée, quoi qu'en dise Marmontel. Comment n'y pas remarquer une composition originale, le dramatique jeté sans cesse au milieu des récits, l'art d'enchaîner les phrases poétiques, le naturel et pourtant la sévérité des formes dans cette longue suite de vers de dix syllabes, d'autant plus difficiles à bien tourner qu'ils semblent aisés aux plumes vulgaires! Comment n'y pas louer surtout cette foule d'heureux détails, les uns sur un ton élevé que n'avait pas encore essayé M. de Parny, les autres plus doux et respirant la mollesse de ces charmantes élégies qui, dans une époque antérieure, avaient fondé si justement sa réputation! Ce poète habile et fécond nous a donné d'autres compositions épiques. Ses *Rosecroix*, dont la fable est peut-être un peu obscure, présentent une foule de morceaux où se retrouve son talent accoutumé. On sait avec quelle grâce naïve il a chanté les amours des patriarches; mais, entre les poëmes qu'il a composés depuis la *Guerre des Dieux*, nous oserons décerner la palme à celui qui a pour titre le *Paradis perdu*. Nous ne dissimulerons pas néanmoins que des personnes austères, ou voulant le paraître, ont reproché à l'auteur d'avoir voulu traiter gaîment un sujet délicat et singulier que Milton, plus hardi d'une autre manière, avait osé traiter sérieusement; c'est sur quoi nous ne pouvons avoir un avis. Notre devoir est d'écarter avec respect des questions épineuses qui dépassent la littérature, de nous borner au seul point qui soit de notre compétence, et de reconnaître en M. de Parny l'un des talens les plus purs, les plus brillans et les plus flexibles dont puisse aujourd'hui s'honorer la poésie française.

La plupart des choses humaines pouvant être envisagées sous des aspects très-différens, on ne doit pas être surpris que la conquête de Naples par Charles VIII ait semblé à M. Gudin le sujet d'un poëme héroï-comique. Il faut en convenir : l'importance de l'entreprise, les premiers exploits du chevalier Bayard, le nom de Bourbon, comte de Vendôme, une époque imposante où déjà l'Italie atteignait la hauteur des arts, tout paraissait appeler la véritable épopée. Alexandre VI et son terrible neveu, César Borgia, devaient même attrister l'imagination la plus riante. Toutefois l'odieux n'exclut pas le ridicule; et la couleur dominante peut souvent être au choix du peintre. Pour Charles VIII, Bayard, Vendôme et d'autres guerriers célèbres, ils forment dans le poëme la partie vraiment héroïque. D'ailleurs Charlemagne et les douze pairs de France n'ont pas inspiré à l'Arioste une gravité inaltérable; et personne n'y trouve à redire; mais l'Arioste excellait dans tous les tons : aussi ne peut-on quitter son Roland furieux; et l'on est tenté de le trouver trop court après avoir lu quarante-six chants. La *Napliade* en a quarante : que ne produit-elle un effet semblable! Par malheur il n'en est pas tout-à-fait ainsi : non qu'elle soit dépourvue de mérite; elle en a, sans doute, et de plus d'un genre : les notes sont d'un homme instruit, et, ce qui vaut mieux encore, d'un homme éclairé. On en peut dire autant du corps de l'ouvrage : on y désirerait souvent, il est vrai, plus de poésie de style, une versification plus soutenue, et même une plaisanterie plus légère. Tel qu'il est, ce poëme figurerait dans une littérature moins riche que la nôtre : s'il était corrigé avec soin, et surtout resserré de moitié, il mériterait quelque réputation, et pourrait obtenir un rang modeste, mais honorable.

Avant que le poëme des *Jeux de mains* fût rendu public, on l'entendait quelquefois citer comme la meilleure production poétique de Rulhière. Il avait obtenu, à de nombreuses lectures, un succès que l'impression n'a pas confirmé. En composant de petits contes tournés d'une manière piquante, et surtout en écrivant la jolie satire des *Disputes*, Rulhière avait prouvé qu'à force d'esprit on peut s'approcher du talent ; mais, pour un poëme d'action, le talent est indispensable. Que trouve-t-on dans le poëme de Rulhière? la composition la plus frêle ; une société brillante, se réunissant dans une maison de plaisance, et presque aussitôt repartant pour la ville, par une suite de quelques jeux de mains qui brouillent des amies regardées jusque-là comme inséparables ; une Artémise, une Corinne, une Sylvie, un Dymas, et d'autres personnages que l'on voit passer devant soi, tels que des ombres chinoises ; un merveilleux triste et mince : le spectre de la peur apparaissant à la principale héroïne, sous les traits de l'abbesse de Bon-Secours ; quelques vers plutôt bien arrangés que bien faits ; des images plutôt esquissées que rendues; des plaisanteries que l'on prendrait pour des énigmes; trois chants très-courts, mais encore plus vides, et plusieurs digressions dans un opuscule. On a regret au tourment que l'auteur se donne pour montrer une imagination qu'il n'a pas. Son ouvrage ressemble à ces camaïeux au pastel, où les traits d'un pinceau effacé laissent à peine entrevoir les contours des figures et même l'intention du peintre. Ne rappelons point ici le chef-d'œuvre du *Lutrin*. *La Boucle de Cheveux enlevée* présente des beautés d'un ordre moins inaccessible; elle offre de plus un sujet à peu près du même genre que le sujet essayé par Rulhière; mais, comme en ce joli poëme les incidens sont ménagés avec art! comme le merveilleux est bien choisi, bien assorti aux personnages réels! comme il anime et domine aisément toute l'action! Que d'images dans cette poésie svelte et rapide, et pour ainsi dire aussi aérienne que les sylphes légers qui protégent Bélinde! Sur le fonds le plus stérile en apparence, voilà ce que sait produire un poète. Pope travaillait pour l'avenir: aussi travaillait-il long-temps. Les poëmes de société permettent une exécution plus expéditive: on les vante, on les croit même bons tant qu'ils restent en portefeuille; mais leur réputation finit d'ordinaire le jour où leur publicité commence.

Un poëme en six chants, composé par M. Parceval de Grandmaison, sous le nom des *Amours épiques*, n'est autre chose que l'imitation de six épisodes choisis dans les poètes qui ont illustré l'épopée. Ces sortes d'imitations ne présentent pas autant de difficultés que les traductions exactes; elles exigent bien moins encore le génie nécessaire pour inventer et pour écrire les poëmes originaux : toutefois elles ne sont pas à négliger, quand elles offrent quelques parties de talent. L'ouvrage dont nous parlons est de ce nombre; mais les traductions de l'Énéide et du Paradis perdu ont été publiées depuis; et, dans les deux principaux chants de son poëme, M. Parceval s'est trouvé en concurrence avec M. Delille : désavantage qu'il n'avait point cherché. Cependant la supériorité d'un maître ne doit pas fermer nos yeux au mérite d'un élève exercé dans la versification et dans l'art de peindre en poésie. C'est encore parmi les imitations qu'il faut placer l'*Achille à Scyros* de M. Luce de Lancival. L'auteur doit beaucoup à l'Achilléide de Stace; mais il a lui-même inventé plusieurs incidens; et de nombreux détails lui appartiennent. Le style n'est pas exempt de recherche ; le poëme offre peu d'action pour six chants; peut-être même est-il défectueux dans son ordonnance ; mais on y trouve des traits ingénieux, d'agréables descriptions, des tirades bien versifiées. Quelques morceaux brillans distinguent aussi les *Poëmes Galliques* imités par M. Baour-Lormian. Dans ses vers, plus harmonieux qu'énergiques, M. Baour suit avec indépendance la prose anglaise de Macpherson, qui s'est jadis annoncé lui-même comme un simple traducteur d'Ossian, barde écossais du troisième siècle. Des écrivains anglais et allemands placent Ossian sur la même ligne qu'Homère : cette opinion, exagérée, n'est guère admise parmi les littérateurs français. Ossian, quoique sombre et monotone, a des beautés d'un ordre peu commun; mais cet Homère de l'Écosse septentrionale est loin de soutenir la comparaison avec l'Homère de la Grèce.

Nous ne parlerons point des poëmes en prose, quoiqu'il ait paru quelques ouvrages sous cette dénomination ridicule; elle était inconnue au dix-septième siècle. La Calprenède, en copiant dans ses romans toutes les formes usitées par les poètes épiques, n'osa pourtant croire qu'il pût trouver place dans un ordre aussi élevé. Quant à l'immortel Fénélon, il était à la fois trop modeste, trop ami du goût, trop attaché aux doctrines de l'antiquité, trop sensible à la véritable poésie, pour donner le nom de poëme à son Télémaque. Lamotte, homme de beaucoup d'esprit, mais qui n'avait pas le sentiment des arts, fut le premier qui mit au rang des épopées ce beau roman politique, apparemment pour se ménager à lui-même le droit singulier de faire des tragédies et des odes en prose. Par une contradiction bizarre, Lamotte traduisit l'*Iliade* en vers; ou plutôt il divisa en douze chants un ouvrage aride, trop court pour une traduction, trop lourd pour un sommaire de l'*Iliade*. Cette tentative malheureuse était loin de pouvoir encourager les traductions en vers; car l'*Iliade* de Lamotte fut plus décriée d'abord que la *Pharsale* de Brébeuf, et bientôt plus oubliée que l'*Énéide* de Ségrais. Vers le milieu du dernier siècle, l'abbé Duresnel, aidé par les conseils de Voltaire, intéressa l'attention publique en naturalisant parmi nous deux poëmes de Pope, l'*Essai sur la Critique*, et l'*Essai sur l'Homme*. Long-temps après, un vrai poète, M. Delille, obtint et mérita la première place parmi nos traducteurs en vers. Il ouvrit, en France, aux talens que le travail n'épouvante pas une carrière ouverte en Italie par Annibal Caro; en Angleterre par Dryden : carrière, pénible, étendue, honorable, que Pope, si riche de son propre fonds, n'a pas dédaigné de parcourir. Les *Géorgiques* de Virgile fondèrent la réputation de leur élégant traducteur; nous le retrouvons à l'époque actuelle traduisant deux poëmes épiques, toujours digne de ses modèles et de lui-même.

Pour la composition, pour le ton général,

pour les détails, rien ne ressemble moins à l'*Énéide* que le *Paradis perdu*. La perfection de Virgile et l'inégalité de Milton opposaient au traducteur des difficultés diversement effrayantes; mais rien ne pouvait intimider un écrivain qui a si profondément étudié les secrets de notre versification et les inépuisables ressources de la langue poétique. Dans l'*Énéide*, quelle foule de beautés à rendre présentaient le sac de Troie, les amours de Didon, la descente d'Énée aux enfers : ces trois chants célèbres, le modèle et le désespoir des poètes épiques? Quelle foule de beautés encore semées, répandues, prodiguées dans les autres chants : le discours de Junon, la tempête soulevée par Éole, et se calmant à la voix de Neptune; l'épisode d'Andromaque, les jeux célébrés en Sicile, la cour d'Évandre, l'épisode d'Euryale et de Nisus, le conseil des dieux, les harangues de Drancès et de Turnus, et les combats imités d'Homère. La traduction de tous ces brillans morceaux porte l'empreinte plus ou moins marquée du talent de M. Delille; on y trouve ce qui fait les poètes : l'éloquence des expressions, le choix des images, et le charme puissant des beaux vers.

On savait depuis long-temps que M. Delille traduisait l'*Énéide*; M. Gaston n'a pas craint de tenter la même entreprise. Ce n'est point là une

CHAPITRE VII.

audace vulgaire : avec M. Delille, la lutte est déjà honorable; et dans une occasion pareille on peut réussir encore sans vaincre, sans laisser même la victoire indécise : c'est ce qu'a prouvé M. Gaston. Il n'appartenait qu'à M. Delille de prouver pour la seconde fois que, dans une traduction française, on peut lutter contre Virgile : on sent néanmoins combien les armes sont d'une trempe inégale. Indépendante et sans articles, la langue latine vole quand la nôtre marche. D'ailleurs les vers hexamètres, inégaux entre eux, excèdent toujours nos vers alexandrins, et quelquefois de quatre ou cinq syllabes. Sans rabaisser le mérite éclatant de la traduction de l'*Énéide*, on osera donc faire observer que M. Delille a souvent diminué la force du sens en augmentant beaucoup le nombre des vers. Ce défaut, que tant de qualités rachètent, mais que l'on ne saurait toutefois dissimuler, aura sans doute frappé M. Becquey, auteur d'une traduction récemment publiée des quatre premiers livres de l'*Énéide*. Son travail est digne d'attention. Ses vers ont dû lui coûter beaucoup de peine; car M. Becquey ne paraphrase point : il traduit, et même avec une extrême exactitude; mais, s'il rend le sens tout entier, quelquefois les expressions littérales de Virgile; s'il est presque toujours correct, s'il n'est jamais surabondant, nous ignorons comment il arrive que l'on cherche en vain chez lui l'élégance, l'harmonie, la couleur de son admirable modèle. En traduisant le plus parfait des poètes anciens, il a souvent démontré qu'il est possible d'être à la fois très-fidèle et très-peu ressemblant.

M. Delille semble avoir réuni tous les suffrages dans sa traduction du *Paradis perdu*. Non-seulement on y a distingué de célèbres morceaux rendus avec un talent consommé, le début, par exemple, et cette invocation majestueuse à laquelle on peut assigner le premier rang parmi les invocations épiques; le conseil tenu par les démons, les énergiques discours de Satan, le chant si pur et si vanté des amours d'Adam et Ève, et la touchante apostrophe du poète à cette lumière éternelle qui ne brillait plus pour lui; mais on a reconnu encore que les bizarreries semées en foule dans l'original étaient adoucies avec art, ou supprimées dans la copie. Aussi, nombre de lecteurs éclairés regardent-ils la traduction du *Paradis perdu* comme supérieure en général à celle de l'*Énéide*. Si leur sentiment est fondé, cette supériorité vient sans doute de ce qu'il est plus facile d'embellir Milton, quand il n'est pas sublime, que d'égaler constamment les beautés de Virgile, dont c'est déjà beaucoup d'approcher. Quoi qu'il en soit, ces deux ouvrages soutiennent avec honneur la renommée de M. Delille. Que d'autres lui reprochent d'avoir négligé tel mot, d'avoir modifié telle image; qu'ils veuillent lui enseigner le latin, l'anglais, et le ramener impérieusement à la traduction littérale, système vicieux en prose et ridicule en vers : nous ne suivrons pas leur exemple. Copier servilement des formes étrangères, c'est travestir à la fois sa propre langue et l'auteur que l'on interprète; ce n'est pas traduire : c'est calomnier. Voulez-vous faire un portrait ressemblant? saisissez la physionomie. Voulez-vous rendre fidèlement un classique, en conservant toutes ses pensées? écrivez, s'il est possible, comme il eût écrit dans votre langue; car ce n'est point le mot, c'est le génie qu'il faut traduire.

Durant le cours de l'époque littéraire que nous parcourons, deux traductions en vers de la *Jérusalem délivrée* ont été publiées successivement. Quoiqu'en thèse générale on doive traduire les poètes en vers, elles sont loin d'avoir éclipsé l'élégante version en prose donnée autrefois par M. Lebrun. L'auteur eut la modestie de cacher son nom; mais, comme il ne cachait pas son talent, elle obtint l'honneur remarquable d'être attribuée à J.-J. Rousseau. Des deux traductions en vers qui ont paru depuis, on doit la première à M. Baour-Lormian. Le style en est harmonieux, mais un peu faible; et l'auteur aujourd'hui doit sentir lui-même combien son ouvrage a besoin d'être perfectionné. La seconde, plus travaillée, mais moins facile, est peu conforme au génie du Tasse. Le plus fleuri des poètes de l'Europe moderne y est souvent rendu avec une sécheresse aussi étrangère à ses défauts qu'à ses qualités. Cette traduction est de M. Clément, le même qui jadis a publié de nombreux volumes contre Voltaire, Saint-Lambert et M. Delille. Nous ne déciderons pas s'il a bien fait; mais nous croyons pouvoir affirmer qu'il eût mieux fait encore de les étudier, et d'écrire comme eux.

Il est un poëme cyclique dont la marche n'est pas aussi régulière que celle de l'épopée, mais qui du moins en offre toutes les formes de style, et souvent la composition. Nous voulons parler des *Métamorphoses d'Ovide*, l'un des plus beaux monumens de la poésie latine. M. de Saint-Ange, dont le talent spécial est de traduire, a su rendre en vers français tous les détails de cet immense ouvrage, et presque toujours avec une fidélité scrupuleuse que la prose pourrait à peine égaler. Pour se faire une juste idée de l'entreprise, il faut apprécier le brillant chef-d'œuvre d'Ovide. Quelle richesse dans ces tableaux qui se succèdent et se font valoir par des contrastes perpétuels! Quelle variété rapide dans ces narrations qui s'enchaînent par un fil imperceptible; et développent si clairement tout le système de la théologie païenne ! Que de génie, ou plutôt, que de sortes de génie dans le poète ! Tantôt il décrit le palais du Soleil avec la magnificence d'Homère ; tantôt il raconte avec une gaieté maligne les aventures galantes, les ruses, les larcins même des habitans de l'Olympe : ce qui a fait soupçonner à Leibnitz que le but constant du poète était de tourner en ridicule le paganisme et ses dieux passionnés, faits à l'imitation des hommes. Sans cesse en concurrence avec Virgile, Ovide ne lui est pas toujours inférieur, et lui oppose assez fréquemment des beautés plutôt différentes qu'inégales. Moins austère et plus harmonieux que Lucrèce, il expose aussi fidèlement que lui les principes des écoles philosophiques. Enfin, dans la fable de Myrrha, dans les plaintes d'Hécube, dans la dispute des armes d'Achille, on lui trouve le mouvement, le pathétique, l'éloquence des tragiques grecs, dont il avait suivi les traces dans sa Médée, si belle au témoignage de Quintilien, mais qui par malheur n'est point arrivée jusqu'à nous. M. de Saint-Ange a rempli la tâche pénible qu'il s'était imposée. Or, il fallait, pour la remplir, imiter la souplesse d'Ovide, et prendre comme lui tous les tons que permet la poésie noble ; il fallait encore se tenir en garde contre Ovide lui-même ; car il est séduisant jusque dans ses défauts ; et les ornemens qu'il prodigue ne seraient pas tous admis par un goût sévère. Ce n'est pourtant pas de la recherche que l'on serait en droit de reprocher à M. de Saint-Ange : ce serait peut-être l'excès contraire. Mais, si des mots, des tours familiers déparent quelquefois l'élégance de sa diction, si même il lui arrive de corriger des abus d'esprit par un naturel trop facile et trop simple, on doit, suivant le conseil d'Horace, excuser des fautes peu nombreuses dans un long ouvrage où d'ailleurs les beautés abondent. C'est ainsi qu'a pensé le public : aussi la traduction des *Métamorphoses d'Ovide* a-t-elle obtenu par degrés un succès qui s'accroît chaque jour, et que le temps doit augmenter encore. Elle vient immédiatement après les belles traductions de M. Delille : elle en approche, et restera dans notre langue comme un des bons ouvrages poétiques de la fin du dix-huitième siècle. C'est le fruit de trente ans d'étude ; c'est le produit d'un talent aussi laborieux qu'estimable, et qui mérite à la fois des éloges et des récompenses.

Ici nous nous garderons bien de négliger une remarque importante : voilà trois célèbres traductions en vers de trois grands poètes ; c'est plus que n'en présenterait toute autre époque de la littérature française, plus même que n'en pourraient offrir toutes les époques prises ensemble.

Et certes, ce n'est pas faute de tentatives : elles ont toujours été nombreuses ; mais, jusqu'à M. Delille et à M. de Saint-Ange, aucune épopée n'avait été dignement traduite en vers français. Des tributs moins considérables ont encore augmenté nos richesses. Lebrun a lu, dans nos séances publiques, deux chants de son poëme, inédit, ayant pour titre, les *Veillées du Parnasse* : ils présentent deux épisodes de Virgile : Euryale et Nisus, dans l'Énéide ; Aristée, dans les Géorgiques : Aristée, où Virgile, terminant un poëme didactique, atteignait déjà la haute épopée ! Les chants de Lebrun ne sont pas des imitations : ce sont des traductions fidèles ; et son talent s'y trouve partout. Plusieurs beaux morceaux de Lucain, embellis par l'élégante versification de M. Legouvé, ont fait désirer que le même traducteur nous donnât la Pharsale entière. Si elle ne peut être mise au rang des chefs-d'œuvre épiques, si l'on peut en perfectionner quelques parties, en abréger quelques détails, on y reconnaît cependant la main d'un homme supérieur ; et les traits de génie n'y sont point rares : éloge qu'il est rare de mériter. Nous devons à M. Ginguené un ouvrage estimable, et qui sera publié dans les Mémoires de la classe de littérature ancienne : c'est la traduction en vers d'un poëme latin, très-varié, très-brillant, parfaitement écrit : *Thétis et Pélée*. Catulle, en cet ouvrage, s'élève au rang des grands poètes; le seul Virgile a porté plus loin l'harmonie des vers. Il a d'ailleurs des obligations à Catulle; et de beaux mouvemens d'Ariadne se retrouvent dans les discours passionnés de Didon. Au milieu de cet empressement à faire passer dans notre poésie les beautés épiques de toutes les nations, et surtout de l'antiquité, nous concevons que l'on doit être surpris de ne pas entendre parler des poëmes d'Homère. Plusieurs fragmens de l'Iliade ont été plutôt essayés que rendus; mais des essais trop faibles ne sont dignes d'aucune mention. Homère parmi nous n'a point eu le même bonheur que Virgile. Rochefort, malgré son style traînant et diffus, est encore le plus supportable de ses traducteurs en vers. La traduction en prose de M. Bitaubé a beaucoup de naturel et d'élégance : elle se fait lire avec un extrême intérêt; mais elle est en prose; et quelle prose peut rendre une telle poésie? Il serait digne du gouvernement d'encourager quelque jeune talent, déjà remarquable par un style harmonieux et noble, à traduire en vers l'Iliade, et, s'il est possible, l'Odyssée. La France doit rendre un éclatant hommage au génie qui chanta, qui peignit le mieux l'héroïsme; au poète qui n'eut point de maître, et qui eut pour élèves tous les grands poètes.

CHAPITRE VIII.

La Poésie didactique.

Dans la poésie didactique, Lucrèce et Virgile chez les Romains, nous ont laissé des modèles presque également admirables, mais distingués entre eux par des caractères différens. Lucrèce expose une doctrine : la philosophie d'Épicure ; Virgile enseigne un art : celui des cultivateurs. Chez les modernes, c'est encore un art qu'enseigne Boileau dans ce chef-d'œuvre qui ne produit pas des poètes, mais qui les forme et les inspire. Pope et Voltaire exposent une doctrine, l'un dans l'*Essai sur l'Homme*, l'autre dans le poëme sur *la Loi naturelle*. Du même genre est le poëme de *la Religion*, par Racine le fils, ouvrage du second ordre, où brillent des beautés du premier, au point que des yeux éclairés ont cru reconnaître à quelques touches admirables la main de l'auteur d'Athalie, comme on voit luire des coups de pinceau de Raphaël dans les tableaux de ses élèves.

M. Delille, en composant autrefois le poëme des Jardins, avait suivi les traces de Virgile et de Boileau. Il les suit encore dans l'*Homme des*

Champs. Les poëmes de la *Pitié* et de l'*Imagination* se rapprochent des formes didactiques de Lucrèce, non pour le style, mais pour la composition générale. Quant aux détails de ces trois poëmes, ils appartiennent presque toujours au genre descriptif, invention moderne, sur laquelle nous hasarderons bientôt quelques réflexions. En obtenant beaucoup de succès, l'*Homme des Champs* a essuyé beaucoup de critiques : il en est de trop sévères, d'autres qui semblent judicieuses. Ce qui a surpris bien des lecteurs, et ce qui peut décourager ceux qui auraient du goût pour la vie champêtre, c'est que, pour devenir un homme des champs dans le sens du poète, il faut commencer par avoir une opulence très-peu commune au sein des villes. Il ne paraît pas que, dans les Géorgiques, Virgile se soit fort occupé des grands propriétaires ; et, quoiqu'il dédie son poëme à Mécène, et qu'il invoque après son début la divinité d'Auguste, ce n'est pourtant pas à l'empereur, ni à son favori, qu'il veut enseigner l'agriculture. Le poëme de *la Pitié*, malgré des tirades brillantes, est, de tous les ouvrages de M. Delille, celui dont le succès a été le plus contesté ; mais le poëme de l'*Imagination* a réuni tous les suffrages. On sait par cœur les vers éloquens sur J.-J. Rousseau, l'hymne à la beauté, l'épisode touchant de la sœur grise, l'épisode si célèbre des catacombes, et dix morceaux qui portent le cachet de la même supériorité. Là, plus inégal que dans le poëme des Jardins, M. Delille nous y paraît aussi plus riche; et nous croyons pouvoir placer ce bel ouvrage au premier rang de ses compositions originales. L'auteur y déploie, comme partout, le genre de talent qui lui est propre : celui d'exceller dans le difficile. Les détails les plus techniques ne peuvent résister à son art : sont-ils minutieux, il leur donne de l'importance; sont-ils arides, il les féconde; sont-ils bas, il les ennoblit. Une idée paraît-elle impossible à rendre, c'est là précisément qu'il triomphe; et tous les obstacles s'aplanissent devant l'habileté du poète.

Après tant d'éloges, quelque scepticisme nous sera permis. Le scepticisme, souvent nécessaire en philosophie, n'est pas toujours inutile en littérature. M. Delille s'est fait admirer par les formes d'une versification savante et variée avec un art infini : usant même de beaucoup de libertés dans les ouvrages qu'il a fait paraître durant l'époque actuelle, il se permet jusqu'aux enjambemens, que Malherbe avait bannis des vers français. Racine a constamment observé la règle posée par Malherbe. Boileau, peu content de s'y soumettre, a cru devoir la consacrer dans son Art Poétique, comme un perfectionnement remarquable, et parmi les titres de gloire du vieux fondateur de notre poésie. M. Delille a pensé autrement : il prodigue aussi les coupes singulières et les effets d'harmonie imitative. Aux enjambemens près, qu'il est difficile d'admettre, tout est bien là, sauf l'excès; mais, puisque M. Delille est le chef d'une école, puisque son exemple fait autorité, les principes d'une saine critique nous ordonnent d'élever ici plusieurs questions, que nous soumettons à son expérience éclairée. En s'occupant trop de l'harmonie particulière, ne nuit-on pas à l'harmonie générale? On emploie les coupes extraordinaires pour éviter la monotonie de notre versification; mais, si on les emploie souvent, ne court-on pas le risque de tomber dans une autre monotonie, d'autant plus répréhensible qu'elle est recherchée? Ne blâme-t-on pas ces compositeurs qui négligent la mélodie pour étaler leur science musicale? Voit-on que, dans ses tableaux d'histoire, Raphaël fasse ressortir les muscles de ses personnages pour montrer qu'il sait dessiner Et, sans nous écarter de la poésie, toutes les coupes de vers ne se trouvent-elles pas dans les ouvrages de Racine et de Boileau? Les coupes hardies s'y laissent à peine entrevoir. Pourquoi? Cela ne vient-il pas de ce qu'elles y sont toujours à leur place et distribuées avec une sage économie? Pour faire dire : voilà un beau travail, il faut être habile sans doute; ne faut-il pas l'être encore davantage pour faire croire qu'il n'y a point de travail? Les plus savans efforts de l'art surpasseront-ils jamais ce naturel admirable qui caractérise les poètes du dix-septième siècle, et que Voltaire avait conservé? Nous n'affirmons rien; nous craignons de nous tromper : nous proposons seulement des doutes que M. Delille peut résoudre. Appliquées à des ouvrages tels que les siens, les critiques fondées sont de quelque utilité pour les élèves, sans rien diminuer de sa gloire; mais elles doivent être circonspectes et mêlées d'hommages. Nous l'avons dit, nous le répétons avec plaisir : il a pris rang parmi les classiques.

Quoique Lebrun n'ait point publié, quoique même il n'ait point achevé son poëme de *la Nature*, nous croyons devoir faire mention de cet important ouvrage, dont quelques fragmens ont paru dans les dernières années du dix-huitième siècle. Le poëme de Lebrun ressemble à celui de Lucrèce par le genre, par le titre et par le talent; il en diffère beaucoup par les opinions et par le plan général. La vie champêtre, la liberté, le génie et l'amour : tels sont les quatre chants du poëme français. Voilà sans doute une division brillante; il faudrait connaître l'ensemble de l'ouvrage, pour juger si elle s'accorde avec l'unité nécessaire à toute composition poétique; mais on peut du moins apprécier les fragmens insérés, du vivant de l'auteur, dans quelques feuilles périodiques. Les connaisseurs n'ont pas oublié de très-beaux vers sur Voltaire à Ferney; une élégante et sombre tirade sur la Saint-Barthélemi; une tirade, plus considérable et très-philosophique, sur les consolations que peut offrir la solitude champêtre aux courtisans disgraciés; une troisième, encore supérieure, sur la chaîne des êtres, en remontant par degrés d'un infini à l'autre; enfin, une profession de foi, pure de superstition, mais pure aussi d'athéisme et vraiment religieuse; car le poète y présente l'existence de Dieu, non pas seulement comme un dogme utile au maintien des sociétés, mais comme un principe d'action nécessaire à l'ordre éternel. Des quatre chants de ce poëme, un seul est complet : le chant du génie; et ceux d'entre nous qui l'ont entendu lire tout entier ne craignent pas de garantir qu'il suffirait pour assurer la gloire poétique de Lebrun. Il nous reste à faire une remarque essentielle : l'auteur, peu docile au goût dominant, s'est rigoureusement abstenu du genre descriptif, mis à la mode en France par Saint-Lambert, lorsqu'il publia le seul ouvrage peut-être où ce genre fût à sa place, l'élégant poëme des *Saisons*.

Dans les deux littératures anciennes, les descriptions faisaient partie de tous les genres de poésie et même de tous les genres d'écrire; mais

CHAPITRE VIII. 277

aucun Grec, aucun Romain célèbre ne composa de poëme uniquement descriptif. Ce genre, inventé dans les colléges par les poètes latins modernes, embelli par les Anglais, usé par les Allemands, était inconnu parmi nous aux maîtres de la poésie, avant Saint-Lambert et M. Delille. Toutefois, dans les ouvrages de ces deux poètes justement renommés, les défauts essentiels au genre sont rachetés par les beautés nombreuses qui appartiennent à leur génie. Les productions de leurs élèves n'ont pas souvent mérité la même louange. Sans doute, M. Castel, dans le poëme *des Fleurs*; M. Lalane, en deux petits poëmes : *les Oiseaux de la Ferme*, et *le Potager*; M. Michaud, dans *le Printemps d'un proscrit*, ont fait preuve de quelque talent pour écrire en vers; mais savent-ils changer de ton? savent-ils animer la nature? et les continuelles descriptions qu'ils accumulent avec complaisance ne fatiguent-elles pas un peu l'attention du lecteur le plus favorablement disposé? Il est un ouvrage plus étendu, et dont le mérite poétique est encore plus remarquable : le poëme de *la Navigation*, par M. Esménard. Un tel sujet, traité en huit chants, fournissait une ample matière aux descriptions : aussi surabondent-elles; mais, quand les objets restent les mêmes, comment varier les formes du langage? On doit rendre justice à quelques morceaux brillans, à celui, par exemple, où l'auteur décrit ces canaux de navigation, monumens de l'industrie batave. Cependant, des vers bien tournés, des tirades sonores, ne font point disparaître la monotonie, défaut radical de ce long poëme. Le style en est grave, et même un peu trop; il a presque toujours de l'harmonie, souvent de l'élégance, mais rarement de la chaleur, et presque jamais de la précision. Voyez comme le mélange heureux des préceptes, des descriptions, des épisodes, comme les tons variés, les détails rapides, font le charme continu des *Géorgiques !* Il ne fut donné qu'à Virgile d'atteindre à la perfection; mais on peut du moins étudier chez lui les formes sévères de la composition didactique, ainsi qu'il étudia lui-même dans Homère les formes brillantes et majestueuses de l'épopée.

C'était un sujet vraiment didactique, c'était même un très-beau sujet que l'astronomie. Manilius le traita durant la plus brillante époque de la littérature latine; mais il était loin d'avoir le génie de Lucrèce; et son poëme n'est guère aujourd'hui qu'un monument curieux de la science astronomique au siècle d'Auguste. Le poëme de *l'Astronomie*, publié il y a six ans par M. Gudin, est beaucoup plus court que celui de Manilius. La matière est bien distribuée dans les trois chants qui le composent. L'auteur a suivi, marqué, consacré, les pas de Copernic, de Galilée, de Kepler, de Descartes, d'Huyghens, de Cassini, de Newton, d'Herschel; il n'a pas même oublié des astronomes plus modernes, qui n'ont fait qu'exposer longuement les découvertes du génie; enfin, c'est l'ouvrage d'un esprit cultivé, sage, ami de toutes les lumières. Nous voudrions pouvoir ajouter que c'est aussi l'ouvrage d'un poète. M. Chénédollé, dans *le Génie de l'Homme*, a développé moins de philosophie, mais plus de talent poétique. Des quatre chants de son poëme, le premier seul est relatif à l'astronomie. On y trouve d'assez beaux vers sur la lune; ils n'égalent pourtant pas le superbe morceau de Lemière, et quelquefois ils le rappellent. Le troisième chant, qui a pour objet la nature de l'homme, est terminé par un épisode un peu surchargé de détails, mais où les beautés compensent les défauts. Ainsi, depuis le dix-huitième siècle, et spécialement depuis Voltaire, la poésie française a parlé le langage des philosophes, et même a pénétré dans le domaine des sciences physiques. Actuellement encore les trois règnes de la nature sont l'objet des travaux d'un poète; et l'on peut compter sur un bel ouvrage: car le sujet est admirable; et le poète est M. Delille.

Si décrire est aujourd'hui fort en usage dans notre poésie, attendu qu'il est plus difficile de peindre, traduire et retraduire encore n'est pas moins à la mode; car inventer est un don très-rare. Durant la période que nous parcourons, on a publié deux nouvelles traductions en vers des *Géorgiques* de Virgile : l'une est de M. Raux; l'autre est de M. Cournand, professeur au collége de France. Elles paraissent tendre également à une fidélité scrupuleuse; et c'est un genre de mérite qu'il serait injuste de leur contester. Mais ce mérite n'est pas tout; et la fidélité ne produit pas toujours la ressemblance, ainsi que nous l'avons déjà remarqué. Rien de plus louable sans doute que de pareilles tentatives : elles prouvent du moins l'étude approfondie des grands classiques. Il est beau d'ailleurs de ne pas craindre une rivalité dangereuse; et nous ne prétendons pas décourager l'émulation; mais, comme on doit être juste envers tout le monde, nous sommes forcés de le dire : pour le style, la versification, le talent poétique, les deux essais que nous indiquons sont bien loin de pouvoir entrer en concurrence avec la traduction immortelle qui les a précédés, et qui suffit à notre littérature.

Nous venions de terminer ce chapitre, quand le nouveau poëme de M. Delille a paru. Il est composé sur un plan très-vaste, et divisé en huit chants, dont quelques-uns ont une étendue considérable. La lumière et le feu, l'air, l'eau, la terre font le sujet des quatre premiers; les trois suivans sont consacrés aux minéraux, aux végétaux, au physique des animaux; leur moral et l'analyse de l'homme forment la matière du dernier. En suivant les traces de Buffon, l'auteur adopte un grand nombre d'idées de cet éloquent naturaliste. Elles étaient belles, et sont embellies. La marche du poète diffère en tout de celle de Lucrèce. Nous ne prétendons pas en faire un reproche à M. Delille, qui lui-même n'aurait dû reprocher à Lucrèce ni sa physique, admise par les anciens, ni sa hardiesse philosophique, applaudie de Virgile, ni le goût supérieur dont il a fait preuve en se bornant à exposer en beaux vers la théorie générale d'un système du monde. M. Delille est entré dans les détails des sciences naturelles, et même avec un succès qui agrandit notre poésie; peut-être aussi en dépasse-t-il les bornes, qui sont celles du beau. Il se permet quelquefois des vers hérissés de termes d'école, et qui semblent purement techniques; d'autres détails le ramènent à ce genre descriptif, infini dans les objets qu'il embrasse, mais très-limité dans ses formes, et dont le vice radical ne saurait plus être contesté, puisqu'il a pu résister enfin à toute l'habileté de M. Delille. C'est ce que prouvent quelques endroits de son poëme, qui, dans ce genre, toutefois, présente plusieurs morceaux de maître : la charmante description du colibri, par exemple, et, dans une manière plus large, les descriptions du chien, du cheval, de l'âne, cet humble et laborieux serviteur, dont le nom ne fut pas dédaigné par la muse héroïque du chantre d'Achille. Mais l'auteur ne décrit pas seulement : il est peintre, car il est poète. Il sait rendre les grands effets de la nature : l'éruption d'un volcan, les désastres causés par un hiver rigoureux, les ravages d'une contagion. Après avoir peint un ouragan, voyez avec quel art il rattache à cette peinture effrayante un épisode qui la fait valoir encore : la destruction de l'armée de Cambyse. Observez comme, à l'occasion de l'aurore boréale, il interprète un phénomène par une fiction ingénieuse et dans le vrai goût de l'antiquité. Nous négligeons un épisode de Thompson, que M. Delille a traduit comme il sait traduire ; mais qui pourrait oublier un autre épisode, aussi noble que touchant : celui des mines de Florence, de cet asyle souterrain, où deux chefs de partis contraires sont réunis, réconciliés et désabusés de l'ambition par l'infortune? Voilà des narrations animées, des tableaux vivans ! là M. Delille est tout entier. Nous ne tenterons pas d'expliquer pourquoi d'amères censures lui sont aujourd'hui prodiguées par ceux mêmes qui naguère lui prodiguaient des louanges exclusives. Plus justes, plus soigneux de la gloire nationale, fondée en si grande partie sur les monumens littéraires, nous rendons hommage à ce talent inépuisable, qui, bravant la délicatesse outrée de notre langue poétique, a su vaincre ses dédains, et la dompter pour l'enrichir ; dont les défauts brillans sont et seront trop imités, mais dont les beautés, presque sans nombre, auront trop peu d'imitateurs ; à qui nous devons huit poëmes ; qui fut célèbre à son début ; qui écrit depuis quarante ans, mais qui n'a fatigué que l'envie, et dont le nom restera fameux.

CHAPITRE IX.

Poésie Lyrique.

Divers petits genres de Poésie.

La poésie lyrique fut parmi nous la première qui ait obtenu des succès confirmés par le temps. On sait quelle influence elle eut, entre les mains de Malherbe, et sur notre poésie entière, et même sur la langue française. C'est en ce genre que furent composés les premiers essais de Racine. Depuis, et dans la plénitude de son génie, deux fois, à l'imitation des Grecs, il fit entendre la poésie lyrique au milieu de la tragédie; et, comme il lui était réservé de parvenir toujours au sommet de l'art, les chœurs d'Esther et d'Athalie sont encore les plus beaux chants de la lyre moderne. Douze ou quinze odes pleines de verve, et deux ou trois belles cantates, ont placé J.-B. Rousseau parmi nos grands poètes. Entre lui et Lebrun, nul ne mérite, dans le genre de l'ode, une réputation brillante et durable. Quelques stances ingénieuses, éparses dans le recueil de Lamotte; quelques strophes pompeuses de Lefranc; quelques traits élevés de Thomas, de Malfilâtre, de Gilbert, ont obtenu de légitimes éloges ; mais il faut composer des ouvrages soutenus, imposans, nombreux, pour être justement placé parmi les maîtres de la lyre.

Une ode sur le tremblement de terre de Lisbonne annonça les talens de Lebrun. Son ode à Voltaire, en faveur de la petite-nièce de Corneille, est à la fois un bon ouvrage et une bonne action. Buffon, son illustre ami, lui inspira deux odes éloquentes, et dont la dernière est un chef-d'œuvre. Durant l'époque dont nous présentons le tableau littéraire, il a lu, dans nos séances publiques, sa belle ode sur l'enthousiasme; et cette autre, non moins belle, où, parvenu à la vieillesse, il remonte jusqu'à son enfance, repasse en vers brillans sa vie entière, et se promet, à l'exemple d'Horace et de Malherbe, une immortelle renommée. Entre les nombreux hommages qu'il a rendus à la liberté, on distingue le chant qu'il composa sur le combat et l'incendie du vaisseau nommé le *Vengeur*. Naguère il a célébré dignement cette mémorable campagne où tant de succès furent couronnés par la prise de Vienne et la victoire d'Austerlitz. Il avait plus d'un ton, sans doute : il est élégant et fleuri dans son ode *sur les paysages*; mais, presque toujours, c'est Pindare qu'il aime à suivre, et dont il atteint souvent la hauteur. S'il en est aussi près qu'Horace, on ne voit pas qu'il sache, comme le poète latin, détendre les cordes de sa lyre, mêler le plaisir à la philosophie, chanter Lydie, Glycère et l'amour, et surpasser Anacréon. Selon le judicieux Quintilien, Eschyle eut tant d'élévation qu'il porta cette qualité jusqu'au défaut: on en pourrait dire autant de Lebrun. Mais, s'il est permis de lui reprocher le luxe et l'abus des figures, l'audace outrée des expressions, et trop de penchant à marier des mots qui ne voulaient pas s'allier ensemble, l'envie seule oserait lui contester une étude approfondie de la langue poétique, une harmonie savante, et ce beau désordre essentiel au genre qu'il a spécialement cultivé. Aussi, quoiqu'il ait excellé dans l'épigramme, quoiqu'il ait répandu des beautés remarquables en des poëmes que, par malheur, il n'a point achevés, il devra surtout à ses odes l'immortalité qu'il s'est promise; et, dût cette justice rendue à sa mémoire étonner quelques préventions contemporaines, il sera dans la postérité l'un des trois grands lyriques français.

C'est ici que nous parlerons d'une traduction en vers des poésies d'Horace, ouvrage considérable, publié par M. Daru. Parmi les poètes anciens, Horace est peut-être le plus difficile à bien traduire en vers français: ce n'est pas seulement un poète lyrique ; on trouve en ses écrits la perfection dans plusieurs genres, et, dans chaque genre, tous les tons qu'il peut comporter. Panégyriste habile, railleur socratique, philosophe aimable, critique supérieur, homme de plaisir, homme de cour et toujours libre, Horace se permet jusqu'au cynisme : la seule chose en ce grand poète qu'il soit facile et défendu d'imiter. Comment égaler sa précision sublime, profonde ou piquante? Comment le suivre dans sa course, lorsqu'il franchit les intermédiaires, et va d'idée en idée par des nuances fugitives, par des mouvemens rapides, quelquefois par des transitions soudaines? Son traducteur, doué d'un très-bon esprit, n'accepterait pas des louanges exagérées. Nous n'osons pas dire, et nous ne croyons pas qu'il ait vaincu toutes les difficultés d'une telle entreprise : il en est peut-être d'insurmontables ; il en est plusieurs qu'il a surmontées. C'est dans les satires et dans les épîtres qu'il nous semble avoir le mieux saisi les beautés d'Horace; mais partout il a déployé les ressources d'un talent exercé, partout cette facilité qu'il faut avoir pour oser écrire, et dont il faut se défier pour bien écrire; cette clarté sans laquelle il n'y a point de style; et cette correction continue, qualité rare, et cependant nécessaire, du moins si l'on veut acquérir une réputation qui soit admise par les gens de lettres.

Plusieurs genres de petits poëmes nous présentent des noms que nous avons déja vus figurer en d'autres parties de la littérature, ou que nous verrons bientôt reparaître avec éclat dans la poésie dramatique. Quelques épîtres de M. Ducis ont embelli nos séances : on y reconnaît l'indépendance qui lui est propre, la libre imagination d'un poète peintre, et jusqu'à l'empreinte vigoureuse d'un génie tragique. Une épître de M. de Fontanes à M. Boisjolin, *sur les paysages*, se fait remarquer par une manière large et de très-heureux détails. Les lecteurs ont accueilli les *Souvenirs*, la *Mélancolie*, le *Mérite des femmes*: productions brillantes, publiées successivement par M. Legouvé. Il serait difficile de porter plus loin l'élégance du style et la mélodie de la versification. D'ingénieux apologues de M. Arnault ont obtenu, à juste titre, les applaudissemens d'un nombreux auditoire : entre plusieurs que nous pourrions citer, qui ne se rappelle cette belle fable du *Chêne et des Buissons*, l'un des meilleurs ouvrages que l'on ait composés dans ce genre après La Fontaine! C'est aussi avec succès que M. Ginguené s'est mis au rang de nos fabulistes : plusieurs de ses apologues ont été publiés dans la Revue ou dans le Mercure de France; il en est beaucoup qui n'ont point paru; la plupart sont contés avec une précision piquante; quelques-uns ont un grand sens. En un genre que notre inimitable La Fontaine n'a pas rendu moins difficile, l'esprit et l'enjouement de M. Andrieux ont animé des narrations charmantes, parmi lesquelles le conte excellent du *Meunier sans Souci* nous semble mériter la première place. Enfin, l'ouvrage qui a fait connaître M. Raynouard, *Socrate au temple d'Aglaure*, unit la sagesse du style à la richesse de l'ordonnance ; et nos suffrages unanimes, en lui décernant un prix de poésie, n'ont fait que prévenir les suffrages publics. Au reste, en ces diverses compositions, si resserrées dans leur cadre, on voit, ainsi que dans les grands poëmes et les bons ouvrages en prose de l'époque actuelle, briller et dominer partout les opinions d'une saine philosophie, cachet profond du dix-huitième siècle, et marque certaine de l'influence qu'il conservera, sinon sur tous les esprits, du moins sur tous les esprits distingués.

On peut associer à cet éloge les discours en vers de M. Millevoye et de M. Victorin Fabre. Le premier, deux années de suite, a remporté le prix de poésie. Doué d'un sens droit, d'un goût pur et d'une oreille délicate, il développe un vrai talent dans un âge où d'heureuses dispositions seraient déja dignes de louanges. Le second, plus jeune encore, n'a pas autant d'égalité dans le style ; mais son imagination est rapide ; et ses idées ont souvent de l'éclat. Deux fois en concurrence avec

M. Millevoye, la première année il a mérité l'accessit. Ses progrès ont été sensibles l'année suivante ; et nous avons même regretté de ne pouvoir lui décerner un second prix ; mais ce regret n'a pas été long : les fonds du prix ont été faits par M. de Champagny, alors ministre de l'intérieur. Dans ce dernier concours, M. Bruguières du Gard s'est distingué par une pièce de vers très-bien écrite, et que nous avons cru devoir honorer d'une mention. M. Millevoye, le même dont nous venons de parler, vient de donner au public un recueil de ses poésies. Il est dans ce recueil un nouvel ouvrage qui mérite beaucoup d'estime à plusieurs égards : c'est un petit poëme intitulé *Belzunce, ou la Peste de Marseille*. On y désirerait plus de variété, une ordonnance plus imposante, des épisodes plus touchans et mieux conçus : mais on y trouve de la gravité, de l'élégance, de l'harmonie, d'énergiques tableaux. La poésie d'ailleurs exerce le plus beau de ses droits, lorsqu'elle chante les héros de l'humanité. De ce nombre est assurément Belzunce, qui, dans les plus terribles circonstances, remplit avec un zèle sans bornes les devoirs sacrés de l'épiscopat. N'oublions pas que le respectable évêque de Marseille obtint, dans le dernier siècle, les hommages poétiques de Pope et de Voltaire ; car les philosophes savent louer les ministres de la religion, quand les ministres de la religion savent pratiquer la vertu.

On a remarqué des pensées fines, des traits piquans, des vers bien tournés, dans les satires et les épîtres attribuées à M. de Frenilly, mais imprimées sans nom d'auteur. Les épigrammes de M. Pons de Verdun, recueillies en un petit volume, n'ont pas obtenu moins de succès. Presque toutes dans le genre du conte, elles sont gaies, sans être offensantes : seul éloge impossible à donner aux épigrammes de M. Lebrun, qui, dans ce genre, eut bien peu d'égaux, et ne fut inférieur à aucun modèle. Dans la poésie légère, genre aimable, mais où l'on est aisément médiocre, il n'est permis de citer que ceux qui excellent. Les réputations y sont rarement durables. Pavillon, La Fare et cent autres ont disparu : Chaulieu, Gentil-Bernard, surnageront, grâces à quelques pièces charmantes. Vers la fin du dix-huitième siècle, au naturel orné de Gresset, à la grâce exquise de Voltaire, Dorat fit succéder une afféterie qui fut depuis trop imitée. Plusieurs, dans ces derniers temps, ont cru devoir y joindre les calembours, esprit faux et subalterne, au-dessous duquel il n'y a rien, mais qui suffit à certains lecteurs. Heureusement il existe encore en France un public de choix, qui sait apprécier l'esprit véritable, et qui a besoin de le trouver : c'est de ce public qu'il faut satisfaire la délicatesse. C'est pour lui que M. de Boufflers et M. de Parny, conservant le seul ton convenable à la poésie légère, y maintiennent encore cette politesse élégante qui fait le charme des écrits, comme elle fait celui de la société.

Quelques traducteurs en vers méritent d'être cités. L'un d'eux, M. Boisjolin, doit même être compté parmi nos talens les plus purs. Sa traduction de *la Forêt de Windsor* est un des bons ouvrages de l'époque. Toutes les beautés de Pope y sont rendues; la copie n'est pas inférieure à l'original; et, nous ne craignons pas de le dire, un poète en état d'écrire ainsi jouirait d'une réputation étendue, s'il avait produit davantage. M. Tissot a voulu enrichir notre poésie des Bucoliques de Virgile. Plusieurs avaient échoué dans cette tentative; et Gresset plus complétement que tout autre. Une foule de passages qu'il semblait impossible de rendre avec grâce ont paru céder aux efforts du nouveau traducteur; et son travail, perfectionné comme il vient de l'être, et comme il peut l'être encore, ne sera pas indigne d'être consulté par les élèves des écoles publiques. Nous croyons cependant qu'il a réussi bien davantage à traduire les *Baisers de Jean second*. Là, surtout, M. Tissot est remarquable par une versification toujours facile, et qui n'est jamais négligée. Les dispositions qu'annonce M. Mollevaut réclament des encouragemens littéraires: il a traduit en vers toutes les élégies que nous a laissées Tibulle, et qui sont restées les modèles du genre. Nous n'affirmerons pas que le traducteur ait pleinement réussi dans son entreprise; mais sa jeunesse doit donner beaucoup d'espérance. Plus ses talens se formeront, plus il sentira combien il doit travailler encore pour atteindre à cette poésie élégante, harmonieuse et tendre, pleine de mollesse et d'abandon, supérieure aux meilleurs vers de Quinault, égale au style charmant de la Bérénice de Racine.

Nous avons déja remarqué que la plupart des bons romans de l'époque ont été composés par des dames. Il en est aussi quelques-unes à qui nous devons des vers agréables. Les noms de madame de Beauharnais et de madame de Bourdic rappellent des succès mérités dans la poésie. En marchant sur leurs traces, madame de Beaufort s'est placée près d'elles. Un discours sur *les Divisions des gens de lettres*, et plus encore, une *Épître aux Femmes*, honorent l'esprit et la raison de madame Constance de Salm. Qui pourrait oublier madame Verdier, si connue par une idylle charmante sur *la Fontaine de Vaucluse!* Il y a beaucoup de traits heureux dans le recueil des poésies de madame Dufresnoy, surtout dans ses Élégies, où elle semble avoir pris M. de Parny pour modèle : c'est déja une preuve de goût. Les pièces intitulées *le Serment*, *l'Abandon*, d'autres encore, offrent des preuves de talent. On ne peut citer avec un intérêt médiocre les six Élégies que madame Babois a publiées sur la mort de sa fille. Le style en est constamment pur, la versification d'une douceur exquise; cette poésie vient du cœur, et du cœur d'une mère. Ce sont des chants de douleur; un objet adoré les remplit; toutes les idées sont de tendres souvenirs, et tous les vers sont des larmes. Nous sommes donc loin de partager l'opinion de quelques hommes difficiles, qui croient devoir interdire aux femmes la culture de la poésie et des lettres. L'hôtel de Rambouillet eut des travers dont Molière fit justice; mais ce n'est pas le talent qu'il prétendit tourner en ridicule. L'ennemi de toute affectation aurait aimé le naturel élégant de la Princesse de Clèves. Deux femmes célèbres furent injustes envers Racine : elles eurent grand tort, aussi-bien que Fontenelle, lorsque, dans une misérable épigramme, il dénigrait à-la-fois *Esther* et *Athalie* : ses *Éloges* et son *Histoire des Oracles* n'en sont pas moins au rang de nos meilleurs livres. Ainsi, malgré des jugemens hasardés, madame de Sévigné reste le modèle du genre épistolaire; et, pour expier sans doute le mauvais sonnet contre Phèdre, madame Deshoulières nous a laissé trois idylles pleines de grâce et de sensibilité. Blâmons des préventions particulières que rien n'excuse; mais ne les combattons point par des préventions générales, qui seraient encore moins excusables. Aujourd'hui, plus que jamais, on doit applaudir aux femmes qui aiment et qui cultivent la littérature. Que, par le charme des écrits et des entretiens, elles exercent sur les mœurs une utile influence. Elles sont douées d'une imagination souple et facile, d'une extrême délicatesse dans la manière de sentir. Ne leur contestons pas la faculté d'écrire comme elles sentent, et le droit d'être inspirées comme elles inspirent.

CHAPITRE X.

La Tragédie.

Les deux genres de la poésie dramatique sont plus importans et plus étendus dans notre littérature que tous les autres genres de poésie pris ensemble. La seule tragédie présente trois modèles illustres. Corneille eut un génie sublime : il sut créer; il est grand. Racine eut un talent admirable : il sut embellir, il est parfait. Voltaire eut un esprit supérieur : il étendit les routes de l'art; il est vaste. Après ces noms classiques, d'autres noms peuvent être cités avec honneur : Crébillon, Thomas Corneille, Lafosse, Guimond de la Touche, Lefranc, Lemière, de Belloi, La Harpe, ont obtenu des succès mérités; mais les obstacles nombreux dont la carrière est semée arrêtèrent souvent et les maîtres et les élèves; et, pour nous borner aux premiers, les cris envieux qu'à travers le bruit de sa gloire Voltaire entendit durant soixante ans s'élèvent encore sur sa tombe. Avant Voltaire, une cabale puissante et trop célèbre détermina Racine à briser sa lyre. Avant Racine, d'indignes rivaux, osant être jaloux du fondateur de notre scène, outragèrent cet homme éloquent et profond dont le génie influa sur tous les génies de son siècle. L'art du dénigrement s'est perfectionné chez les censeurs de profession; mais les moyens sont restés les mêmes. On opposait autrefois Sophocle à Corneille, Corneille à Racine, Corneille et Racine à Voltaire. Aujourd'hui, grâce à la richesse toujours croissante de notre théâtre, l'envie, toujours plus riche, oppose à chaque réputation contemporaine toutes les renommées consacrées; à chaque ouvrage tous les chefs-d'œuvre de la scène; à chaque année deux siècles d'une gloire incontestable sans doute, mais qui, chaque année, fut contestée. Le dénigrement est facile; la vraie critique ne l'est pas. C'est elle que nous avons tâché de prendre pour guide. Par elle, nous continuerons à nous abstenir d'une censure amère, qui peut offenser et ne peut instruire, et d'une louange exagérée, indigne de plaire à des hommes dignes de louanges.

Un poète célèbre, M. Ducis, fixera nos premiers regards. Le succès d'*Hamlet* le fit connaître, il y a déja quarante années. Le succès de *Roméo et Juliette* attira sur lui l'attention publique; et le théâtre retentissait encore des applaudissemens donnés aux scènes fameuses d'*Œdipe chez Admète*, quand M. Ducis obtint l'honneur mémorable de remplacer Voltaire à l'Académie française. On doit comprendre dans la même époque le *Roi Léar* et *Macbeth*, qui suivirent immédiatement *OEdipe*. *Othello*, la cinquième tragédie que M. Ducis ait imitée de Shakespeare, appartient à l'époque actuelle. Cette pièce a paru sur la scène avec deux catastrophes différentes. Il faut en convenir, le dénoûment heureux que M. Ducis a cru devoir préférer paraît contraire au ton général de l'ouvrage, et plus encore au caractère d'Othello. D'un autre côté, le premier dénoûment semblait trop dur : on ne s'accoutumait pas à voir le jaloux Othello tuer Hédelmone, après une longue explication. Ce n'est pas ainsi qu'Orosmane, dans l'accès de sa jalousie, immole une amante adorée ; et Voltaire, en adoptant la catastrophe de la pièce anglaise, s'était bien gardé d'en imiter les incidens, la couleur et l'exécution ; mais Zaïre est le plus intéressant des chefs-d'œuvre. En laissant cette belle tragédie à la place élevée qu'elle occupe, soyons juste pour l'ouvrage de M. Ducis. La terreur y est fortement soutenue ; on y trouve des scènes profondes, des effets nouveaux, d'énergiques détails ; on remarque surtout les beaux vers où la sombre tyrannie du gouvernement de Venise est peinte avec une vérité si effrayante. En composant la tragédie d'*Abufar*, M. Ducis n'a suivi d'autre guide que son imagination; et son imagination l'a bien conduit. Quelle fidélité dans le tableau des mœurs arabes? quelle chaleur impétueuse dans la passion de Pharan! Combien Saléma est touchante! Quel intérêt dans les situations! Quelle brillante originalité dans le style! Là, plus richement que partout ailleurs, M. Ducis a déployé l'étendue de son talent poétique. Trois de ses anciens ouvrages ont reparu sur la scène avec des changemens considérables: *OEdipe*, *Macbeth* et *Hamlet*. OEdipe n'est plus chez Admète: il est à Colone, ainsi que dans la pièce de Sophocle; et la double action a disparu. Peut-être l'unité encore n'est-elle pas assez complète: Thésée peut-être est trop occupé de son jeune fils Hippolyte, que le spectateur ne voit point; et l'idée de refaire dans un songe tout le récit de Théramène ne paraît pas des plus heureuses; mais le public a vivement senti comme autrefois les beautés répandues en foule dans les rôles d'OEdipe, d'Antigone et de Polynice; et ces beautés sont du premier ordre. Il en est d'égales dans Macbeth: le rôle principal en est rempli; le rôle de Frédégonde en offre aussi beaucoup; et l'auteur l'a enrichi, durant l'époque actuelle, de cette terrible scène de somnambulisme qu'il n'avait osé tenter autrefois. Le rôle intéressant du jeune Malcolme est également nouveau dans la pièce;

et nous croyons qu'elle est aujourd'hui, dans son ensemble, la meilleure tragédie de M. Ducis. Malgré les changemens, Hamlet pourrait essuyer plus de reproches : l'amour du héros pour Ophélie est tiède et dépourvu d'effet ; son délire est plus sombre qu'imposant ; et l'on est en droit de trouver un peu monotone une frénésie qui dure quatre actes ; mais on ne doit qu'admirer lorsqu'on entend le prince danois, tenant en main l'urne funèbre où sont renfermées les cendres de son père, interroger une mère criminelle. Voilà un dialogue pathétique, des traits de maître, une scène vraiment supérieure ; et il faut bien qu'elle le soit, puisque, malgré l'identité des situations, elle n'est point éclipsée par la superbe scène de Sémiramis et de Ninias. Il est donc juste de reconnaître en M. Ducis un des plus grands talens qui nous restent. Il serait possible de désirer qu'il fût plus régulier dans ses plans ; mais ses plans sont toujours animés par d'énergiques peintures et de vigoureux détails. S'il imite souvent les compositions étrangères, aux beautés qu'il emprunte, il ajoute des beautés égales. Imiter ainsi, c'est inventer. Aucun poète n'a mieux approfondi les sentimens de la nature ; chez aucun la tendresse filiale ne parle de plus près au cœur d'un père : il fait couler de vertueuses larmes, il fait jouer avec force le ressort puissant de la terreur ; et dans la partie essentielle de la tragédie, dans l'art d'émouvoir, c'est un véritable modèle, que le siècle qui commence, et qui se félicite de le posséder encore, présente à la postérité.

Il y a dix-sept ans, M. Arnault, très jeune alors, fit représenter sa première tragédie de *Marius à Minturne*. Le caractère fortement tracé du héros, des traits énergiques, la belle scène du Cimbre, la simplicité de l'action, la noblesse élevée du style, assurèrent à l'ouvrage un brillant succès. M. Arnault, l'année suivante, ne craignit point d'essayer un sujet d'une excessive difficulté, celui de *Lucrèce*. L'auteur a trop étudié son art pour ne pas condamner lui-même aujourd'hui l'amour de Lucrèce pour Sextus; et certes, dans une tragédie pareille, il ne sacrifierait plus à cet esprit de galanterie que Voltaire a signalé tant de fois comme le vice radical de notre ancien théâtre. Le délire simulé de Brutus, sous la tyrannie de Tarquin, porte un caractère bien autrement tragique. Ce n'était pas une entreprise vulgaire que de peindre ce vieux fondateur de la plus illustre des républiques, cachant tout l'avenir de Rome dans les replis de son âme profonde, et jouissant avec délice d'un avilissement passager qui assure la liberté de sa patrie. Cette conception forte et neuve mérite de rester au théâtre; et M. Arnault ne saurait apporter trop de soins à perfectionner l'ouvrage où il a su l'exécuter. La tragédie de *Cincinnatus* présente, pour ainsi dire, l'âge d'or de la république romaine; et, ce qui est bien honorable pour l'auteur, cette pièce, où triomphe une liberté sage, qui n'est autre chose que l'empire des bonnes lois, fut composée dans le temps horrible où triomphait parmi nous un despotisme sanguinaire, paré du nom de liberté. Dans *Oscar*, l'amour furieux et jaloux, l'amour vraiment tragique, est aux prises avec l'amitié. L'énergie des passions s'y déploie; et la scène de Dermid et de Fillan est remarquable par des traits du plus beau dialogue. Mais de tous les ouvrages de l'auteur, celui qui a le plus complétement réussi, sans en excepter Marius, c'est la tragédie des *Vénitiens*. Et comment ne pas rendre justice aux scènes touchantes de Blanche et de Montcassin, aux nobles développemens du rôle de Capello, surtout à l'effet d'un cinquième acte, aussi original que tragique! En général M. Arnault cherche toujours et trouve souvent des idées nouvelles; ses compositions lui appartiennent; son style est nourri de pensées; il est dans la force de l'âge; et ce qu'il a fait garantit ce qu'il est en état de faire encore. Il convient peut-être à des censeurs bassement jaloux de vouloir obscurcir tout succès auquel ils ne sauraient prétendre; mais il est de l'honneur des gens de lettres, il est même de l'intérêt du public de prêter aux vrais talens un appui nécessaire à leur dignité comme à leurs progrès.

Peu de temps après le Marius de M. Arnault, parut la tragédie de la *Mort d'Abel*, composée par M. Legouvé. Cette heureuse imitation de Gessner ne pouvait manquer d'obtenir un grand succès. On y remarque à la fois la couleur aimable du rôle d'Abel, la couleur sombre et tragique du rôle de Caïn, l'extrême simplicité du plan, l'élégante pureté de la diction, beucoup de beautés et peu de défauts. La tragédie d'*Épicharis et Néron* n'a pas eu moins d'éclat au théâtre. Ce n'est point ici le Néron naissant de Britannicus, un tyran qui va choisir entre le crime et la vertu : c'est Néron tout entier, dans la perfection de sa tyrannie, et par là même dans une situation moins dramatique; mais les rôles d'Épicharis et du célèbre Lucain jettent de l'intérêt dans la pièce ; et la terreur est portée au plus haut point dans la catastrophe. Loin de son palais qu'il a déserté, Néron, réfugié dans un humble asyle, y reçoit sans cesse, et coup sur coup, des nouvelles de plus en plus effrayantes, jusqu'au moment où il se tue, pour échapper à la mort des esclaves. L'agonie dure un acte entier : c'est beaucoup; mais l'horreur que le personnage inspire soutient l'attention des spectateurs ; ils jouissent de la longueur même de ses remords et de ses tourmens : c'est Néron qui meurt. Après avoir peint dans *Fabius* l'austérité des armées romaines, et cette discipline inflexible qui lui soumit trente nations, M. Legouvé, remontant jusqu'à ces tragiques familles dont les crimes et les malheurs retentissent depuis vingt siècles sur toutes les scènes, a traité dans *Étéocle et Polynice* un sujet désigné par Boileau comme indigne de l'épopée, et qui peut-être n'est guère plus convenable au théâtre. Racine, il est vrai, l'avait choisi, mais dans sa jeunesse, quand il n'était pas Racine encore, et qu'il n'avait pas approfondi le grand art qui lui doit sa perfection. M. Legouvé n'a pas craint des difficultés qu'il a su franchir en partie : il a distingué par des nuances bien saisies les deux personnages principaux, quoiqu'ils soient à peu près également odieux. Une action sagement conduite, et des scènes fortement dialoguées, rendent sa pièce recommandable. En faisant paraître OEdipe dans les deux derniers actes, comme on le voit intervenir dans les Phéniciennes d'Euripide, il a trouvé le moyen de répandre quelque intérêt sur un sujet ingrat, et plus terrible que tragique. Le même poète, essayant la tragédie moderne, n'a pas cru que le sujet de la *Mort de Henri IV* fût impossible à traiter. Sa pièce a réussi; mais elle a essuyé de nombreuses critiques.

CHAPITRE X. 305

On a surtout reproché à l'auteur d'avoir trop légèrement impliqué dans l'assassinat de Henri IV le duc d'Épernon, la cour d'Espagne, et jusqu'à la reine Marie de Médicis. Les réponses de M. Legouvé sont dignes d'examen. A-t-il outre-passé toutefois les privilèges du théâtre, au moins à l'égard de Marie? Qu'il nous soit permis de laisser la difficulté indécise. En pénétrant au cœur de l'ouvrage, ne serait-on pas obligé d'avouer que le personnage de Henri IV exigeait une touche plus ferme et plus franche? Des querelles de ménage, pour être conformes à la vérité historique, atteignent-elles la hauteur de la tragédie et d'un héros consacré par de si chers souvenirs? On pouvait agiter ces questions avec la politesse qui devrait toujours distinguer des écrivains français, et la mesure convenable en jugeant les productions d'un homme de mérite; mais il fallait en même temps savoir apprécier l'habileté dont l'auteur a fait preuve, soit dans l'action générale, soit dans les diverses parties de son ouvrage; les ressources qu'il a déployées dans les scènes difficiles; les morceaux éloquens qu'il a semés dans le beau rôle de Sully; enfin, cette versification mélodieuse que nous avons déjà remarquée dans ses petits poëmes, et que, loin des illusions du théâtre, les lecteurs aiment à retrouver encore dans les tragédies qu'il a publiées.

Plusieurs années avant les temps dont nous traçons le tableau littéraire, M. Lemercier, touchant à l'extrême jeunesse et presque à l'enfance, avait essayé le genre tragique. Il y a quinze ans, ces essais renouvelés promirent davantage ; on entrevit même dans le *Lévite d'Éphraïm* quelques lueurs d'un beau talent qui se révéla bientôt, et brilla de tout son éclat dans la tragédie d'*Agamemnon*. Là, nul incident inutile ; la marche est à la fois rapide et sage ; Eschyle et Sénèque sont imités, mais avec indépendance. Le caractère artificieux et profond d'Égisthe, les agitations de Clytemnestre, qui résiste avec faiblesse et succombe à l'ascendant du crime ; le rôle naïf d'Oreste adolescent, et bien plus encore les scènes, pleines de verve, de la prophétesse Cassandre, ont déterminé les suffrages publics en faveur de cette pièce, regardée par les connaisseurs comme un des ouvrages qui ont le plus honoré la scène tragique à la fin du dix-huitième siècle. Depuis, et même dans *Ophis,* qui d'ailleurs est loin d'être sans beautés, M. Lemercier semble inférieur à lui-même. Il vient de faire imprimer une tragédie non représentée. Son héros principal est *Baudoin,* comte de Flandre, celui qui, durant les croisades de Philippe-Auguste, osa fonder à Constantinople l'éphémère empire des Latins. Il y a de grands traits dans cet ouvrage, moins, il est vrai, dans les rôles de

Baudoin et de son épouse que dans ceux du Vénitien Dandolo, et d'Athanasie, sainte et prophétesse. Cette Cassandre chrétienne et la pièce entière produiraient peut-être au théâtre un effet imposant et religieux, si d'habiles acteurs étaient secondés par un auditoire attentif. Elle contient pourtant des choses hasardées: l'auteur s'en permet dans presque toutes ses productions. Il faut tout dire: on lui reproche d'avoir contracté des habitudes de style que les spectateurs et les lecteurs ne sauraient prendre aussi vite que lui. A force de vouloir être neuf, il a, dit-on, dans le choix des mots et des tournures, une recherche plus pénible qu'originale. Nul n'est plus en état que M. Lemercier de peser ces observations, et d'y faire droit, s'il y trouve quelque justesse. Doué d'un esprit étendu, brillant et facile, il n'a qu'à redevenir naturel, assuré qu'il lui est impossible d'être vulgaire. A ce prix, de nouveaux succès l'attendent; et la scène française doit compter sur lui, puisqu'il a fait *Agamemnon*.

Bien différent, en ce point, du poète dont nous venons de parler, c'est dans la maturité de l'âge que M. Raynouard a donné sa première et jusqu'à présent sa seule tragédie connue: les *Templiers*. En traitant l'histoire moderne après Voltaire et quelques autres, il ne pouvait choisir un sujet qui fût plus heureux. Non-seulement il faisait justice d'un grand abus du pouvoir, ce qui plaît toujours aux hommes rassemblés, mais il célébrait des victimes révérées encore en Europe par des sociétés nombreuses ; il rendait hommage aux vertus d'un ordre qui s'est survécu à lui-même par une influence toujours cachée, mais toujours puissante et prolongée jusqu'à nos jours, du moins s'il faut en croire des historiens accrédités, d'illustres philosophes, et spécialement Condorcet. La tragédie de M. Raynouard a excité de vifs applaudissemens et des censures non moins vives ; mais des critiques passionnés, qu'irrite l'approbation générale, n'ont pu servir ni l'auteur ni l'art. Pour reprendre utilement les défauts, on doit sentir les beautés, et les faire sentir. La marche de la pièce est quelquefois un peu lente, mais elle n'offre point d'écart. Le style n'est pas exempt de sécheresse, mais il est presque toujours correct ; il n'abonde pas en tours poétiques ; il est plein de pensées énergiques et saines : on désirerait quelquefois plus d'élégance, jamais plus de force et de précision. Si la scène de Ligneville et les formes du récit rappellent des pièces déjà connues sur la scène tragique, on ne peut contester à l'auteur un trait superbe de ce même récit, et, dans les différens actes, plusieurs traits d'un dialogue nerveux et rapide, des tirades animées, beaucoup de chaleur et de mouvement. On a généralement senti l'inutilité du rôle de la reine; celui du chancelier n'est guère plus utile; et c'était bien assez d'un ministre persécuteur. Il serait même à souhaiter que le personnage intéressant du connétable fût lié plus intimement à l'action. En regardant de près Philippe-le-Bel, il faut bien le dire encore, à travers des touches indécises, on cherche, sans la trouver, la physionomie de ce prince remarquable, qui distingua si bien le temps où il devait braver la cour de Rome, et le temps où il pouvait la gouverner en l'invoquant; qui sut calculer tout son règne; qui, despotique et populaire, fit à la fois du bien et du mal, non par inclination, mais par intérêt, et ne choisit des vertus et des vices que ce qui pouvait lui être utile. Mais quelle dignité imposante, et souvent quelle noble éloquence dans les discours du grand-maître! Quelle heureuse idée que celle du jeune Marigni, associé secrètement à ces templiers dont son père a juré la ruine, osant prendre leur défense au fort du péril, révélant son secret quand il ne peut plus que partager leur infortune, se dévouant pour eux, mourant avec eux, et commençant, par cet héroïque sacrifice, le châtiment de son père coupable! Voilà un personnage bien inventé, bien jeté au milieu de l'action; voilà des incidens qui produisent un intérêt puissant sur tous les cœurs, parce qu'il est fondé sur la morale; et cette belle conception tragique, la partie la plus recommandable de l'ouvrage, suffirait seule pour justifier l'éclatant succès qu'il a obtenu dans sa nouveauté.

Nous avons à parler encore de trois pièces, puisqu'elles ont réussi d'une manière marquée : l'*Abdélasis* de M. de Murville, représenté pour la première fois, il y a seize ans, et remis au théâtre l'année dernière, tient plus du roman que de la tragédie. Le quatrième acte offre cependant des situations fortes, trop fortes même pour l'ensemble de la pièce ; mais on peut, et par conséquent on doit louer dans cet ouvrage la pureté de la diction, la douceur et l'harmonie des vers. Ces qualités sont au moins aussi remarquables dans le *Joseph* de M. Baour-Lormian. Une froide intrigue d'amour, une froide conspiration, déparent, il est vrai, cette tragédie. Joseph ne doit être occupé que de son père et de sa famille ; Siméon n'a pas besoin de conspirer pour être odieux ; mais le petit rôle de Benjamin respire la candeur la plus aimable ; l'entretien de cet enfant avec Joseph est d'un intérêt plein de charme ; et cette scène, bien conçue, bien écrite, supérieurement jouée, n'a pas contribué médiocrement au succès de la pièce entière. Une scène entre Joseph et Siméon mérite aussi d'être distinguée. Au reste, ce sujet a toujours réussi. On voit par une lettre de madame de

Maintenon que le *Joseph* de l'abbé Genest, représenté à la cour, en concurrence avec le chef-d'œuvre d'*Athalie*, le fit tomber pour la seconde fois, long-temps après la mort de Racine. Il ne faut pas trop s'en étonner: les courtisans n'étaient point assez connaisseurs pour apprécier les beautés sévères d'*Athalie*. *Joseph* présente une fable heureuse, pathétique, facile à suivre, facile même à traiter. La pièce est faite dans la Genèse, et mieux que dans toutes les tragédies composées, soit pour le collége, soit pour le théâtre. Lorsqu'on veut tirer un sujet de la Bible, les petites inventions modernes ne peuvent que nuire à la vérité du ton général. Le vrai talent consiste à tout emprunter du modèle : c'est ce qu'a senti parfaitement, et ce qu'a fait deux fois notre immortel Racine. Ce grand poète avait trop de goût pour allier des couleurs disparates, et trop de véritable génie pour inventer mal à propos.

L'*Artaxerce* de M. Delrieu vient d'obtenir aux représentations un succès que la publication de la pièce a diminué, mais qui n'en est pas moins légitime à beaucoup d'égards. C'est une imitation d'un célèbre opéra de Métastase. Quelques scènes de fadeur, regardées en Italie comme nécessaires au genre du drame lyrique, ont été supprimées avec raison par l'auteur français. Il est fâcheux qu'en récompense il ait ajouté deux premiers actes aussi froids qu'inutiles, qui servent d'introduction à la tragédie, ou plutôt qui forment eux-mêmes une tragédie préliminaire. Jamais la duplicité ne fut si évidente; et jamais elle ne fut moins excusable; car le sujet, tel qu'il est traité dans la pièce originale et dans les trois derniers actes de la copie, offre des incidens plus multipliés qu'aucun des chefs-d'œuvre de la scène française, inférieure toutefois à la scène grecque pour la simplicité des compositions. *Artaxerce* n'est pas d'un effet médiocre. Les rôles de l'ambitieux Artaban et de son vertueux fils, Arbace, offrent un contraste aussi frappant que bien soutenu; et, ce qui vaut mieux encore, du jeu de ces deux caractères naissent les principales situations, entre autres la scène du jugement, et la scène non moins belle qui dénoue la pièce. Le ressort est des plus tragiques; et cette conception de maître honore le génie de Métastase. M. Delrieu a risqué de légers changemens, dont quelques-uns sont heureux : qu'Arbace arrache des mains de son père le glaive teint du sang de Xerxès : voilà qui est noble et bien trouvé; qu'à l'exemple de Cléopâtre, dans Rodogune, Artaban boive le poison qu'il avait préparé pour un autre usage : voilà qui est conforme aux mœurs de ce personnage, atrocement intrépide; mais qu'Artaxerce porte l'amitié jusqu'à tirer secrètement de prison Arbace, condamné par son propre père, comme assassin du père d'Artaxerce : voilà qui dépasse toutes les convenances. C'est d'ailleurs faire d'Artaban un conspirateur maladroit, qui se laisse gagner de vîtesse, et ne sait pas même prendre ses mesures pour sauver un fils qu'il a condamné à mort, et qu'il prétend couronner. Le poète italien joint au mérite de l'invention le mérite non moins rare d'un style aussi noble qu'harmonieux. Pourquoi M. Delrieu ne l'a-t-il pas imité en tout ? Pourquoi sommes-nous contraints d'avouer que sa pièce est écrite avec une extrême sécheresse ? Cependant, à la suite de cette tragédie, il a publié des notes où l'on apprend qu'il est fort supérieur à Métastase. Un jour il aura quelque peine à relire ces notes étranges ; peut-être même aura-t-il le bon esprit de les supprimer, quand l'étude lui aura fait sentir qu'on ne doit ni gâter, ni surtout dénigrer les modèles, et que, pour s'assurer des louanges durables, il faut les mériter et les attendre.

Les tragédies les plus remarquables de ces vingt dernières années se distinguent par une action simple, souvent réduite aux seuls personnages qui lui sont nécessaires, dégagée de cette foule de confidens aussi fastidieux qu'inutiles, de ces épisodes qui ne font que retarder la marche des événemens, et distraire l'attention des spectateurs ; de ces fadeurs érotiques, si anciennes sur notre théâtre, introduites, par la tyrannie de l'usage, au milieu de quelques chefs-d'œuvre; prodiguées par les prétendus élèves de Racine, fréquentes dans les sombres tragédies de Crébillon, signalées par Voltaire, et désormais bannies de la scène comme indignes de la gravité du cothurne. Le caractère philosophique imprimé par ce grand homme à la tragédie s'est également conservé dans le choix de quelques sujets, et dans la manière de les traiter. C'est encore à l'exemple de Voltaire que l'on a tenté les diverses routes de l'histoire moderne : on ne s'est pas même borné, comme lui, à des époques générales; on a retracé des événemens mémorables, on a exposé les excès du fanatisme et les abus du pouvoir avec cette vérité sévère qui convient à la tragédie historique. Nous avions déjà des modèles de cette vérité dans plusieurs pièces tirées de l'histoire ancienne; mais, il faut l'avouer, l'histoire moderne est bien plus difficile à traiter au théâtre. C'est peu que les mœurs en soient moins poétiques : une religion tout autrement grave que le polythéisme, en voulant former un pouvoir séparé du pouvoir civil, ou, pour mieux dire, un pouvoir suprême, en agissant sur l'universalité des choses humaines, n'aime pourtant pas à figurer avec elles sur la scène qui les représente. Comment donc traverser le moyen âge, rempli, durant cinq siècles, des guerres du sacer-

CHAPITRE X.

doce et de l'empire ? Comment peindre le seizième siècle, où, depuis Louis XII jusqu'à Henri IV, depuis Jules II jusqu'à Sixte-Quint, l'Europe entière est agitée par des religions rivales et par des discordes sanglantes, qu'elles n'ont cessé de produire ? Pour les monarques, pour les ministres, ils ont été vertueux ou méchans. Ne faut-il pas les faire parler, les faire agir comme ils ont parlé, comme ils ont agi ? Contredira-t-on tous les historiens, pour flatter la mémoire d'un mauvais prince ? Mais quelle estime obtiendront des ouvrages faits dans cet esprit ? Ne produira-t-on sur la scène que les personnages consacrés par la vénération publique ? Mais, sans parler des contrastes, si indispensables dans les ouvrages dramatiques, de quelque genre qu'ils soient, c'est vouloir écarter de la tragédie non-seulement ce qu'il y a de plus moral, mais ce qu'il y a de plus tragique : le spectacle de la vertu courageuse aux prises avec le crime puissant. Si l'on eût jadis observé ces ménagemens étranges, nous n'aurions pas la *Mort de Pompée*, *Rodogune*, *Héraclius*, *Nicomède*, *Britannicus*, *Athalie*, *Mérope* et *Mahomet*. Que peint la tragédie ? des passions. Quelles passions ? celles des hommes qui furent à la tête des États. Que résulte-t-il de ces passions ? des crimes et des malheurs. De là découlent la terreur et la pitié : hors de là, point de tragédie. Elle fut telle chez les

Grecs, telle parmi nous, telle en Angleterre. Sa nature ne saurait changer; mais l'esprit du dernier siècle et les progrès de la raison humaine ont encore augmenté l'importance du plus grave des genres de poésie. Il faut donc, pour le bien traiter, surtout aujourd'hui, réunir beaucoup de choses dont la réunion n'est pourtant pas facile : le talent d'écrire en vers avec une dignité simple, énergique et touchante; l'étude continuelle du cœur humain; une connaissance profonde de l'histoire, de la morale, de la politique; la haine des préjugés, l'amour de la vérité, le désir inaltérable et le droit de servir sa cause.

CHAPITRE XI.

La Comédie.

Corneille, qui créa parmi nous tout l'art dramatique, a laissé un modèle dans la haute comédie. En effet, si l'on peut reprocher plusieurs défauts à la pièce du *Menteur*, du moins le caractère principal est-il admirablement traité. Un génie non moins étonnant, Molière, à qui nul philosophe n'est supérieur, à qui nul poète comique n'est égal, porta tous les genres de comédie à leur perfection. Loin de lui, à des intervalles plus ou moins grands, se font remarquer ses successeurs. On aimera toujours la gaîté ingénieuse et brillante de Regnard; la finesse originale de Dufresny; l'habileté de Destouches, la force comique de Lesage, qui seul atteignit presque Molière dans le chef-d'œuvre de *Turcaret*. Plus tard, Piron et Gresset, par deux beaux ouvrages, soutinrent la comédie dans son éclat; mais, de leur temps même, on la vit mélancolique avec La Chaussée, minaudière avec Marivaux. Ces défauts réussirent, ou plutôt passèrent, grâce aux qualités qui les rachetaient. On négligea cette remarque;

et les défauts furent contagieux, bientôt même exagérés. La Chaussée n'avait été qu'attendrissant; on devint sombre; et le style précieux de Marivaux fut surpassé par un jargon ridicule. Telle était parmi nous la comédie, il y a trente ou quarante ans. Bien peu d'auteurs surent éviter à la fois deux écueils également dangereux.

M. Cailhava, qui doit être compté dans ce très-petit nombre, a continué de rester fidèle aux principes de la vraie comédie. C'est dans le commencement de l'époque actuelle qu'il a fait représenter les *Ménechmes grecs*. C'était une tentative assez hardie, que d'offrir de nouveau sur la scène un sujet traité par Regnard, avec la verve inépuisable qui distingue les productions de ce charmant poète comique. M. Cailhava, néanmoins, a complétement réussi, en suivant de plus près les traces de Plaute quant à l'action, mais en refondant presque tous les caractères de la pièce latine. Le public s'est empressé de rendre justice à la peinture piquante des mœurs de la Grèce, à la vérité des situations, au naturel du dialogue, au mérite rare d'une gaîté franche, qui ne dégénère pas en bouffonnerie. Les connaisseurs ont retrouvé dans cet ouvrage le mérite qu'ils avaient senti dans le *Tuteur dupé*, comédie qui a fondé la réputation de l'auteur, et qui tient son rang parmi les bonnes pièces d'intrigue composées durant le cours du dernier siècle. M. Laujon, l'un des meilleurs chansonniers français, d'ailleurs avantageusement connu par les opéras d'*Églé*, de *Silvie*, d'*Isméne* et *Isménias*, et plus encore par la jolie comédie lyrique de l'*Amoureux de quinze ans*, a mérité sur la scène française un succès flatteur. Sa petite comédie du *Couvent* brille de cette fraîcheur, et, pour ainsi dire, de cette jeunesse d'esprit qui le fait remarquer encore. Il s'est toujours occupé depuis, il s'occupe aujourd'hui même de nouveaux ouvrages; et le public sourit avec bienveillance à l'heureux enjouement d'un vieillard qui a conservé l'habitude d'être aimé, en ne perdant pas celle d'être aimable. Quand M. Laya donna au théâtre sa comédie de l'*Ami des lois*, déja l'anarchie menaçante allait se perdre dans cette tyrannie qui fut exercée au nom du peuple; mais le talent lui-même a besoin de beaucoup de temps pour bien écrire, et surtout pour bien écrire en vers français: la pièce paraît avoir été composée trop vite. Quoi qu'il en soit, l'auteur y fit preuve d'une noble audace, et de ce genre d'éloquence qu'une noble audace est sûre de donner. Aussi l'*Ami des lois* fut-il accueilli par la faveur publique; car, en ce genre, un nombreux auditoire applaudit toujours au courage dont il ne court point les risques. Peu de temps après, M. François (de Neufchâteau) attira sur lui une honorable persécution, en répandant des idées saines et vraiment philosophiques dans sa comédie de *Paméla*. Cette pièce obtint à juste titre un succès qui s'est constamment soutenu : elle intéresse vivement les spectateurs ; elle est conduite avec art ; elle est de plus très-bien versifiée : c'est, comme on sait, une imitation de Goldoni, qui lui-même avait imité le beau roman de Richardson. Mais, si la forme de l'ouvrage et l'ordonnance de ses diverses parties appartiennent à l'auteur italien, les détails ont été bien embellis par l'auteur français. Toujours égal à Goldoni pour la composition des scènes, M. François lui est toujours supérieur pour l'exécution. Voilà comme il est difficile et comme il est bon d'imiter.

Ici, nous trouvons à la fois trois poètes comiques dignes d'une attention spéciale. Le plus jeune des trois, M. Andrieux, s'était fait connaître avant les deux autres ; mais puisque les ouvrages de Fabre d'Églantine se présentent les premiers dans les temps que nous parcourons, c'est par lui que nous allons commencer. Fabre, alors âgé de plus de trente ans, donna, sans aucun succès, deux grandes comédies en vers. Il fut dénigré d'abord ; et, ce qui est pire, il était à peu près oublié, quand le *Philinte de Molière* parut. Moins on avait espéré de l'auteur, et plus le succès de sa nouvelle comédie fut éclatant. Si l'on en croit

CHAPITRE X.

J.-J. Rousseau, dans sa *lettre sur les spectacles*, le Philinte du Misanthrope n'est pas seulement un homme poli: c'est un égoïste. Il n'est pas sûr que cette remarque ait beaucoup de justesse; et Molière, en traçant le caractère d'un personnage, ne proposait point d'énigme à deviner. Mais tel est l'ascendant des écrivains supérieurs : quelques mots hasardés par l'auteur d'*Émile* ont fait concevoir une belle comédie. La Harpe trouve un excès de vanité dans l'idée même de la pièce; La Harpe aurait dû mieux s'y connaître; et le reproche est injuste. L'auteur ne fait pas un nouveau Misanthrope, comme d'autres ont fait un nouveau Tartufe : il se donne pour imitateur; il adopte les principaux personnages de Molière; il se met à sa suite, et non pas en concurrence avec lui. Comment La Harpe ne l'a-t-il pas senti? Pourquoi veut-il affaiblir les éloges qu'il est forcé de donner à la comédie du *Philinte?* On devine aisément ses motifs : elle avait deux grands torts à ses yeux : c'était l'ouvrage d'un de ses contemporains; et cet ouvrage avait réussi. Le style en est plein de défauts, sans doute : quelquefois énergique, il est plus souvent dur, incorrect et bizarre; mais, si la pièce était bien écrite, après les chefs-d'œuvre de Molière, toujours seul sur le trône où l'a placé son génie, quelle haute comédie serait comparable au *Philinte?* Depuis cent années, la scène comique offre-t-elle un rôle aussi brillant, aussi noble, aussi bien soutenu que le personnage d'Alceste? N'est-ce pas une situation fortement conçue que celle de Philinte puni de son égoïsme par la fraude même qu'il tolérait si paisiblement quand il n'y voyait que le mal d'autrui? La plénitude et la simplicité de la fable annoncent-elles un esprit vulgaire? Le même genre de mérite brille encore, mais d'un moindre éclat, dans les autres productions de Fabre d'Églantine. Le *Convalescent de qualité* abonde en force comique. L'*Intrigue épistolaire*, dont les incidens et les détails ne prouvent pas un goût difficile, offre en récompense un dialogue rapide, une gaieté continue, qui rachètent bien des défauts, du moins à la représentation. La comédie des *Précepteurs*, ouvrage posthume, et que l'auteur ne croyait point avoir achevé, présente une conception philosophique et des scènes originales. Ces diverses productions sont également déparées par un mauvais style. Il y a plus : Fabre affectait cette diction singulière, et l'avait réduite en système; il écrivait d'ailleurs très-vite, secret infaillible pour mal écrire. Mais on ne saurait lui contester une imagination féconde, de l'art dans les compositions, de la vigueur dans la peinture des caractères; et, malgré tout ce qu'on peut lui reprocher, les critiques équitables placeront toujours l'auteur du *Philinte de Molière* parmi nos vrais poètes comiques.

On a vu paraître, dans la même époque, une comédie, célèbre, de Colin d'Harleville; et déja ce poète avait affermi sa réputation par trois succès. L'*Inconstant*, son premier ouvrage, offrait, quant au fond du sujet, quelques rapports avec l'*Irrésolu*; mais, si la pièce de Destouches n'est pas aussi faible d'intrigue que celle de Colin, si les personnages accessoires y sont beaucoup moins négligés, il s'en faut bien que le personnage principal y soit peint d'aussi vives couleurs. L'inconstant n'est pas seulement très-comique; il est encore très-aimable; et ce rôle, un des mieux conçus qu'il y ait au théâtre, est en même temps, pour le style, ce que l'auteur a produit de plus brillant. L'*Optimiste* et les *Châteaux en Espagne* étincellent de traits charmans : l'auteur y a prodigué ces détails heureux dont il savait enrichir ses ouvrages; mais on y désirerait, dans les situations, plus de cette force comique, mérite éminent des pièces de caractère, et que les deux sujets semblaient appeler. Ce fut alors que Fabre d'Églantine se mit en concurrence ouverte avec Colin d'Harleville. D'abord, sous le titre du *Présomptueux*, il refit les *Châteaux en Espagne*; et la lutte ne lui fut point avantageuse. Bientôt, dans la préface du *Philinte de Molière*, préface indigne d'une telle pièce, il se permit d'attaquer, sans aucune mesure, et la comédie de l'*Optimiste*, et jusqu'aux intentions morales de l'auteur. A cette hostilité, si convenable aux détracteurs par état, mais si étrange de la part d'un homme de mérite, Colin répondit, comme les vrais talens peuvent seuls répondre, par un excellent ouvrage. Plusieurs qualités manquaient à ses premières productions; rien ne manque au *Vieux Célibataire*: le caractère principal est supérieurement dessiné; l'artificieuse gouvernante est d'une vérité parfaite; chacun des personnages accessoires est ce qu'il devait être; l'intérêt, la force comique, animent les différentes situations; le style est élégant, le dialogue ingénieux et vif, l'effet général complet; enfin *le Vieux Célibataire* occupe un rang élevé parmi les comédies du dix-huitième siècle, et, sans contredit, la première place entre les comédies de Colin d'Harleville. Les ouvrages que l'auteur a composés depuis sont loin de mériter autant d'éloges. Toutefois, dans les *Mœurs du jour*, son talent se réveille encore, mais à de longs intervalles. Son style, d'ailleurs plein de naturel et de grâce, s'affaiblissait depuis quelque temps par une manière expéditive, et qui n'était pas exempte d'incorrection; ses vers, souvent dépourvus de césure, ne conservaient plus, des formes de notre poésie, que la rime et le nombre des syllabes. Nous faisons cette remarque pour les jeunes gens, qui ne l'imitent que trop en ce point, le seul où il soit aisé de l'atteindre, et plus aisé de le surpasser. Les maladies, et les chagrins par qui les maladies deviennent incurables, nous l'ont enlevé trop tôt; le sort dont il ne jouissait pas, mais dont il était digne, un sort heureux l'aurait conservé sans doute à l'amitié qui le regrette, et à la scène française qu'il aurait pu long-temps honorer.

Si quelque poète comique devait se croire un rival à craindre pour Colin d'Harleville, c'est assurément M. Andrieux; mais il a préféré d'être ou plutôt de rester son ami; car il l'était presque dès l'enfance : il l'a constamment aidé de ses conseils, de ses talens même, au point d'écrire une scène entière de *l'Optimiste*; et ce n'est pas la moins bien écrite. M. Andrieux, dans son coup d'essai, la petite pièce d'*Anaximandre*, s'était distingué de très-bonne heure par cette diction pure, élégante et facile, qu'il a toujours conservée. Les *Étourdis* firent sa réputation : ce fut à bien juste titre; et, depuis *les Folies amoureuses*, il serait peut-être impossible de citer une seule comédie en trois actes qui réunisse, au même degré que les *Étourdis*, le charme d'une versification brillante, la gaieté du dialogue, l'originalité des caractères et la piquante variété des situations.

Plus récemment, dans une petite pièce agréable et morale, et lorsque des clameurs violentes s'élevaient contre la philosophie, M. Andrieux s'est honoré lui-même, en sachant honorer la mémoire du philosophe Helvétius. Dans le *Souper d'Auteuil*, c'est à Molière qu'il rend hommage : une intrigue légère, mais intéressante, anime la pièce, égayée souvent par les distractions du bon La Fontaine, et par les saillies plaisantes de Lulli. Le ton de cet ouvrage et du précédent et le choix heureux des sujets devraient éclairer quelques auteurs modernes, qui, n'ayant pas étudié les convenances du théâtre, y présentent des écrivains médiocres comme des talens supérieurs, ou, ce qui est pire encore, y travestissent, sans le vouloir, des hommes supérieurs en hommes médiocres, et vont jusqu'à leur prêter l'ignoble esprit des calembours. Dans la comédie en cinq actes intitulée le *Trésor*, M. Andrieux n'a point dégénéré. Une scène de vente a paru surtout fortement comique : elle ne surpasse pas néanmoins la première scène écrite en vers excellens, et l'une des plus belles expositions que puisse offrir notre théâtre. Les qualités distinctives du talent de M. Andrieux sont la finesse et le badinage élégant. Chez les Grecs, Thalie était à la fois Muse et Grâce : c'est un avis donné aux poètes comiques ; et personne ne l'a mieux entendu que M. Andrieux. Il ne court point après les détails agréables, mais il les trouve à volonté; toujours plaisant, jamais bouffon; toujours ingénieux, jamais bel-esprit. Il a composé des comédies qui ne sont pas connues encore : on doit souhaiter qu'il les donne bientôt, et qu'il en compose de nouvelles. Il faut des productions telles que les siennes pour maintenir au théâtre la pureté de la langue et du goût.

Un digne ami des deux poètes qui viennent de fixer notre attention, M. Picard, les a suivis d'assez près dans la carrière. Vingt-cinq comédies qu'il a fait représenter avant l'âge de quarante ans prouvent son extrême facilité. Toutes ne sont pas d'une égale force; et l'habitude de composer rapidement peut même avoir influé sur l'exécution du plus grand nombre. Beaucoup ont réussi cependant; et leur succès n'est point usurpé; car elles présentent toujours des idées originales, des peintures vraies, des ridicules bien saisis. A la tête de ses comédies en vers nous croyons devoir placer *Médiocre et rampant*, le *Mari ambitieux*, et surtout les *Amis de Collège*, pièce moins importante que les deux autres, du moins quant au fond du sujet, mais plus remarquable par le mérite d'une versification soignée. Ses meilleures comédies en prose nous paraissent être le *Contrat d'union*, la *Petite Ville* et les *Marionnettes*, ouvrage frivole en apparence, mais en effet très-philosophique. Il faut ajouter à cette liste, déjà considérable, deux petites pièces fort jolies : les *Ricochets* et *M. Musard*. Nous l'avons assez fait entendre : en général les vers de l'auteur sont peu travaillés. Dans sa prose même, d'ailleurs si naturelle et si rapide, on voudrait trouver moins rarement de ces mots forts qui dessinent une scène, ou qui peignent un caractère, et dont *Turcaret* offre le modèle. On pourrait aussi lui reprocher d'aimer trop à faire justice des ridicules subalternes, et d'épargner les classes élevées, chez qui pourtant les ridicules ne sont pas plus rares que les vices. Ce n'était pas la pratique de Molière : il est vrai que son génie n'était resserré par aucune entrave. Au reste, la gaieté, l'invention, l'art d'observer, l'intention prononcée de corriger les mœurs, et le talent difficile de bien développer le but moral sans refroidir la comédie : telles sont les qualités essentielles d'un auteur comique ; et M. Picard les réunit. Aujourd'hui donc qu'il voit sa réputation établie et ses talens récompensés, s'il parvient à moins produire en travaillant davantage, on peut lui garantir, sans trop de hardiesse, des succès encore supérieurs à ceux qu'il a justement obtenus.

Nous serons courts en parlant de Demoustier ; car nous ne pouvons risquer son éloge. Il a donné trois comédies en vers : *Alceste à la campagne*, le *Conciliateur*, et les *Femmes*. La première est complètement oubliée; et l'on n'a plus rien à dire sur cette faible suite du *Misanthrope*. Les deux dernières, grâce au jeu des acteurs, sont encore écoutées au théâtre, plutôt avec indulgence qu'avec plaisir. On estime l'exposition du *Conciliateur*; mais une fable obscure et mal tissue, de fades madrigaux, de froides épigrammes, des rôles sans effets, des scènes inutiles, déparent le reste de la pièce. La comédie des *Femmes* a les mêmes défauts, et mérite des reproches plus graves. Quel est le sujet de cet ouvrage? Un jeune homme entouré de cinq ou six femmes, qui sont aux petits soins pour lui, qui viennent le regarder dormir, et qui lui font tour à tour de tendres déclarations : son oncle, séducteur de profession, survient, reconnaît deux ou trois femmes qu'il a trompées, et s'explique avec elles en les persiflant. Est-ce bien dans la bonne compagnie que Demoustier avait observé ces mœurs singulières? Quant au style, jamais il n'est naturel, quoiqu'il soit toujours facile, et souvent même beaucoup trop. L'auteur a de l'esprit sans doute, mais rarement celui qu'il faut avoir. Il fait sans cesse des portraits; mais il ne peint pas, il enlumine : heureusement il est le dernier qui ait voulu conserver au théâtre un genre insipide et faux que plusieurs beaux-esprits du dix-huitième siècle avaient pris mal à propos pour la comédie.

Un sujet agréable et des scènes intéressantes ont fait réussir la *Belle Fermière*, ouvrage de mademoiselle Candeille. Ce n'est pas sans succès que Flins a donné sa *Jeune Hôtesse*, imitée de Goldoni. Cependant, malgré quelques vers bien tournés, on sent que l'auteur français n'a pas toujours assez d'esprit pour le besoin qu'il a d'en montrer. La petite pièce à tiroir qu'il avait donnée au commencement de la révolution, sous le nom du *Réveil d'Épiménide*, était plus ingénieuse et mieux écrite. Chéron, mort préfet de la Vienne, nous a laissé une comédie de caractère, intitulée le *Tartufe de mœurs*. Quand elle fut représentée, d'abord sous le titre plus modeste de l'*Homme à sentimens*, l'auteur négligea d'avertir que sa pièce était une copie de l'*École de la médisance*, comédie célèbre de M. Shéridan, et la meilleure qui ait paru en Angleterre depuis Congrève et Fielding. En donnant *Paméla*, M. François avait cru devoir manifester les obligations qu'il avait à Goldoni; cette fois pourtant la copie était bien supérieure à l'original. Ici M. Shéridan est loin d'être égalé par son copiste : la pièce française est en vers; mais la prose nerveuse et concise de l'auteur anglais vaut mieux que des vers traînans et vides. Chéron a supprimé, il est vrai, quelques hardiesses; mais il attiédit les effets comiques; il énerve la vigueur des scènes; il décolore les détails; et tous les bons mots disparaissent; car il n'y a plus de bons mots où il n'y a plus de précision. Cette imitation faible a pourtant réussi : en effet les situations restent; et l'empreinte originale est si forte qu'elle perce encore à travers les voiles d'un style vague et d'un dialogue insignifiant. Comment l'auteur, qui, sous d'autres rapports, était un homme de beaucoup de mérite, a-t-il rappelé, dans le nouveau titre de sa pièce, le chef-d'œuvre de tous les théâtres comiques : Tartufe ? Un Anglais n'avait pas eu cette imprudence ; un Français, au lieu de provoquer le parallèle, aurait dû le fuir avec une crainte respectueuse; et l'écrivain dont nous parlons, doué d'une raison très-saine, était plus en état que personne de sentir les dangers d'une concurrence impossible à soutenir, même pour les talens du premier ordre.

On ne doit pas oublier ici les ouvrages de M. Duval. La petite pièce des *Héritiers* et celle des *Projets de mariage* annonçaient un auteur comique. Sa manière a paru perfectionnée dans la Jeunesse de Charles II, improprement nommée la *Jeunesse de Henri V*. Ce singulier sujet avait déja tenté l'auteur ingénieux du *Tableau de Paris;* mais M. Mercier avait écrit à l'anglaise, avec une liberté qui excédait de beaucoup les bornes prescrites au théâtre français. M. Duval a mérité par d'heureux efforts le succès dont jouit sa pièce. En traitant de nouveau le sujet, il lui a donné de la décence, mais sans lui ôter du comique; sa fable est conduite avec art; l'intérêt croit de scène en scène; et, ce qui vaut encore mieux dans une comédie, l'ouvrage est gai d'un bout à l'autre. En lisant le *Tyran domestique*, il est permis d'y blâmer une versification pénible; il est juste d'y louer quelques développemens du caractère principal, et surtout la marche de la pièce. C'est là que réussit toujours M. Duval. Estimable dans plusieurs parties de l'art, il est habile dans une partie importante : la combinaison du plan.

Deux petites comédies de M. Roger, le *Tableau* et l'*Avocat*, sont dignes de louanges à un autre égard : la seconde est encore une imitation de Goldoni. Toutes deux sont faibles d'intrigue, mais remarquables par un style correct et par une versification facile.

L'auteur de la tragédie d'*Agamemnon*, M. Lemercier, s'est essayé plusieurs fois dans le genre de la comédie. L'idée de son *Pinto* est singulière. Présenter sous le point de vue comique et dans la partie secrète une de ces révolutions qui changent les états : telle est l'intention de l'auteur. Peut-être l'événement choisi ne s'y prêtait pas

CHAPITRE XI.

beaucoup. Le Portugal délivré de ses oppresseurs avec tant de courage et d'activité; une révolution durable et complètement faite en quelques heures; une seule victime, Vasconcellos; la multitude agissante, et soudain le calme rendu à cette multitude redevenue corps de nation : tout cela ne semblait guère susceptible de ridicule. La duchesse de Bragance, qui parut si digne du trône que son époux lui dut en partie; le brave Alméida, véritable chef de l'entreprise, et qui, bien plus que Pinto, en détermina le succès; le cardinal de Richelieu la favorisant de loin, non pour servir la nation portugaise, mais pour affaiblir la monarchie espagnole; des noms, des caractères, des motifs, des résultats d'un tel ordre, étaient dignes de la tragédie : aussi, dans l'ouvrage dont nous parlons, la scène où Pinto vient rassurer les conjurés saisis d'une terreur panique, et où il donne le signal de l'attaque, est de beaucoup la meilleure, précisément parce qu'elle est tragique : elle est tragique, parce qu'elle est essentielle au sujet. En ces derniers temps, le même écrivain, dans sa comédie de *Plaute*, a imité quelques scènes de Plaute lui-même; mais une conception ingénieuse, et qui appartient à M. Lemercier, c'est de représenter le poète comique conduisant une intrigue réelle, faisant agir des personnages, et les peignant à mesure qu'ils agissent. L'esclave d'un meunier fonde la comédie latine! Le mérite de cette peinture originale n'a point échappé à l'attention des connaisseurs. Plus récemment encore, une action simple, un intérêt doux, des vers naturels, le talent d'une actrice charmante, ont fait applaudir l'*Assemblée de Famille*, comédie en cinq actes de M. Ribouté. Il n'y a de force ni dans l'intrigue, ni dans le comique, ni dans le style; mais c'est un premier ouvrage; et le brillant succès qu'il a obtenu doit encourager l'auteur à marcher hardiment dans une carrière où ses premiers pas ont été si heureux.

Le ton faux et maniéré qui défigura long-temps la comédie a cessé d'être en honneur durant cette époque. Tous les auteurs que nous avons nommés, tous, excepté Demoustier, ont contribué plus ou moins à ramener le goût égaré loin de sa route. Trois poètes, cependant, M. Andrieux, Colin d'Harleville et Fabre d'Églantine, ont exercé à cet égard une influence spéciale. Nous nommons ici M. Andrieux en première ligne; et cela est juste : il a écrit avant les deux autres, comme nous l'avons déja remarqué. Ses *Étourdis* sont même antérieurs à l'année mémorable qui est notre point de départ. Il est assez difficile de concevoir comment et pourquoi l'on avait introduit sur la scène comique tant de madrigaux en dialogue, tant de recherche dans les pensées, tant d'affectation dans les termes. La comédie peint la société; il y a plus : dans les pièces infectées de ce jargon que nous avons dû blâmer sans réserve, on a voulu peindre la société choisie; on ne pouvait la représenter sous des couleurs plus infidèles. C'est par le naturel des pensées et des expressions que brille l'esprit véritable, surtout quand il est cultivé. Le ton de l'hôtel de Rambouillet, si en vogue à Paris et à la cour sous la régence d'Anne d'Autriche, fut relégué dans les provinces dès que Molière eut donné sa comédie des *Précieuses*. Sous Louis XIV, et long-temps après lui, le bon esprit de la société fut perfectionné sans cesse; et le bel-esprit, en paraissant sur la scène, devait appartenir aux caricatures. Les tentatives en sens contraire ne peuvent abuser les spectateurs d'un goût délicat. Certains discours que Marivaux, Boissy, Dorat, et autres, font tenir aux personnages les plus intéressans de leurs pièces seraient d'un effet très-comique dans la bouche d'un marquis ridicule ou d'une soubrette déguisée; il est à présumer que ces écrivains trouveront désormais peu d'imitateurs. Le changement qui s'est opéré ne tient pas seulement aux efforts de plusieurs talents réunis : ce galimatias précieux qui séduisait jadis une partie du public ne serait aujourd'hui ni compris, ni supporté; les mœurs sont devenues plus fortes; et ce n'est point par l'excès d'ornemens que le goût pourrait de nouveau se corrompre. L'idée que nous indiquons sera développée dans les considérations générales qui termineront cet ouvrage. En un mot, la comédie a regagné des qualités qu'elle avait perdues : le naturel et la gaieté; il lui reste à regagner encore la profondeur dans le choix des sujets et la hardiesse dans l'exécution. L'essentiel est de peindre les mœurs : le mieux possible est de les corriger, ou, dans un sens plus juste et pourtant plus étendu, de les refaire par la vérité des peintures et l'énergie du ridicule. C'est l'art suprême; mais il est si difficile qu'à peine a-t-il été pratiqué depuis le maître de la scène comique.

« [1] Trois comédies en vers, recueillies en un vo-
« lume, viennent d'être livrées au jugement des
« lecteurs, sans avoir été représentées à Paris, du
« moins sur un théâtre public. M. Pieyre, qui les
« a composées, est connu depuis long-temps par le
« brillant succès de l'*École des Pères*, comédie fort
« estimable, imitée de l'Homme prudent de Gol-
« doni : fait qui dans le temps ne fut remarqué ni

---

1. Ces deux derniers paragraphes sont imprimés pour la première fois dans le *Tableau de la Littérature Française*; nous les avons placés à l'endroit indiqué par l'auteur lui-même. (*Note de l'éditeur.*)

« par les journalistes qui probablement l'igno-
« raient, ni par l'auteur beaucoup trop lettré pour
« qu'il soit permis de lui adresser le même repro-
« che. Ici la pièce qui a pour titre *Orgueil et Va-*
« *nité* est tirée du même Goldoni. Cette fois
« M. Pieyre a soin d'en avertir; mais il a craint
« qu'elle ne fût plus de mode d'après les change-
« mens opérés dans nos mœurs : car il peint les
« prétentions de quelques bourgeois faufilés à
« prix d'argent dans la bonne compagnie d'une
« petite ville, et les grands airs mêlés de bassesse
« de quelques provinciales de qualité. C'est pous-
« ser trop loin la crainte : grâce à M. Jourdain, qui
« reste en possession de la scène, nous n'avons
« pas oublié ce que Molière appelle de la gentil-
« hommerie. Sans doute il est des ridicules qui
« n'ont rien d'amusant, même au théâtre ; mais
« c'est au poëte à choisir : il n'a que l'embarras du
« choix. Sur trois hommes entêtés du même tra-
« vers, l'un offense, l'autre ennuie, un troisième
« fait rire aux éclats : c'est celui-là qu'il faut pren-
« dre ; il produira son effet dans tous les temps ;
« les autres n'appartiennent point à la scène co-
« mique. L'*Intrigue anglaise* est d'un genre fort
« sérieux : elle offre des scènes énergiques. On y
« désirerait, il est vrai, plus de couleur dans le
« style et moins d'embarras dans l'action. Une
« jeune personne arrachée aux pièges d'un sé-

« ducteur par la conduite prudente d'un père
« aussi tendre qu'éclairé : tel est en substance le
« fond de cette pièce, que M. Pieyre s'abstient
« encore de donner pour une imitation, mais qui
« n'en est pas moins puisée dans une comédie
« anglaise, traduite il y a plus de quarante ans par
« madame Riccoboni. La pièce la plus importante
« du recueil est le *Garçon de cinquante ans*, co-
« médie que l'auteur avait déjà publiée sous le titre
« de la *Maison de l'oncle*. C'est la peinture d'un
« vieux garçon placé entre des neveux qui veulent
« être ses héritiers, et une servante qui prétend
« devenir son épouse. Après de vives altercations
« les neveux finissent par triompher. Un poète
« vulgaire, *Avisse*, est le premier qui ait essayé ce
« sujet heureux. De nos jours, un poète habile
« a su le traiter. Quant à la comédie de M. Pieyre,
« elle n'est pas indigne de quelques éloges : la
« fable en est simple ; le style en est sage ; il y a
« même des traits piquans. On dit quelquefois :
« c'est bien ; mais, en lisant le *Vieux Célibataire*,
« on dit toujours : c'est mieux. M. Pieyre n'aurait
« pas dû braver une telle concurrence ; et, malgré
« tous les égards que mérite le talent dont il a fait
« preuve, nous ne saurions dissimuler qu'elle nuit
« beaucoup à son ouvrage.

« Ramenés naturellement à Colin d'Harleville,
« nous le retrouvons tout entier dans une comé-

« die posthume, intitulée la *Famille bretonne.*
« Lorsqu'elle a été représentée pour la première
« fois, ce chapitre était depuis long-temps ter-
« miné; mais un article à part ne sera pas de trop
« pour elle. La vivacité bretonne, la tendre ami-
« tié, les querelles, les racommodemens des deux
« frères, *Germain* et *Marcel*, remplissent trois
« actes, filés avec art. Les naïves amours du fils
« de *Germain* et de sa jeune cousine font partie
« de l'action; car le voisin *Hilaire* a une fille à
« marier. Le fils de *Germain* sera riche; et, selon
« que les frères sont bien ou mal ensemble, *Fir-*
« *min* doit épouser tantôt sa cousine, et tantôt la
« fille du voisin. Madame *Germain* est d'un ca-
« ractère aimable. Par la douceur et l'adresse, elle
« parvient souvent à réconcilier son beau-frère
« et son mari; mais nul n'y contribue aussi bien
« qu'*Hilaire*, et précisément par les efforts qu'il
« fait pour les brouiller sans cesse. Ce sont là
« des idées ingénieuses, de véritables ressorts
« comiques. La diction d'ailleurs est correcte, la
« versification facile, le dialogue rapide. Le pre-
« mier acte est excellent d'un bout à l'autre. Le
« second se soutient par les détails, et mieux en-
« core par deux scènes originales.

« Le troisième languit d'abord; mais bientôt il
« se relève; et le dénoûment ne saurait être plus
« heureux. Cette jolie pièce, l'une des meilleures

« comédies de Colin, par conséquent de toute l'é-
« poque, est précédée d'un prologue non moins
« joli, composé par M. Andrieux. Les deux poë-
« tes, les deux amis sont en scène : on croit les
« entendre, et distinguer même les styles qui se
« mêlent sans se confondre. Ce prologue a été
« vivement applaudi. La pièce a joui d'un succès
« brillant, et que personne n'a contesté ; car on
« aime à rendre justice aux talens qui n'existent
« plus. »

CHAPITRE XII.

Le Drame, les deux Scènes Lyriques.

Coup-d'œil sur les moyens de soutenir l'art dramatique.

MALGRÉ quelques scènes attendrissantes répandues de loin en loin dans les comédies que Térence a imitées de Ménandre et d'Apollodore, on peut affirmer que les anciens, sévères sur les limites des genres, ignorèrent toujours ce que parmi nous on est convenu d'appeler *drame*. On en peut dire autant des Italiens, qui refirent tous les arts chez les modernes. Les Espagnols, les Anglais, Lopès de Véga, Shakespeare, mêlèrent les deux genres dramatiques dans chacun des deux. Des Espagnols nous vint la tragi-comédie, dont l'action n'était pas toujours héroïque : témoin le *Clitandre* de Corneille. Depuis le *Cid* et le *Menteur*, les limites de la tragédie et de la comédie furent respectées durant plus d'un siècle; enfin la satiété des chefs-d'œuvre fit chercher de nouvelles formes; et les deux genres furent mêlés encore, attendu qu'il est plus facile de tout confondre que d'inventer. La Chaussée, talent estimable, mais qui manquait tout à la fois d'élévation et de gaieté, fit des comédies larmoyantes, que l'abbé Desfontaines voulait appeler *Romanédies* : là commence le drame. C'est un drame que le *Sidney* de Gresset, ouvrage plus fort de style, mais plus faible de conception que les pièces de La Chaussée. *Nanine* et l'*Enfant prodigue* tiennent de près à cette famille; l'*Écossaise* en fait partie : c'est là le chef-d'œuvre du genre. Le *Père de famille* de Diderot n'est guère moins digne d'éloges. Il y a beaucoup d'effet dans le *Philosophe sans le savoir*, de Sedaine. Le mérite si rare d'une versification toujours élégante place à un rang élevé la *Mélanie* de la Harpe, la mieux conçue, la mieux exécutée, la meilleure à tous égards des productions de cet écrivain.

En donnant, au commencement de l'époque actuelle, le drame intitulé la *Mère coupable*, ou l'*Autre Tartufe*, Baumarchais commit, avant Chéron, la faute que nous venons de remarquer dans le chapitre précédent, et dont le premier exemple fut donné par Dorat, à la tête d'une pièce aujourd'hui inconnue, les *Prôneurs* ou le *Tartufe littéraire*. Lorque Beaumarchais fit représenter l'*Autre Tartufe*, on sentit l'inconvenance de ce titre ambitieux; et le nom de la *Mère coupable* a prévalu. Quant à l'ouvrage, il est d'un grand effet : les caractères y sont fortement dessinés, l'action rapide, l'intérêt puissant. Cette pièce énergique et neuve, où tout appartient à l'auteur, vaut bien mieux que son *Eugénie*; et l'on y voit partout les traces de ce talent original qu'il avait diversement déployé, soit dans son *Barbier de Séville* et dans plusieurs parties de son *Figaro*, soit dans les éloquens mémoires qui fondèrent sa célébrité. Cet écrivain remarquable est plein de mauvais goût sans doute, mais il est en même temps plein d'esprit, de verve et d'imagination. Il avait jeté sur la société des regards étendus et profonds. Une vie orageuse avait mis son caractère à l'épreuve; et, malgré ses nombreux ennemis, il doit laisser un honorable souvenir fondé sur des ouvrages très-distingués, comme aussi sur le noble usage qu'il fit de sa fortune, en élevant avec tant de frais un monument immortel à la gloire de Voltaire, et par conséquent à la gloire nationale.

Après la *Mère coupable*, quelques autres drames ont obtenu des succès plus ou moins brillans. Le public a été fortement ému aux représentations des *Victimes cloîtrées*, ouvrage de M. Monvel, auteur de l'intéressante comédie de *l'Amant bourru*, d'une foule de productions agréables, et l'un des plus grands acteurs qui aient brillé sur la scène française. C'est encore M. Monvel qui a composé avec M. Duval un drame intitulé *la Jeunesse du duc de Richelieu*, ouvrage dont le sujet pathétique est puisé dans les Mémoires de ce courtisan, plus fameux qu'illustre. M. Bouilly a cru pouvoir consacrer au théâtre un trait de bienfaisance, ou peut-être une erreur de l'abbé de l'Épée. L'événement célébré par l'auteur a causé deux procès. Le premier jugement a été cassé par un jugement contraire : quant à la pièce, elle a été vivement applaudie ; car elle est touchante, et cela suffit au tribunal des spectateurs. C'est à des tribunaux plus graves qu'appartiennent les discussions juridiques.

Le théâtre allemand, non moins irrégulier que le théâtre anglais, est beaucoup moins riche en beautés énergiques et profondes : il en offre néanmoins plusieurs dans les pièces de M. Goëthe, de Lessing, de Klopstok. Déja nous avions en français douze volumes de pièces allemandes. Les partisans de ces singuliers ouvrages ont fait depuis vingt ans de nouvelles tentatives pour en inspirer le goût au public de France. On a traduit Schiller entier ; mais on ne s'est point borné à ce travail utile ; on a transporté sur notre scène son drame extravagant des *Voleurs* : il a réussi même ; et un tel succès n'a pu que nuire à l'art dramatique. Les drames de M. Kotzebue, bien inférieurs encore à Schiller, n'ont pas été dédaignés. Qui ne connaît la vogue assez longue de *Misantropie et Repentir!* Il faut le dire cependant; ces pièces vulgaires, où la familiarité basse est prise pour la naïveté, une morale rebattue et fastidieuse pour la philosophie, le bavardage sentimental pour l'éloquence passionnée, rappellent et ne surpassent point les mélodrames qui figurent convenablement sur nos théâtres subalternes. Qu'il nous soit donc permis de donner peu d'importance à ces productions germaniques, et de passer à deux ouvrages originaux, plus dignes de nous arrêter, quoiqu'ils ne semblent pas destinés à la représentation.

M. de Lacretelle a publié, dans le recueil de ses œuvres, un drame intitulé *le Fils naturel.* La pièce que Diderot avait composée sous le même titre est loin d'égaler *le Père de famille.* Le sujet semble avoir été mieux conçu par M. de Lacretelle. La noble énergie de plusieurs caractères et la force des situations produisent des scènes éloquentes; peut-être même cet ouvrage ne serait-il pas d'un effet vulgaire au théâtre, si l'auteur le resserrait de moitié, et pouvait l'assujettir aux formes régulières de la scène française. M. Bernardin de Saint-Pierre vient de faire imprimer un drame, dont le sujet est *la Mort de Socrate.* Les derniers momens d'un sage opprimé n'ont rien qui soit fort théâtral; mais c'est un admirable sujet d'étude. Les traditions des élèves de Socrate et de l'école académique sont habilement fondues dans quatorze scènes. L'imagination brillante et le rare talent de l'auteur embellissent tout l'ouvrage. C'est dans ce goût et de ce style que Platon lui-même aurait pu l'écrire, s'il avait écrit en français.

Quinault, vrai fondateur de la scène lyrique, y transporta le merveilleux de la mythologie ancienne et de la féerie moderne. Il mérita, par un style plein de grâce et de correction, l'honneur d'être nommé à la suite des grands poëtes de son siècle. Après lui, Fontenelle, Lamotte, Labruyère, et surtout Bernard, cultivèrent avec succès le genre que l'auteur d'Armide avait porté à sa perfection. Quelques opéras représentés durant notre époque peuvent encore obtenir des places parmi les productions littéraires. Celui de tous qui nous paraît le plus digne d'éloges, soit pour la composition, soit pour le style, est l'*Adrien* de M. Hoffman, puisque les tragédies lyriques de M. Guillard sont d'une époque antérieure. Le *Trajan* de M. Esménard offre assez souvent des vers bien tournés, plusieurs même qui en rappellent d'autres mieux tournés encore ; mais l'action ne marche point ; et l'intérêt se fait chercher dans cet opéra, beau pour les yeux. On ne peut adresser le même reproche à la *Vestale* de M. Jouy. Cette pièce, écrite avec pureté, composée avec art, soutenue d'ailleurs par un sujet heureusement choisi, présente au second acte et partout un intérêt vif et des situations vraiment dramatiques. *Sapho*, représentée sur un autre théâtre, appartient toutefois au même genre, et ne saurait être oubliée. On doit cet ouvrage à madame Constance de Salm. Une femme qui cultive avec succès la poésie française avait le droit de chanter une femme dont les fragmens lyriques sont comptés entre les beaux monumens de la poésie grecque.

Sous la régence du duc d'Orléans, lorsque la gaieté française éclatait dans les écrits et même dans les actions, le Vaudeville, si ancien parmi nous, prenant des formes dramatiques, s'établit modestement au préau de la foire. Le théâtre où il parvint à se maintenir, non sans beaucoup de difficultés, fut appelé l'Opéra-comique. Lesage et Piron ne dédaignèrent pas de contribuer à ses succès. Panard suivit ces hommes célèbres; Favard et ensuite M. Laujon vinrent plus tard. Quand l'Opéra-comique, réuni à la Comédie Italienne, fut mis au rang des grands théâtres, tous deux l'ornèrent encore : l'un par quelques jolies pièces tirées des Contes Moraux de Marmontel ou des Contes charmans de Voltaire, l'autre par l'*Amoureux de quinze ans*, intéressant ouvrage dont nous avons déjà saisi l'occasion de faire l'éloge. Marmontel enrichit cette scène lyrique de petites comédies agréablement versifiées. Sedaine, qui ne savait pas écrire, mais qui savait peindre, y présenta des tableaux variés et nombreux. D'Hèle s'y fit remarquer par l'art de nouer et de dénouer une intrigue comique. Dans *les Trois Fermiers* et dans *Blaise et Babet*, M. Monvel peignit avec une ingénieuse naïveté les mœurs et les passions villageoises. *Nina* et *Camille*, de M. Marsollier, dûrent leurs succès à des situations pathétiques. Le ton de la comédie noble distingua *Euphrosine* et *Stratonice* de M. Hoffman, ouvrages conçus, écrits avec sagesse, et dignes d'être embellis par la superbe musique de M. Méhul. Durant notre époque, les trois derniers écrivains que nous venons de nommer ont mérité de nouveaux applaudissemens par des productions nouvelles; et M. Duval, auteur du *Prisonnier*, s'est placé près d'eux. Pendant long-temps le vaudeville ne reparut plus sur cette scène, qui lui doit son origine. Il y a vingt-cinq ans, M. Piis et M. Barré l'y rétablirent avec assez d'éclat. La *Veillée villageoise*, les *Vendangeurs*, les *Amours d'été*, offrent des tableaux pleins de vérité et d'agrément. Toutefois le Vaudeville a cédé l'opéra-comique aux comédies mêlées d'ariettes. Il est aujourd'hui en possession de plusieurs théâtres d'un ordre inférieur, et dont le répertoire n'entre pas dans le cadre où nous sommes contraints de nous renfermer.

CHAPITRE XII.

C'est avec plaisir que nous avons rendu justice à des auteurs estimables. Nous apprécions des ouvrages qui ont exigé beaucoup d'esprit ou beaucoup de sensibilité; mais l'intérêt de l'art nous ordonne en même temps de rappeler une opinion de Voltaire, dont l'autorité ne saurait être invoquée trop souvent en matière de goût. Ce conservateur des saines théories, ce modèle successeur des modèles, craignit pour le théâtre national le succès naissant des comédies mêlées d'ariettes. Il sentit que l'habitude d'écouter, d'accueillir, de composer des pièces sans développemens, nuirait aux productions plus sévères, où doit se trouver une étude approfondie de l'art dramatique. Il prévit que le nouveau genre serait bientôt maître des théâtres de province, pépinière des théâtres de Paris; que les chanteurs se multiplieraient, mais que les acteurs deviendraient rares; et que l'espoir d'un succès facile enleverait à la déclamation des talens qui auraient soutenu l'éclat de la scène française. Comme un tel objet lui semblait intéressant pour notre gloire littéraire, il en parle dans plusieurs ouvrages, il y revient dans une foule de lettres; et, depuis la mort de ce grand poëte, une expérience de trente ans n'a que trop vérifié ses conjectures.

Encouragés par son exemple, nous terminerons la partie relative aux ouvrages dramatiques par des observations, qui ne sont pas sans importance. Le gouvernement a supprimé dans Paris quelques tréteaux qui corrompaient à la fois les mœurs et le goût. On a senti généralement la sagesse de cette mesure indispensable. Le Théâtre Français maintenant réclame une attention éclairée. Les chefs-d'œuvre de la scène existent; mais les moyens d'exécution ne suffisent plus. Un grand acteur reste à la tragédie. Dans les deux genres, dans la comédie surtout, le public applaudit encore à quelques talens précieux, mais qui sont déjà clair-semés. Plusieurs vieillissent; quelques-uns songent à la retraite; et l'on entrevoit peu d'espérances prochaines, après des pertes si nombreuses et si faiblement réparées. Il semble donc nécessaire que l'école de déclamation soit dans une activité plus sensible. Ce n'est rien encore: il est surtout essentiel que le goût de la tragédie et de la comédie soit ranimé par des moyens efficaces sur les différens théâtres de France. Une vogue momentanée, des applaudissemens de commande, des réputations de journaux, ne suffisent pas pour donner du talent à des acteurs, à des actrices, qui n'en sauraient même acquérir; mais c'est assez pour les faire recevoir. Des places ne sont plus vacantes, et pourtant ne sont pas remplies. Autrefois dix grands talens paraissaient ensemble sur la scène française. Où s'étaient-ils

CHAPITRE XII.

formés? sur les théâtres de province. Ces théâtres étaient de véritables écoles; car on n'y cultivait que les genres importans; et ces écoles nombreuses maintenaient dans Paris la déclamation théâtrale à ce haut degré de perfection qu'elle avait atteint. Pour y remonter, il faut reprendre la même route. Nous avons donné quelque étendue à cet article; mais les lecteurs éclairés ne regarderont pas comme étranger à la littérature un objet lié si intimement à l'art dramatique.

Quant à cet art considéré en lui-même, veut-on qu'il se soutienne? Veut-on même qu'il fasse des progrès? Il faut lui donner beaucoup de latitude. Écrire en ayant peur de soi, reculer devant sa pensée, chercher, non ce qu'il y a de mieux, mais ce qu'il y a de plus sûr à dire; travailler pour exprimer faiblement ce qu'on a senti avec force; après tout cela, redouter encore et les obstacles certains et les délations probables, au moins de la part de ces écrivains subalternes qui nuiraient gratuitement, quand ils ne nuiraient pas pour vivre: c'est un tourment qu'il est impossible de supporter long-temps; et le silence absolu vaut mieux. Dans un tel état de choses, les talens se tairaient; il y aurait toujours beaucoup d'ouvrages, mais des ouvrages d'écoliers; le théâtre serait sans éclat; et ce n'est point à la vraie littérature qu'il faudrait imputer cette décadence. Le cercle des idées ne sera jamais, ni trop étroit pour la médiocrité, ni trop étendu pour le génie. Des esprits timides, abusant d'un peu d'influence, interdiront-ils à la tragédie les grands intérêts et les passions politiques? à la comédie, le droit d'apercevoir et de peindre les travers de la ville et de la cour? Des élégies dialoguées, des farces insignifiantes : voilà ce qui restera pour les deux genres. Est-ce bien là ce qu'il faut aux Français du dix-neuvième siècle? De tels spectacles seront-ils dignes de la gloire nationale, dont le gouvernement est le dépositaire et le soutien? Si notre théâtre, sous Louis XIV, n'avait pas joui d'une liberté qui lui est nécessaire, nous aurions Campistron et Dancourt, mais non pas Corneille et Molière. Telles sont les réflexions que nous croyons devoir énoncer avec une respectueuse confiance. Il n'est pas de genre d'écrire auquel on ne puisse les appliquer; mais elles intéressent plus directement le théâtre, partie éminente de notre littérature, qui a perfectionné tant d'autres parties, et qui, plus que tout le reste, a rendu notre langue classique chez les diverses nations de l'Europe.

MÉLANGES
LITTÉRAIRES.

LEÇON[1]
SUR
LES POÈTES FRANÇAIS,

DEPUIS LE RÈGNE DE PHILIPPE DE VALOIS JUSQU'A LA FIN
DU RÈGNE DE LOUIS XII.

Nous nous sommes arrêtés sur les premiers essais de la poésie française. En fait de littérature, comme en fait d'histoire, les origines authentiques ont droit à une attention particulière. Nous allons aujourd'hui tracer rapidement la marche de cette même poésie depuis le temps où nous sommes arrivés jusqu'à la fin du règne de Louis XII. Les enfans de Philippe-le-Bel ne firent que paraître successivement sur le trône : ils ne sauraient fournir une époque ; mais, sous le règne de Philippe-de-Valois, deux poètes méritent de n'être pas ou-

---

[1]. Cette leçon et la suivante sont des fragmens d'un cours de littérature que l'auteur avait entrepris de faire à l'Athénée. C'est à regret que nous démembrons ici ce grand travail littéraire, auquel Chénier promettait une brillante destinée ; mais, la loi du 1er germinal an 13, nous obligeant de publier séparément les œuvres anciennes et les œuvres posthumes d'un même auteur, nous renvoyons pour les autres leçons de ce cours de littérature, imprimées du vivant de Chénier, au 4e vol. des œuvres anciennes, présente édition.   (*Note de l'Éditeur.*)

bliés dans ce tableau général de notre littérature. Ces deux poètes sont Guillaume de Déguilleville et Jean Dupin : l'un et l'autre étaient religieux de l'ordre de Cîteaux. Le premier nous a laissé trois songes en vers : ils sont fort connus sous le nom des *trois Pélerinages*. L'auteur nous apprend que son admiration pour le *roman de la Rose* est ce qui lui inspira le désir d'écrire lui-même. Il imita, en effet, les formes de style et de composition de cet ouvrage célèbre. L'influence du *roman de la Rose* se prolongea durant deux siècles. Nous la retrouverons encore dans les premiers écrits de Clément Marot; mais, ce poète excepté, Guillaume de Lorris et Jean de Meung restèrent supérieurs aux écrivains qui les prirent pour modèles, et notamment à l'auteur des *trois Pélerinages*. Toutefois, ces poëmes jouirent d'un succès considérable; et les deux premiers sont dignes de quelque analyse, au moins par leur singularité.

Dans le *Pélerinage de la vie humaine*, l'auteur découvre en songe la Jérusalem céleste; elle est gardée par les anges. Il voit à la principale porte un chérubin armé d'un glaive flamboyant, selon la coutume des chérubins. Il aperçoit *Grâce de Dieu*, qui vient à lui : elle lui apprend beaucoup de choses utiles sur la création de l'homme, sur le péché originel, sur les deux alliances successives, et même sur la concupiscence; elle lui donne ensuite les sacremens du baptême et de la confirmation. Mais, tandis qu'elle veut bien l'instruire, *Nature*, qui survient on ne sait comment, ose interrompre le sermon, et fait des argumens philosophiques. *Grâce de Dieu* se fâche en qualité de théologienne ; et *Nature* s'en va pour ne plus revenir. *Grâce de Dieu*, maîtresse du champ de bataille, explique à l'auteur le sacrement de l'eucharistie ; et, pour lui prouver combien les philosophes ont peu d'esprit, elle lui conte qu'Aristote n'y put rien comprendre, et qu'il fut vaincu par *Sapience* dans un entretien qu'il eut avec elle. Le songeur, enchanté de cette anecdote, demande le pain de l'eucharistie : il l'obtient, et reçoit de plus l'écharpe avec le bourdon. L'écharpe a douze clochettes : ce qui veut dire les douze apôtres, et encore les douze articles du Symbole. *Grâce de Dieu* lui donne en même temps un casque, un bouclier, une cuirasse, toute l'armure d'un chevalier ; mais il ne veut garder que le costume de pélerin. Sa protectrice le force au moins d'accepter des raretés qu'elle réservait pour une bonne occasion, à savoir la fronde de David et les cinq pierres qui cassèrent la tête du géant Goliath. Le pélerin s'avise de faire quelques objections sur la nature de l'âme ; et *Grâce de Dieu*, par une extrême complaisance, le dépouille un moment de son corps : ce qui lui fait concevoir à merveille la différence notable qui existe entre les deux substances. Après avoir combattu plusieurs passions tour à tour armées contre lui, il tombe entre les mains de *Tribulation;* mais il s'en tire en récitant une oraison à la sainte Vierge. Pour échapper à de nouveaux ennemis, il se jette dans la mer; au lieu de s'y noyer, comme on pourrait le croire, il y rencontre *Fortune*, qui veut le séduire. Il est forcé de combattre encore des monstres ennemis de son salut, comme, par exemple, *Abattement mondain*, *Idolâtrie*, *Astrologie* et *Géomancie*: il se sauve dans un monastère, où il reste trente-neuf ans. Au bout de ce noviciat, *Envie*, *Trahison*, *Scylla et ses chiens*, trouvent moyen d'entrer dans le couvent; ils se saisissent du pélerin, qu'ils battent à outrance. Tandis qu'il panse ses blessures, Ovide vient le consoler, en lui récitant beaucoup de vers latins. Le pélerin qu'Ovide aurait dû mieux inspirer fait un acrostiche sur son propre nom. Bientôt il rencontre *la Mort*, qui le frappe de sa faux; et, dès qu'il est mort, il se réveille.

Qui croirait qu'après tant d'extravagances l'auteur puisse en trouver de nouvelles pour remplir son second poëme? *le Pélerinage de l'âme séparée du corps.* Dans ce nouveau songe, le bon et le mauvais ange du pélerin se disputent son âme: l'âme, ayant peu d'éloquence, demande des avocats, entre autres saint Benoît, saint Bernard et saint Guillaume, le patron du pélerin. Le procès s'instruit dans les formes; et l'âme est envoyée en purgatoire. Son bon ange l'y conduit, et lui raconte l'histoire de quelques âmes qui se présentent au passage; ensuite il lui fait faire un tour en enfer, et lui explique tout le spectacle. Au sortir de l'enfer, il lui montre en passant le paradis; c'est par là que finit le songe. La conception du poëme rappelle un peu la *divine comédie* du Dante; mais certes les détails et le style n'ont rien de commun avec la manière du poète italien, l'un des hommes qui ont porté le plus loin l'art difficile de peindre avec les mots. N'oublions pas l'idée la plus étrange de Guillaume de Déguilleville : en voyageant du purgatoire en enfer, l'âme aperçoit le corps qui l'enveloppait autrefois; ce corps chemine sur la terre sans s'apercevoir qu'il va tout seul. L'âme, fâchée d'être exilée en purgatoire, reproche durement au corps toutes les sottises qu'il a faites; mais le corps lui répond : c'est ta faute, tu n'avais qu'à me mieux conduire. Comme il n'y a pas de réplique, l'âme et le corps ne poussent pas plus loin le dialogue; et chacun s'en va de son côté. Le troisième songe, intitulé *Le Pélerinage de Jésus-Christ*, n'est que la vie de Jésus, mise en rimes d'après les quatre évangélistes. On n'y peut rien remarquer, si ce n'est peut-être une discussion entre Marie et Joseph, où cet excellent époux lui cite l'autorité de saint Mathieu. Du reste, les trois poëmes sont remplis de discussions théologiques. Depuis le milieu du treizième siècle, la scolastique régnait plus ou moins dans tous les ouvrages considérables; et le Dante, malgré son génie, n'évita point ce défaut, qu'il a bien racheté par de nombreuses beautés de style et par des épisodes admirables.

Jean Dupin vaut un peu mieux que son confrère; il est surtout plus raisonnable. Fauchet le place mal à propos dans le treizième siècle; il naquit au commencement du quatorzième, et mourut à la fin du règne de Charles V. Il écrivit sous Philippe-de-Valois un ouvrage de quelque étendue: *le Champ vertueux de bonne vie*. La première partie est en prose, la seconde en vers de huit syllabes. Dans toutes les deux, l'auteur passe en revue les diverses conditions humaines, et s'exprime avec beaucoup de liberté; il n'épargne point les moines, pas même ceux de l'ordre auquel il appartient. Il reproche aux évêques, aux archevêques, aux cardinaux, l'avarice, la simonie et beaucoup d'autres vices plus graves encore mais que la discrétion nous défend de caractériser. D'après les vers suivans, il ne paraît point assez convaincu de l'infaillibilité du pape, que cependant il déifie:

> Le pape doit souvent penser
> Pour nous en vertus avancer :
> Il est dieu souverain en terre !
> De prier ne se doit lasser,
> Tout prêtre en sainteté passer :
> S'autrement fait, je dis qu'il erre.

Il peint les juges ecclésiastiques sous des couleurs bien rembrunies. On est fâché de voir les *clercs* maltraités, nous ne dirons pas trahis, par un de leurs proches :

> Avarice leur est à destre ;
> Robes ont d'envie herminées ;
> Housses d'hypocrisie fourrées ;
> Chapeau de paresse en la teste ;
> Leurs maisons sont d'ire parées,
> D'orgueil et de gueule fondées ;
> De luxure font leur digeste.

Il est facile d'observer que l'auteur n'oublie aucun des sept péchés capitaux ; il y ajoute l'hypocrisie, qui n'est point comptée dans ce nombre, apparemment parce qu'elle les suppose tous. Nous citerons encore quelques vers relatifs au procès des Templiers :

> Ou par droit ou par volontés
> Furent Templiers condamnés ;
> Pape Clément leur fit tel honte :
> Puis fut le temple transporté
> A l'ospital, non pas donné ;
> Ce pape en eut d'argent grand monte.

Quoique mauvais, ces vers sont très-remarquables. C'est vingt ans après la mort de Clément V et de Philippe-le-Bel qu'un religieux s'exprime avec cette franchise. Il s'ensuit que les doutes sur l'équité du jugement rendu contre les Templiers ne sont pas tout-à-fait aussi modernes que l'ont supposé certaines gens dont la mauvaise foi ne surpasse point l'ignorance; il s'ensuit de plus qu'à cette époque même l'opinion n'était ni esclave ni trompée; on ne prenait point en France la persécution pour la justice, et les coups d'autorité pour des preuves.

Nous trouvons sous le roi Jean le poëme des *trois Maries*, composé par Jean de Venette, religieux carme, et l'un des continuateurs de l'historien Guillaume de Nangis: ce poëme est piquant par son ridicule; aussi Lacurne a-t-il bien voulu lui accorder une ample notice insérée dans les *Mémoires de l'Académie des Belles-Lettres*. Ce carme peut être soupçonné, sans témérité, d'un grand penchant à l'ivrognerie: le miracle des noces de Cana est celui qui le frappe davantage; il le décrit avec complaisance, s'attendrit en le racontant, regrette de n'avoir pas été de la noce, et termine le récit par des souhaits plus dignes d'un prêtre de Bacchus que d'un disciple du prophète Élie. Dans un autre endroit, mêlé de français et de latin, l'auteur déclare qu'il n'aime que la fin de la messe : ce qui est bien mal pour un homme de la profession ; et, ce qui est pire, la raison qu'il en donne est encore une raison bachique :

> Moult aise suis quant *audio*
> Le prêtre dire *in principio* ;
> Car la messe alors est finée,
> Et le prêtre a fait sa journée :
> Qui veut boire s'y peut aller.

En ce poëme d'une interminable longueur, Jean de Vénette raconte les aventures de la Vierge, de Marie Cléofé et de Marie Salomé ; il est au fait des plus secrets détails ; il sait tout ce qui se passait dans la maison. La chambrière de la Vierge s'appelait Sarrète ; son apothicaire se nommait Gautier. La naissance de Jésus étonna grandement Joseph, au rapport de Jean de Venette. Nous n'avons pas la force de rapporter ici les reproches injustes que Joseph adresse à la Vierge, sa femme, en cette occasion délicate ; mais Lacurne, il y a plus d'un demi-siècle, les a copiés sans scrupule : ce que nous faisons observer pour bien marquer la différence des époques, non pour blâmer un écrivain dont la vie entière fut consacrée à des travaux utiles, et qui ne séparait point la décence de la liberté : deux choses dont l'alliance était nécessaire dans un temps où l'on ne bornait point la littérature à quelques formules de jonglerie et de servitude.

LEÇON
SUR
LES HISTORIENS
FRANÇAIS,

DEPUIS LES COMMENCEMENS DE LA MONARCHIE JUSQU'AU RÈGNE DE LOUIS XII.

...... Il ne faut pas croire que les *chroniques de saint Denis* fussent écrites dans notre langue dès le temps de l'abbé Suger, comme l'ont avancé mal à propos les auteurs des mélanges d'une grande bibliothèque. Le travail qui fut alors exécuté consistait à compléter la collection des chroniques latines, en suivant les *annales* d'Aymoin, pour la première race jusqu'à la seizième année du règne de Clovis II; ensuite le livre *des gestes de Dagobert*, celui qui a pour titre *Les gestes des rois de France*, et le troisième continuateur de Frédégaire; pour la seconde race, *les annales d'Éginhard* et la *Vie de Charlemagne* par ce même historien; la *Chronique fabuleuse* de l'archevêque Turpin, pour tout ce qui concerne l'expédition d'Espagne; la *Vie de Louis-le-Débonnaire*, composée par l'astronome ou plutôt l'astrologue attaché à son service; et, pour tous les temps qui suivent jusqu'au règne de Louis VI, divers auteurs inconnus, dont les ouvrages rassemblés ont formé le cinquième livre d'Aymoin. La *Vie de Louis VI*, par l'abbé Suger, les *Gestes de Louis VII*, que l'on croit du même auteur, furent ensuite adoptés dans les chroniques; on y ajouta, pour la fin de ce règne, l'ouvrage anonyme qui porte le nom d'*Histoire de Louis VII*. Rigord fit une grande partie de la vie de Philippe-Auguste : elle fut achevée par Guillaume-le-Breton, qui peut-être aussi composa la *Vie de Louis VIII*. Ce fut seulement à la cinquième année du règne de Philippe-le-Hardi, comme l'a judicieusement observé Lacurne, que les *Chroniques de saint Denis* commencèrent à être écrites en langue française. Alors la *Chronique de Rigord* et toutes les anciennes chroniques furent traduites en français; c'est à Guillaume-de-Nangis que Lacurne attribue cette traduction. Le même Guillaume-de-Nangis traduisit en français sa *Chronique latine* sur les règnes de Louis IX et de Philippe-le-Hardi. Depuis ce temps, la langue française fut seule en usage dans la rédaction des *Chroniques de saint Denis*; mais elles continuèrent à n'être le plus souvent que des traductions; par exemple, l'*Histoire latine de Charles VI*, morceau très-distingué, dont l'auteur n'est connu que sous le nom du moine de Saint-Denis, se trouve en français dans les chroniques. Le même religieux avait écrit en latin *les règnes* du roi Jean et de Charles V; et il est très-probable que les *Chroniques françaises* ne sont relativement à cette partie qu'une traduction de ces ouvrages que nous avons perdus.

.... Froissart, qui jouit encore aujourd'hui de quelque célébrité, nous a laissé une histoire générale depuis le règne de Philippe-de-Valois jusqu'à la fin du quatorzième siècle. C'est d'après Jean-le-Bel qu'il parcourt rapidement les trente premières années; trop jeune alors, il n'avait pu lui-même observer les événemens. Il écrit tout le reste avec beaucoup de détails, souvent même avec la confiance d'un témoin oculaire. Montaigne a loué Froissart, mais non pas tout à fait comme on loue un écrivain distingué. *J'aime*, dit Montaigne, *les historiens ou fort simples ou excellens*; et, après avoir parlé des historiens fort simples, *qui n'ont pas de quoi y mêler quelque chose du leur*, Montaigne ajoute : *Tel est, par exemple, le bon Froissart, qui marche en ses entreprises d'une si franche naïveté qu'ayant fait une faute il ne craint aucunement de la reconnaître et corriger à l'endroit où il en est averti.* Lacurne a donné beaucoup plus d'éloges à Froissart; mais je crois qu'il a été trop loin; non que cet historien soit dépourvu de mérite ; son style est toujours sans ornement, mais il n'est pas toujours sans intérêt : il y en a dans la manière dont il raconte la première entrevue d'Édouard et de la comtesse de Salisbury, en l'honneur de laquelle ce monarque institua l'*ordre de la Jarretière*. Édouard, en voyage, se rendait au château de cette dame, qu'il ne connaissait pas encore, et dont le mari était alors prisonnier de guerre en France. *Elle fit ouvrir toutes les portes*, c'est Froissart qui parle, *et vint hors tant richement vestue que chacun s'en esmerveilloit, et ne se pouvoit'on cesser de la regarder et remirer sa grande noblesse avec la grand' beauté, gracieux parler, et maintien qu'elle avoit.* Froissart peint ensuite l'aimable et somptueuse réception que la dame de Salisbury fit au monarque. Édouard devint rêveur : les rois sont pressés en amour comme en tout le reste; et la déclaration fut prompte. Voici la réponse de la comtesse, du moins au rapport de Froissart : *Haa, cher Sire, ne me veuillés mie mocquer ne tenter ; je ne pourrois cuider que ce fût à certes ce que vous dites, ne que si noble et si gentil prince comme vous êtes eût pensé à déshonorer moi et mon mari, qui est si vaillant chevalier, et encore gît pour vous en prison.* Il y a de la grâce et de la sensibilité dans cette réponse. On lit encore avec plaisir un détail d'un genre bien différent : il s'agit du fameux prince noir; il faisait ses premières armes à la bataille de Créci. Un chevalier, le voyant en péril, va, sans l'en avertir, demander du secours à son père, Édouard III. Ici, laissons Froissart parler sa langue. « Si, dit le roi, mon fils « est-il mort, ou à terre, ou s'il est blécé qu'il ne « se puisse aider. Le chevalier répondit: nenni, « Sire, si Dieu plait; mais il est en dur parti d'ar- « mes, si auroit bon mestier de votre aide. Le « roi dit: or retournés devers lui et devers ceux « qui cy vous ont envoyé; et leur dites de par « moi qu'ils ne m'envoyent meshuy quérir, ne re- « querre, pour aventure qui leur adviene, tant « que mon fils soit en vie; et leur dites que je « leur mande qu'ils laissent gaigner à l'enfant ses « esperons. Mais je veuil, se Dieu l'a ordonné, « que la journée soit sienne, et que l'honneur lui « en demoure, et à ceux à qui je l'ai baillé en « garde. » On trouve aussi dans Froissart de ces mots heureux par lesquels un personnage en peint un autre; celui, par exemple, d'Édouard III sur Charles V: *Il n'y eut oncques roi qui moins s'armât, et si n'y eut oncques roi qui tant me donnât à faire*; et celui de Charles V lui-même, lorsqu'il recommande, en mourant, son fils Charles VI aux ducs d'Anjou, de Berri et de Bourgogne: *L'enfant est jeune et de léger esprit; et aura bien mestier qu'il soit conduit et gouverné de bonne doctrine.*

La critique peut faire à cet historien des reproches de plus d'une espèce; et tous sont également fondés : son style est très-diffus, surtout dans les deux derniers volumes de son histoire. Il y parle souvent de lui-même et de ses voyages; et ces deux volumes, composés dans sa vieillesse, ne valent à aucun égard les deux premiers. Tout l'ouvrage porte le caractère d'une crédulité superstitieuse: c'était l'esprit du tems. D'ailleurs Froissart était prêtre et chanoine. Lacurne veut le disculper en vain d'une partialité constante en faveur des Anglais : elle éclate surtout quand Froissart veut la cacher. Lors même qu'il paraît juste envers Charles V et le connétable Duguesclin, il laisse percer encore une prédilection marquée pour Édouard III et pour son illustre fils. Il fut long-tems au service du roi d'Angleterre; il servit plusieurs autres princes: le comte de Foix, le duc de Brabant, le comte de Blois; ce dernier était partisan déclaré de la France. Ce fut pour lui qu'il composa ses deux derniers volumes; c'est là qu'il avoue des erreurs qu'il avait autrefois commises, aveux plus complaisans que naïfs, dont Montaigne a la bonté de lui tenir compte. Voilà ce qui arrive aux écrivains qui se constituent valets des princes: viennent-ils à changer de livrée? ils sont obligés de se contredire; et, de cette manière, la vérité peut se glisser dans leurs écrits, mais sans tirer à conséquence. Je n'ai point dissimulé ce que m'ordonnaient de dire et l'amour de mon pays et la saine critique. Toutefois, malgré les défauts et la partialité de Froissart, son livre est de ceux qu'il faut lire; il y a semé bien des choses curieuses sur les événemens, sur les personnages, sur les mœurs des tems qu'il a vus. Froissart est même, à tout prendre, l'écrivain le plus remarquable qui ait existé parmi nous durant ce faible quatorzième siècle, âge ignorant et belliqueux, où les guerriers célèbres abondaient en France, en Angleterre, en Allemagne, mais où les talens littéraires ne se trouvent qu'en Italie.

Vers le même tems la vie de Duguesclin fut le sujet de plusieurs Mémoires dont les auteurs sont inconnus. On y trouve son expédition d'Espagne, sa conquête de la Bretagne, et tous les hauts faits d'armes qui fondent si justement sa renommée; on y voit aussi ses chagrins et les dégoûts que lui donna le roi même, dont il avait affermi le trône. Qui le croirait? ce chevalier breton, que Charles V avait nommé connétable avec de si pompeux témoignages d'estime, et qui répara trente ans de défaites lorsqu'il apparut à la tête des armées françaises, fut soupçonné de trahison par Charles V: soupçons odieux et qui affligent dans un roi sage. Indigné de l'affront, Duguesclin remit au roi l'épée de connétable ; et savoir s'il la reprit est un point douteux dans l'histoire. Après sa mort on lui rendit avec profusion la justice dont il ne pouvait plus jouir, justice que les hommes rendent volontiers. Il est aussi question de Duguesclin dans l'*Histoire de Charles V*, par Christine de Pisan ; mais ce qui regarde le monarque mérite ici notre attention spéciale. Cette femme célèbre, que nous avons déja classée parmi les poètes, a dans l'histoire moins de méthode que Froissart, et plus de formes de style. Voici comme elle s'exprime à l'occasion d'un juif qui fut trompé par un chrétien : *Volt le roi que la simplesse du juif fût vainqueresse de la malice du chrétien. Simplesse* est encore du style marotique ; *vainqueresse* a disparu de la langue, et c'est dommage ; *vengeresse, enchanteresse,* n'offensent point les oreilles délicates. Christine nous a conservé plusieurs belles paroles de Charles V. Un chevalier disait devant lui qu'on est bien heureux d'être prince. Le roi répondit : *Certes, c'est plus charge que gloire.* Notons ce qui suit. *Et comme l'autre, en répliquant, dit : Eh ! Sire, les princes sont si aises ! Je ne sais, ce dit le roi, en signorie félicité, excepté en une seule chose. Plaise vous nous dire en quoi, ce dirent les autres. Certes, dit le roi, en puissance de faire bien à autrui.* Remarquez encore cette réponse à des courtisans qui se plaignaient de ce qu'il honorait trop les gens de lettres : *Tant que sapience sera honorée en ce royaume, il continuera à prospérité; mais quant déboutée y sera, il décherra.* Christine de Pisan voit partout dans Charles V le protecteur des lettres et des sciences, vue élevée pour le tems. Il est vrai que parmi ces sciences elle place honorablement l'astrologie; elle était fille d'un astrologue; et d'ailleurs nous avons observé déja que long-tems après on ménageait encore une erreur chérie du vulgaire, et surtout des princes. Ne soyons pas trop exigeans; c'est bien assez d'aimer les lumières; il est donné à peu d'hommes d'être supérieurs à celles qui les environnent. Il est vrai que, malgré les obstacles, ceux-là font avancer leur siècle; et c'est la plus haute des gloires, comme la plus basse ignominie consiste à vouloir faire rétrograder ses contemporains vers l'ancienne ignorance, et à réduire en système social l'extinction des lumières publiques.

Juvénal des Ursins, archevêque de Rheims, a fait, au milieu du quinzième siècle, une *Histoire de Charles VI* : c'est le plus méthodique des historiens dont nous ayons parlé jusqu'à ce moment. Il dispose les faits avec ordre et dans la forme des annales; il évite les digressions; et, s'il raconte quelquefois les événemens arrivés hors de France, ces événemens tiennent à son sujet, que jamais il n'abandonne. Il écrit en véritable ami de la France; mais son style a peu de couleur. Cependant l'époque est si terrible que des traits d'une extrême simplicité font frémir les lecteurs, surtout ceux qui ont vécu au milieu des troubles civils. Il raconte quel ascendant la faction de Bourgogne eut dans Paris après l'assassinat du duc Jean-sans-peur, sur le pont de Montereau. Voici ses paroles: *Pour faire tuer un homme il suffisoit de dire: celui-là est Armagnac;* mais il n'ose s'expliquer ouvertement sur Isabelle de Bavière: il se borne à ces mots: *Aucune renommée étoit que en l'hôtel de la reine se passoient plusieurs choses deshonnêtes.* Suffisait-il de parler ainsi d'une reine sans pitié comme sans honneur, qui fit déshériter et bannir son fils, et qui vendit à l'étranger son époux, sa fille et la France? Ne fallait-il pas un écrivain plus énergique et plus hardi pour peindre ces tems horribles où la démence du prince était le moindre des fléaux; où la France gémissait sous le joug insolent de l'anglais Henri V; où l'audace était du pouvoir; où les factions inventaient des mots homicides; où les crimes restaient impunis quand ils n'étaient pas punis par des crimes?

.......Commines loue même le connétable (Louis de Luxembourg, comte de Saint-Paul), malgré l'arrêt porté contre lui. *Il étoit sage et vaillant chevalier, et qui avait vu beaucoup.* Ainsi s'exprime un serviteur de Louis XI sur une des principales victimes de son maître : il développe habilement les intrigues de Louis avec le duc de Bourgogne, contre les Flamands; avec le roi d'Angleterre Édouard IV, contre le duc de Bourgogne; avec les courtisans du roi d'Angleterre, contre leur prince; avec l'empereur Frédéric, pour dépouiller ensemble le duc de Bourgogne, et partager ses dépouilles; mais l'empereur Frédéric raconte aux ambassadeurs de Louis la fable de l'ours et des chasseurs : elle est bonne à lire dans Commines. Le sombre despote, inépuisable dans ses ruses, intrigue même avec un peuple libre, avec les Suisses, contre son éternel ennemi, Charles-le-Téméraire. N'oublions pas ici la remarque de l'historien : *Louis lui faisoit plus de guerre en le laissant faire, et lui sollicitant ennemis en secret, que s'il se fût déclaré contre lui.* Le duc périt dans une bataille. Il ne laisse qu'une fille; et Louis intrigue avec elle pour la marier au dauphin; mais la jeune héritière de Bourgogne se trouve plus habile que lui: elle intrigue avec le duc d'Autriche Maximilien, qui fut depuis empereur, et lui porte avec sa main tous les biens de son opulente maison. Commines ne parle point du procès du duc de Nemours, le plus atroce événement du règne de Louis XI; mais il le compte au nombre des sujets de joie qu'eut ce prince après la mort de Charles-le-Téméraire. Il ne faut pas altérer la naïveté du texte : elle est curieuse. « La joie fut très-grande au roi de se « voir au dessus de tous ceux qu'il haïssoit, et « qui étoient ses principaux ennemis. Des uns « s'étoit vengé, comme du connétable de France, « du duc de Nemours, et de plusieurs autres. Le « duc de Guyenne son frère étoit mort, dont il « avoit la succession. Toute la maison d'Anjou « étoit morte, comme le roi René de Sicile, les « ducs Jean et Nicolas de Calabre, et puis leur « cousin, le comte du Maine, depuis comte de « Provence. Le comte d'Armagnac avoit été tué « à l'estor; et de tous ceux-ci avoit ledit seigneur « recueilli les successions et les meubles. » On voit que Louis XI n'oubliait pas ses intérêts; et l'on voit encore qu'il fallait beaucoup de malheureux pour faire son bonheur.

Le talent de Commines brille surtout dans les digressions, et lorsqu'il s'arrête à réfléchir sur les événemens qu'il vient de raconter. Il n'est pas sans doute aussi profond que le fut après lui l'italien Machiavel ; mais il est beaucoup plus moral. Louis XI avait porté les impôts bien au-delà du double de ceux que levait son père. *Y a-t-il roi*, dit Commines, *ou seigneur sur terre qui ait pouvoir, outre son domaine, de mettre un denier sur ses*

sujets, sans ottroi et consentement de ceux qui le doivent payer, sinon par tyrannie et violence? On trouve ailleurs ces mots remarquables de toute manière : *Il donna beaucoup aux églises; en aucunes choses eût mieux valu moins; car il prenoit des pauvres pour donner à ceux qui n'en avoient aucun besoin.* Ne négligeons pas cette pensée : *La guerre entre deux grands princes est bien aisée à commencer, mais très-mauvaise à appaiser par les choses qui y adviennent et qui en descendent.* Le trait suivant n'est-il pas heureux? *C'est grant richesse à un prince d'avoir un sage homme en sa compagnie.* Commines ne fait-il pas bien de condamner *les gens qui n'ont l'œil à autre chose qu'à complaire à leurs maîtres, et à louer toutes leurs œuvres, soit bonnes ou mauvaises?* Il aime les lettres, et dit quelque part avec beaucoup de sens : *Encor ne me puisse tenir de blâmer les seigneurs ignorans.* Il ajoute, à cette occasion, en parlant *des gens de robe longue:* « A tous pro-
« pos ils ont une loi au bu, ou une histoire ; et
« la meilleure qui se puisse trouver se tourneroit
« bien à mauvais sens ; mais les sages, et qui au-
« roient lu, n'en seroient jamais abusés ; ni ne
« seroient les gens si hardis de leur faire enten-
« dre mensonges. Et croyés que Dieu n'a point
« établi l'office de roi ni d'autre prince pour être
« exercé par les bêtes, et par ceux qui par gloire

« disent : Je ne suis pas clerc. S'ils avoient été
« bien nourris en leur jeunesse, leurs raisons se-
« roient autres, et auroient envie qu'on estimât
« leurs personnes et leurs vertus. » Je ne puis me
dispenser de citer encore quelques mots contre
l'ignorance. *Plus on voit de choses en un seul
livre que n'en sauroient voir ensemble et entendre
par expérience vingt hommes de rang, vivans l'un
après l'autre.* Sans multiplier les citations, ce qui
serait bien facile, recommandons la lecture de
Philippe de Commines : elle est importante. C'est
un historien, car on voit agir ses personnages.
C'est un politique, et le plus délibéré penseur
qu'ait eu la France avant Montaigne. C'est déja
même un écrivain. Son style est clair, précis,
énergique, malgré les tours vieillis et les expressions surannées. C'est qu'il n'écrit jamais à vide ;
et, puisqu'il tient les idées, il faut bien que les
mots lui viennent. Le métier n'apprend qu'à faire
des phrases ; l'art consiste en un point unique.
Voulez-vous écrire ? pensez.

C'est dans les derniers tems de Louis XI que
Philippe de Commines se surpasse. Là, rien n'est à
citer ; il faut tout lire. Comme il peint dans une
agonie de trois ans ce roi cruel, qui avait perfectionné les prisons et les tourmens, s'emprison-
nant, se tourmentant lui-même dans son château
du Plessis-les-Tours ; multipliant les barreaux de

fer, les broches de fer, les pointes de fer; faisant écarter les passans à coups d'arquebuse; changeant tous les jours de serviteurs; chassant ses principaux officiers; peu content d'implorer la Notre-Dame de plomb, confidente de toutes ses vengeances; faisant venir la sainte ampoule, qui n'avait jamais quitté Rheims; obtenant du pape le corporal sur lequel avait chanté saint Pierre; recevant même du Grand-Turc des reliques envoyées par ambassade; donnant dix mille écus par mois à son médecin, Jacques Coctier; somme exorbitante aujourd'hui, inconcevable pour le tems; faisant venir l'hermite de Calabre, saint François de Paule, et le priant à genoux de lui prolonger la vie! Plus despote que jamais, il veut tout garder quand tout va s'anéantir avec lui-même. Hypocrite jusqu'au dernier soupir, il est vêtu richement, lui, toujours négligé à l'excès; il affecte la santé, quand la mort est sur son visage; il feint de lire ce qu'il ne voit plus; et, quand il ne peut plus parler, il répond du geste et des yeux à ce qu'il ne peut plus entendre. Quel fléau que ce prince! Ennemi de son peuple comme des rois ses voisins, persécuteur des grandes maisons comme de sa propre famille, jaloux de son fils comme il avait été rebelle à son père, se plaisant avec les hommes nourris dans la bassesse, faisant un négociateur d'Olivier Ledaim, son barbier;

ignoble en ses mœurs, en son langage, en ses vêtemens, il fut à la fois le modèle et la caricature de la tyrannie. Il eut tout le vouloir du despotisme; Richelieu seul en eut tout le pouvoir : hommes nés tous deux pour le malheur de la France, et différens, mais égaux en perversité. Duclos termine son histoire de Louis XI en déclarant que ce fut un roi. C'est un sarcasme beaucoup trop fort contre la royauté; et l'ouvrage de Duclos, bien inférieur aux *Mémoires* de Commines, fait regretter vivement la perte irréparable de la même histoire écrite par Montesquieu, qui, sans doute, avait traité le sujet comme l'aurait traité Tacite.

A la tête des historiens de Charles VIII est encore Philippe de Commines. Un autre historien, Pierre de Saligni, ne commence qu'à la troisième année du règne de ce prince, et ne passe point la septième. Comme il fut attaché au seigneur de Beaujeu, qui gouvernait alors, on croit qu'il a bien connu les intrigues de ce règne. André de la Vigne, secrétaire de la reine Anne de Bretagne, a raconté la conquête de Naples. Ces deux écrivains sont médiocres. D'ailleurs, si Charles VIII fut exempt de vices, il eut de la bonté sans vertu, et du courage sans caractère. De brillans succès suivis de revers éclatans; des conquêtes inutiles et de vastes projets déconcertés : voilà son règne.

Un mot de Commines le peint : *Il était peu entendu, mais si bon que meilleur ne se pouvoit.* C'est tout le mal et tout le bien qu'on en peut dire. Courons vîte à Louis XII, au moins pour nous consoler d'avoir si long-tems observé Louis XI. Les deux principaux historiens du père du peuple furent Jean de Saint Gelais et Claude de Seyssel, archevêque de Turin. Le premier expose les faits avec méthode; moins curieux d'événemens, le second fait mieux connaître l'homme. On aime à lire ce détail sur sa fidélité chevaleresque : « Au regard de la royne « Anne, duchesse de Bretagne, ainsi qu'il l'avait « honorée, vivant ledit roi Charles, comme sa « dame et princesse, depuis qu'il l'a épousée, l'a « toujours si grandement aimée, estimée et ché- « rie, qu'il a en elle mis et disposé toutes ses déli- « ces. » Un peu après, l'historien ajoute : « Elle le « mérite bien; car de sens, de prudence, d'hon- « nêteté, de vénusté, de gracieuseté, il en est « peu qui en approchent, moins qui soient sem- « blables, et nulle qui l'excède. » Il y a de l'élégance dans ce tour de phrase. Quelques modernes peu instruits ont reproché à Louis XII d'avoir fait déclarer nul son mariage avec Jeanne, pour épouser la femme qu'il aimait; mais Jeanne, fille de Louis XI, et fondatrice des *Annonciades*, lui fut imposée par force, et comme stérile ; car

Louis XI voulait éteindre la maison d'Orléans, qu'il détestait : c'est ce que déclare Seyssel. Il fait sur ces deux princes un rapprochement plein de justesse : *Le règne de Louis XI*, dit-il, *est aussi différent du règne présent comme l'empire de Domitian de celui de Trajan*. Au sujet du cardinal, d'Amboise, on trouve une idée heureuse exprimée avec une précision élégante : *A un tel roi bien était convenable un tel ministre*. Ce trait sur Louis XII n'est pas moins remarquable : *Au regard des flatteurs dont les oreilles des princes communément sont assiégées, ils ne sont pas bien venus envers lui*. Notez ce qui suit : *Et aime mieux que ses louanges soient au cœur des hommes qu'en la langue*. On voit que cet archevêque était loin d'être dépourvu du talent d'écrire. Quant au monarque, il servit le peuple et par ses vertus et par ses défauts; il n'eut ni les préjugés du trône ni même ceux du tems. La renommée de bien des rois leur est supérieure. Louis XII, quoique justement célèbre, est supérieur à sa renommée.

ANALYSE
DE MAHOMET,

TRAGÉDIE DE VOLTAIRE.

Au maître de la scène comique appartient l'honneur d'avoir le premier démasqué l'hypocrisie en plein théâtre. Il remporta le prix de son art, lorsqu'il peignit un *dévot de place*, ourdissant ses trames obscures dans l'enceinte d'une maison, dans l'intérieur d'une famille; subjuguant le père, cherchant à séduire la femme, à épouser la fille, à faire chasser le fils, à s'emparer des biens de tous. Le scélérat, connu trop tard par son imprudent bienfaiteur, s'arme contre lui de ses propres bienfaits, de ses confidences les plus intimes. C'est peu de vouloir le dépouiller : il court dénoncer au gouvernement, il revient pour traîner en prison celui qui eut pitié de sa détresse, et qui lui donna l'hospitalité; mais, par un changement soudain, quand il jouit de son odieux triomphe, il succombe sous l'autorité même dont il se croyait l'auxiliaire. Rien ne manque à ce tableau admirable. La haute comédie, grâce à Molière, acquit cette fois une importance morale, que, malgré des formes plus imposantes, la tragédie n'avait pas égalée encore, et n'atteignit que long-tems après. Voltaire la lui donna dans *Mahomet*, le plus beau monument de la poésie dramatique au dix-huitième siècle. A considérer en particulier le personnage principal, combien il était difficile de représenter cet Arabe, sans éducation, sans lumières acquises, mais doué d'un esprit aussi profond qu'audacieux, qui s'élance des derniers rangs de la société, franchit tous les intermédiaires, commence à cinquante ans et remplit en moins de dix années sa carrière immense; conquérant, roi, législateur, prophète, toujours imposteur et toujours grand, si toutefois un imposteur peut l'être, et dont les institutions, après douze siècles, gouvernent encore une partie de l'Asie, de l'Europe et de l'Afrique! A prendre le sujet en général, remonter à l'une des sources de la superstition et du fanatisme, faire voir comment *les abuseurs des nations*, selon le terme de Bossuet, s'emparent de toutes les passions humaines, échauffent le courage des guerriers, dirigent l'amour et la haine d'une jeunesse ardente, trompent la crédule innocence, oppriment la vertu courageuse qu'ils n'ont pu effrayer ni séduire, brisent tous les liens de la nature, fascinent les yeux du peuple en accumulant les prestiges, en calculant des crimes qu'ils font passer pour des miracles; élèvent un pouvoir que chaque forfait rend plus sacré, lèguent enfin aux générations qui les suivent un héritage de mensonges utiles à quelques-uns, et d'erreurs funestes à la multitude : voilà ce qu'il s'agissait de retracer sur la scène tragique. Pour oser concevoir une telle entreprise, mais surtout pour l'exécuter dignement, il fallait être Voltaire, et Voltaire au plus haut degré d'un talent qu'illustraient déjà de nombreux chefs-d'œuvre.

Sans pouvoir être mise au rang des plus belles expositions tragiques, l'exposition de *Mahomet*, à beaucoup d'égards, mérite d'être distinguée. Elle est claire, simple, animée, d'une précision remarquable. Le shérif du sénat de la Mecque, Zopire, s'entretient avec le sénateur Phanor. Il oppose aux conseils d'une circonspection timide, souvent décorée du nom de sagesse, cette vertu ferme et toujours égale, trop amie de l'humanité pour n'être pas l'implacable ennemie du mensonge et de l'oppression. Phanor lui représente que la jeune Palmire pourrait devenir le gage de la paix. Elle fut nourrie dans les camps de Mahomet, qui l'a redemandée par ses hérauts, depuis que le sort des derniers combats l'a rendue prisonnière de

Zopire. Mais le Shérif intrépide ne garde à Mahomet que la haine de la guerre; il sait qu'avec lui conclure la paix, c'est accepter la servitude; il répugne même à lui rendre Palmire, non par un amour honteux à un vieillard, mais par ce tendre intérêt qu'inspirent à un père privé de ses enfans, la beauté, la jeunesse et l'innocence, surtout quand elles sont menacées d'être la proie et la récompense du crime.

Phanor s'éloigne en voyant Palmire approcher; car elle a demandé à Zopire un entretien secret, comme celui-ci l'annonce lui-même dans les vers qui terminent la première scène. Mais quelle douleur pour lui d'entendre sa captive lui rappeler qu'elle est réclamée par Mahomet, et solliciter son prochain retour dans les camps qui furent sa patrie! En l'accueillant par des expressions affectueuses, Zopire exhale son indignation contre l'imposteur. La timide et naïve Palmire ne dissimule pas l'horreur que lui inspire un discours si nouveau pour elle. Cette horreur naissante est un premier germe, qui produira des fruits de mort. Les spectateurs sont préparés de loin à la terrible catastrophe. Plus Mahomet est révéré par la crédule Palmire, plus Zopire la trouve injuste pour lui-même, et plus il la plaint, la chérit : fidèle peinture d'un cœur généreux, et l'une de ces beautés qui échappent à la multitude, mais qu'il faut pourtant savoir sentir lorsqu'on veut apprécier de tels ouvrages. Le vieillard refuse de remplir les vœux imprudens de sa captive, quand Phanor, reparaissant tout-à-coup, annonce qu'Omar s'est présenté à l'une des portes de la ville, le glaive et l'olivier dans les mains, qu'il est même entré dans la Mecque, et que Séide l'accompagne. A ce nom, Palmire est ranimée par l'espérance. Une courte exclamation, le nom de Séide répété par elle, apprennent ce qui se passe dans son cœur : elle ne parle point de son amour ; ignoré de Zopire, il est su des spectateurs ; et, pour les instruire, un mot a suffi : tel est l'art chez les grands poètes.

L'entretien d'Omar et de Zopire termine avec éclat le premier acte. Le Shérif n'est point séduit par le double enthousiasme d'un sectaire et d'un ambitieux qui veut acquérir à son maître un nouveau complice. Ni les louanges prodiguées au conquérant prophète, ni l'étalage de son pouvoir, ni l'offre d'y participer, ne peuvent ébranler cette âme inflexible dans la vertu. L'auteur fait parler Omar avec une éloquence exaltée, pompeuse, et qu'embellissent les formes les plus hautes du style oriental. Une énergie pressante anime les réponses de Zopire. Vainement Omar lui annonce que Mahomet veut le voir et lui parler : ce qui promet au spectateur une nouvelle scène, que celle-ci rend très-difficile; Zopire ne veut accorder à Mahomet ni la paix, ni l'entrée de la Mecque. Mais il n'est pas le seul maître; et le sénat doit décider : Omar et Zopire y courent ensemble. Les premiers fils sont tissus; l'action marche; la curiosité, vivement excitée, attend avec impatience et le personnage principal, et les événemens qui vont suivre.

Séide et Palmire ouvrent le second acte. Ils se racontent leurs peines mutuelles durant une longue absence, et font éclater leur joie de se voir enfin rendus l'un à l'autre. C'est le langage de l'amour, mais d'un amour naïf et tendre; et vous ne trouverez dans tout ce qu'ils disent aucune des fadeurs qui trop souvent déparent les chefs-d'œuvre même de la tragédie française. Observez à quel point les refus de Zopire ont aigri sa jeune prisonnière, et combien Séide est indigné de les apprendre. Ainsi s'accroît pour Mahomet leur attachement fanatique. Ils voient dans Zopire un persécuteur, et c'est de l'envoyé de Dieu qu'ils attendent leur délivrance. Ces sentimens sont marqués avec force, et placés à la fin de la scène, où ils ressortent d'autant plus, qu'ils se lient à la scène suivante. Omar les anime encore, en venant annoncer à Séide et à Palmire son double triomphe sur Zopire auprès du sénat et auprès du peuple, l'entrée de Mahomet dans les murs de la Mecque, et la publication de la trève. Le récit est nerveux et rapide. Omar, imposant jusque-là, rentre dans la foule des disciples aussitôt qu'a paru son maître.

Mahomet, environné de ses guerriers d'élite, leur parle avec l'autorité d'un roi, d'un vainqueur, d'un homme inspiré. Il les loue en peu de mots, et les envoie prêcher le glaive à la main. Son étonnement à la vue de Séide, qui a prévenu ses ordres en se rendant comme ôtage dans le palais de Zopire, et le reproche qu'il lui fait de ne s'être pas borné à les attendre, annoncent un sentiment jaloux, qu'irrite encore l'empressement de Palmire à excuser l'impatience de Séide. Mahomet commande au jeune homme de rejoindre les autres guerriers; mais il adoucit ce ton sévère quand il s'adresse à Palmire; et déja l'amant se laisse entrevoir dans le langage du prophète et du protecteur. Resté seul avec Omar, il dévoile ses secrets: il aime Palmire. Et Palmire est aimée de Séide! Elle semble même répondre à cet amour! Ce n'est pas leur crime unique: tous deux doivent le jour à Zopire. Hercide les remit dans leur enfance aux mains de Mahomet. Voilà ce que des censeurs plus malveillans qu'éclairés ont trouvé fort invraisemblable: mais quelle invraisemblance y a-t-il à présenter sur la scène ce qui est arrivé cent fois dans les tems de guerre? Ce n'est pas d'ailleurs un incident de la pièce: c'est ce qu'on appelle un fait antécédent. Ce qui fonde l'action dans les deux chefs-d'œuvre de la scène antique et de la scène moderne, l'OEdipe-roi et Athalie, est bien autrement difficile à croire. Je ne prétends pas en faire un sujet de blâme; je m'appuie au contraire sur de grandes autorités pour rejeter, avec le mépris qu'il mérite, ce reproche banal d'invraisemblance, tant prodigué par des hommes qui prononcent sur les pièces de théâtre, sans avoir aucune idée de l'art dramatique.

Mahomet attend Zopire, et, sitôt qu'il le voit paraître, il charge Omar de soins utiles pour la garde du palais, et lui recommande de revenir bientôt, afin de prendre les résolutions que cette entrevue rendra convenables. Ici commence une scène fameuse, où Voltaire a déployé toutes les ressources de son génie. Zopire, en arrivant, témoigne ses regrets d'être obligé de recevoir *l'ennemi du monde*. Aux motifs allégués par Omar, Mahomet ajoute des motifs, sinon plus forts, du moins plus spécieux. Ce n'est point à l'ambition de Zopire, c'est à sa raison qu'il parle; et, se dépouillant, pour ainsi dire, de son manteau de prophète, c'est en homme, en politique, en législateur qu'il lui développe ses projets pour agrandir le peuple arabe. Mais en vain réclame-t-il les droits *d'un esprit vaste* sur l'imagination du vulgaire, et ce besoin général d'erreur et de servitude, vieille calomnie intentée contre le genre humain par ceux à qui le mensonge et la tyrannie sont nécessaires; et l'intérêt, idole puissante, à laquelle on croit que tout le monde sacrifie, quand soi-même on lui sacrifie tout : Zopire demeure immuable, et ne met point son intérêt en balance avec l'équité. Quel lien d'ailleurs peut réunir deux ennemis dont la haine est si bien fondée ? Le fils de Mahomet lui fut ravi par Zopire; les enfans de Zopire sont tombés sous le fer de Mahomet. C'est ce que dit le vieillard lui-même; et ici, par une transition savante, le poète donne à la scène un essor plus rapide, un ton plus tragique. C'est au nom même des enfans de Zopire que Mahomet le presse : ils vivent; ils lui seront rendus s'il tombe aux pieds du prophète; et Mahomet deviendra son gendre. Étrange avantage de l'imposteur, qui prend dans les sentimens les plus saints, par conséquent dans la vertu, de quoi la combattre! Mais elle triomphe. En apprenant une si faible partie du secret, Zopire est ému, transporté de joie; ses larmes coulent; et déja, dans ses discours, l'accent paternel résonne avec une force qui plus tard sera déchirante. Et pourtant son devoir est inexorable : plutôt que de contribuer à l'esclavage de sa patrie, il immolerait ses propres enfans : tel est son terrible adieu.

La Harpe, dans son *Cours de Littérature*, rend

une justice complète à cette scène, et la trouve si belle, que, selon son usage, il la transcrit presque toute entière. A l'avis de J.-J. Rousseau, *il n'en est aucune au théâtre où la main d'un grand maître soit plus sensiblement empreinte.* Cet éloquent philosophe observe encore que, par l'habileté du poète, *le sacré caractère de la vertu l'emporte sur l'élévation du génie.* La remarque a de la profondeur; et c'est avoir bien saisi le véritable esprit d'une scène où Mahomet toutefois est si imposant; mais, à cet égard, l'intention de l'auteur est trop souvent négligée quand on joue la pièce : peu de Zopires savent atteindre à leur place; et Mahomet l'emporte, au moins par le bruit. Rousseau fait sur cette même scène, comparée à celle d'Omar et de Zopire, une autre observation très-importante. Voici ses termes : « Je « me souviens d'avoir trouvé dans Omar plus de « chaleur et d'élévation que dans Mahomet lui-« même, et je prenais cela pour un défaut; en y « pensant mieux j'ai changé d'opinion. Omar, « emporté par son fanatisme, ne doit parler de « son maître qu'avec cet enthousiasme de zèle et « d'admiration qui l'élève au-dessus de l'huma-« nité; mais Mahomet n'est pas fanatique; c'est « un fourbe qui, sachant bien qu'il n'est pas ques-« tion de faire l'inspiré vis-à-vis de Zopire, cher-« che à le gagner par une confiance affectée et

« par des motifs d'ambition. Ce ton de raison
« doit le rendre moins brillant qu'Omar, par cela
« même qu'il est plus grand, et qu'il sait mieux
« discerner les hommes. » La Harpe combat tout
ce passage; il affirme d'abord qu'il y a plus de
chaleur et d'élévation dans les discours de Mahomet que dans ceux d'Omar; et, confondant des
qualités fort distinctes, il cite des pensées profondes, des vers d'une grande portée, sans rien
prouver d'ailleurs contre l'opinion de Rousseau,
qui se connaissait assez bien en style, et qu'il
n'aurait pas dû traiter si magistralement. La Harpe,
en second lieu, nie qu'Omar soit fanatique, puisqu'il est fourbe aussi bien que son maître; mais
l'un n'empêche pas l'autre; et le censeur pourrait bien n'avoir pas compris ce qu'il croit avoir
réfuté. Certes Rousseau n'a pas prétendu qu'Omar fût sincère et fanatique à la manière de Séide.
Omar invite Zopire à régner avec Mahomet et
lui. *Le peuple, lui dit-il, est né pour les grands
hommes, pour adorer, pour croire.* Voilà le fourbe,
et même le fourbe se démasquant; mais Omar
est fier d'avoir Mahomet pour *maître*; et ce maître, selon lui, doit *changer l'univers*. Voilà le fanatique. On le retrouverait en des tirades entières,
s'il n'était pas superflu de citer ce que tout le
monde sait par cœur. Au reste, il ne faut pas
croire que la faiblesse d'esprit et l'extrême cré-

dulité soient inséparables du fanatisme : on y est déjà livré lorsqu'on se laisse subjuguer par un caractère supérieur. Avec beaucoup de lumières, Jérôme de Prague était fanatique de Jean Hus ; Mélanchton, de Luther ; Théodore de Bèze, de Calvin ; dans un autre ordre de choses, Antoine l'était de Jules-César ; Ireton, d'Olivier Cromwel. Les personnages extraordinaires qui, tour à tour, fondèrent leurs hautes destinées sur d'éclatans prestiges, eurent toujours à leur disposition deux espèces de fanatiques : les Séides, qui croient obéir aux ordres de Dieu, que leur transmet un homme ; et les Omars, qui servent aveuglément un homme dont ils ont fait leur dieu. Voilà-ce que n'a point aperçu La Harpe, ce que sentait Rousseau, ce qu'avait peint Voltaire ; et, s'il n'eût montré ces deux fanatismes marchant diversement au même but, le poète n'eût pas complété son grand tableau.

Poursuivons. Omar reparaît au départ de Zopire, et vient annoncer à Mahomet des dangers pressans. Quoique admis dans la ville, Mahomet est proscrit par la moitié des sénateurs. Demain Zopire est maître, et doit le faire périr. Zopire périra lui-même : telle est la résolution de Mahomet. Cependant, comme il veut plaire à la multitude, toute méprisable qu'elle est, il a besoin d'un agent docile, qui lui laisse le fruit du meurtre, et qui en demeure responsable : ce n'est pas lui, c'est Omar qui fait choix de Séide. Et pourquoi du fils de Zopire? est-ce comme dans Atrée, pour imaginer une horreur de plus? pour le plaisir d'ordonner un parricide? non. Séide, ôtage de Zopire, peut seul l'aborder en secret; Séide, le plus jeune, le plus ardent, le plus crédule des sectaires, peut seul immoler la victime, en se persuadant qu'il est le vengeur de Dieu. Mahomet semble balancer. Il hait dans Zopire un adversaire implacable, et dans Séide un rival aimé. Il faut les perdre tous deux; mais l'un est père, l'autre est frère de Palmire. Mahomet quitte la scène sans prendre un parti décisif; il veut consulter à loisir son intérêt, sa haine, et cet amour dont il rougit; mais les terribles mots de religion, de nécessité, qu'il fait retentir les derniers, laissent préjuger ce qu'il décidera. Observez qu'ici, comme dans toute la pièce, le poète est loin d'accumuler les détails odieux, à la manière des tragiques anglais. Il se permet bien moins encore de peindre un capitan du crime, et de lui faire développer pompeusement des théories d'extravagance autant que d'immoralité. Du reste nulle enflure et nulle trivialité dans les termes. Les tyrans, chez Voltaire, ressemblent en un point au Tibère de Tacite. Ils conçoivent, ils exécutent des projets infâmes; mais ils s'expriment noblement; ils savent que sans l'opinion publique aucune puissance n'est durable, et, pour imposer à l'opinion, laissant aux esclaves ce qui est servile, et conservant les formes de l'empire, ils sont coupables sans bassesse, et scélérats avec majesté.

Au commencement de l'acte suivant, Palmire interroge et presse Séide. Quel sang va couler? Quelle victime demande le ciel? La réponse de Séide est loin de la rassurer. Il va prêter entre les mains d'Omar le serment de mourir, s'il le faut, pour la loi de Dieu; le reste est encore un mystère. Mais on parle des projets de Zopire, on dit qu'il s'agite; et Palmire craint tout de lui. Séide exprime avec candeur l'émotion qu'il a éprouvée lorsqu'il s'est présenté comme ôtage à ce vieillard qu'il hait, et qu'il voudrait pouvoir aimer. Palmire, qui partage tous les sentimens de Séide, avoue qu'elle n'oserait accuser Zopire sans le respect religieux qu'elle a pour Mahomet. Ces mots raniment Séide; et, dans l'espoir d'être uni bientôt à elle par les mains du pontife roi, il la quitte pour aller prêter le serment fatal. L'abandon de deux âmes innocentes est bien peint dans cette scène; et leurs mouvemens divers échauffent l'action. Palmire, demeurée seule, est toute entière à son inquiétude: occupée du péril de Séide, elle redoute Zopire, elle appréhende jusqu'à Mahomet; et, quand le prophète s'avance, elle court à lui, le nom de Séide sur les lèvres. Quoique Mahomet, à ce nom, soit *troublé pour la première fois*, ainsi que Palmire l'observe elle-même; quoiqu'il ait peine à cacher son courroux, elle n'a qu'une pensée; et, par un transport involontaire, elle nomme à chaque instant Séide; mais elle garantit qu'il sera docile; et l'imposteur est satisfait, si l'amant est offensé. Ici nous n'oublierons pas que de nombreux censeurs ont blâmé l'amour de Mahomet, comme indigne d'un tel personnage; mais eux-mêmes oubliaient sans doute qu'il ne faut pas confondre le législateur arabe avec les héros austères de l'ancienne Rome; qu'en disant, *l'amour est ma récompense, l'objet de mes travaux*, il parle conformément à son caractère historique, à sa législation sacrée; que, par un dogme exprès du Koran, l'amour est l'objet des travaux de tout musulman fidèle, et sa récompense jusque dans la vie à venir. Les critiques auraient toutefois raison si l'amour de Mahomet l'arrêtait dans sa marche; mais certes, il n'en est pas ainsi, puisque celle qu'il aime et son rival aimé sont précisément ceux qu'il fait agir pour consommer la ruine de son plus redoutable adversaire. On pourrait se plaindre encore, si Mahomet s'exprimait en héros de roman, comme ont fait souvent sur notre scène et des conquérans et de vieux monarques; mais Voltaire n'avait garde de tomber dans ce faux goût, qu'il avait tant condamné après le judicieux Despréaux. Ici nulle déclaration d'amour : le spectateur sait la raison du trouble de Mahomet; Palmire l'ignore jusqu'au cinquième acte. C'est là seulement que l'imposteur lui découvre ses projets sur elle; mais alors il s'explique en maître; et nous verrons s'il attiédit l'effet tragique.

Dès que Palmire est sortie pour aller exciter le zèle de Séide, Mahomet s'affermit dans ses desseins de vengeance contre une famille qui l'outrage. Omar, agent fidèle et prompt, vient annoncer à son maître que Séide est enchaîné par les sermens, par la religion, par l'amour; il ne reste plus qu'à lui nommer la victime; Séide est prêt à la frapper. Cette nuit, en ce lieu même, Zopire doit invoquer ses dieux; cette nuit il faut qu'il périsse. Ainsi parle Omar : Mahomet l'approuve; et Séide paraît...................
....

UN MOT
SUR M. ESMÉNARD.

Et M. Esménard!

Il faut bien parler avec quelque détail de ce monsieur Esménard. C'était, de toute manière, un fort petit homme, subalterne comme poète, comme fat et comme ignorant. Ayant voyagé hors de France, pendant la révolution, il passait pour un bel esprit chez les marchands de sucre de Hambourg; et sa réputation poétique était même parvenue dans quelques comptoirs d'Altona. Il avait causé avec l'abbé Delille en Suisse, et se faisait passer pour son élève : manière sûre de le décrier. Le petit abbé, qui, je ne sais comment, avait oublié qu'une flûte n'est pas un orchestre, rêvait alors qu'il était au moins Voltaire : il vit Esménard; il lui prouva, par un vers de Virgile, qu'Apollon lui-même avait quitté la France; qu'Apollon, c'était évidemment l'abbé Delille; et qu'en conséquence d'un départ si fatal personne ne savait plus à Paris la mesure d'un vers, et qu'on y avait renoncé à la langue française pour adopter le bas-breton. Il boudait majestueusement la France, qui s'était mal conduite à son égard, disait-il : apparemment en lui ouvrant ses portes, et en le nommant, pendant son absence, membre de l'Institut national. Au reste, on pouvait espérer de le revoir à Paris, si la république voulait bien cesser d'être, et si, par considération pour lui, on se hâtait de rétablir les abbayes et la royauté. Esménard, bien endoctriné, revint en France après le 18 brumaire. Il y trouva, dans le ministre Talleyrand, un protecteur digne du protégé. Il fit une ode en faveur de Bonaparte : il le comparait au soleil, en mettant, comme il est juste, le soleil en rang inférieur. Dans un tems où les flagorneries les plus lourdes passaient pour très-fines, on sut gré à l'auteur d'avoir rajeuni cette comparaison peu usitée, depuis messieurs de *Gombaud*, de *Gomberville* et de *la Ménardière*[1],

---

1. MM. de Gombaud, de Gomberville et de la Ménardière vivaient tous trois vers la fin du seizième siècle. Dans les satires de Boileau, il est souvent fait mention d'eux, mais rarement à leur avantage. Le premier a fait de plates tragédies et quelques mauvais sonnets, dont un seul mérita d'être remarqué. Il commençait ainsi :

Le grand Montmorency n'est plus qu'un peu de cendre.

Le second a fait un grand nombre d'ouvrages en prose et

poètes du XVIIe siècle, les Esménards de leur tems, et très-connus, au moins par les satires de Boileau. Esménard, non content de son ode, publia quarante-huit vers à compte sur un long poëme *de la Navigation*, dont il menaçait le public. Ces vers étaient médiocres, de véritables vers d'écoliers, dans la manière infiniment affaiblie de Delille et de Fontanes ; hommes dont, toute opinion politique à part, le talent correct et brillant ne peut être raisonnablement contesté. Esménard fit ou fit faire pour les journaux cinq ou six articles louangeurs sur lui, son *ode* et ses quarante-huit vers ; il parut dans les lycées, dans les coteries, et prit toutes ses mesures pour être un grand homme. *Sa comparaison du soleil* lui valut une place : on le fit chef du bureau des théâtres, dans la division de l'instruction publique, au ministère de l'intérieur.

Comme la manie des petites vanités a toujours

---

en vers dont il reste à peine un souvenir. Quant au troisième, le triste succès d'*Alinde*, tragédie dont on avait préconisé l'excellence par anticipation, lui valut de la part de Boileau une remontrance sévère mais justement méritée. Il paraît que c'est contre lui particulièrement que sont dirigés les vers placés en tête du premier chant de l'*Art Poétique*. Toutefois il est à remarquer que, sans plus de titres à l'illustration, ces trois messieurs ont eu l'honneur de siéger à l'Académie.

(*Note de l'Éditeur.*)

été d'agrandir les petites choses, il se disait effrontément administrateur général de tous les théâtres de France, quoiqu'il n'en administrât aucun, pas même les danseurs de corde. Dans sa sphère étroite, il sentit qu'il pouvait nuire, et il nuisit. Il s'avisa de se croire sur ma route, lorsqu'assurément j'étais loin de me trouver sur la sienne. Moitié rancune contre ceux qui n'avaient point été ses compagnons de voyage, moitié basse jalousie contre tout ce qui avait plus de renommée que lui, ce qui embrassait une grande étendue, le succès d'*Henri VIII* lui porta ombrage; et il résolut de l'interrompre. Il signifia donc au citoyen Mahéraut, commissaire du gouvernement près le théâtre de la république, que le premier consul, le ministre et lui se trouvaient choqués de quelques passages de cette tragédie; que l'auteur, en la retirant, satisferait le premier consul, lui et le ministre; que, dans tous les cas, on devait cesser de représenter la pièce; que cela était arrêté entre lui, le premier consul et le ministre. Je reçus cette injonction burlesque avec le mépris que devait inspirer l'autorité d'Esménard. J'allai trouver le ministre Chaptal, chimiste habile, homme fort médiocre sur tout le reste, nul pour les travaux politiques, à moins qu'on ne veuille parler d'un projet d'organisation de l'enseignement, projet qui n'était propre qu'à tout désorganiser, et si vicieux que, repoussé sur-le-champ par l'opinion universelle, il échoua même au conseil d'état. C'était, d'ailleurs, un Languedocien passablement délié, d'abord ministre par intérim, ensuite confirmé par hasard, mais sachant se plier aux circonstances, et très-déterminé à conserver le ministère [1]. Il me parla de la colère du premier consul, de mon discours *sur les tribunaux spéciaux*, et m'invita à retirer la tragédie d'*Henri VIII*. Je lui dis que mes opinions, comme tribun, n'avaient rien de commun avec mes travaux littéraires, surtout avec une pièce de théâtre; que je ne retirerais point la pièce; et que, puisqu'on voulait interrompre ses représentations, il fallait prendre sur soi de la défendre, ainsi que Robespierre et ses amis avaient fait défendre, il y a quelques années, *Charles IX* comme royaliste, *Fénélon* comme fanatique, et *Caïus Gracchus* comme favorisant l'aristocratie.

---

[1]. Le portrait que Chénier donne ici du respectable Chaptal ne ferait pas honneur à son beau caractère, et surtout à son goût, si sa conscience avait pris part à cette injuste diatribe; mais il est facile de voir qu'elle est toute entière le fruit du dépit le plus marqué, et que Chénier crut se venger par là d'une atteinte portée à sa gloire littéraire. *Genus irritabile vatum!* (*Note de l'Éditeur.*)

RÉFLEXIONS SUR VOLTAIRE[1].

Que de petitesses dans un si grand homme! voyez comme il recherche, comme il appelle la louange, sans choix, sans distinction de personnes! Chose étonnante, qu'un génie qui mé-

---

[1]. Ce morceau paraîtra curieux en ce qu'il pourra servir à contre-balancer les louanges continues que Chénier donne à Voltaire à chaque page de ses œuvres. Comme poète, il est vrai, trop souvent il s'abandonne à son enthousiasme; parfois même on pourrait lui reprocher d'outrer l'éloge; mais, lorsque, déposant son luth, Chénier saisit la plume de l'écrivain, c'est alors que son goût s'épure, que sa critique devient saine et judicieuse; c'est alors qu'il est réellement lui-même. Il nous en offre un long et glorieux exemple dans son *Tableau de la littérature*. Il est donc probable qu'après la lecture de ce fragment sur Voltaire ceux qui ont pu taxer Chénier d'une partialité sans bornes (et il en est beaucoup), rétracteront bientôt un jugement trop sévère, et qui finirait par devenir injuste, s'ils persévéraient plus long-temps. (*Note de l'Éditeur.*)

ritait tant d'éloges les aimât si passionnément! Le desir des louanges, guidé par un discernement sûr, est précisément ce qui fait les hommes extraordinaires; mais, privé de ce discernement, mais poussé jusqu'à l'excès, il devient puéril et condamnable. Voltaire donne à vingt littérateurs médiocres des brevets de célébrité; et leurs noms, déposés dans ses écrits, parviendront aux générations futures, qui demanderont le titre de leurs ouvrages.

Ses satires, souvent justes, puisqu'il était souvent attaqué, souvent plaisantes, originales, énergiques, et, dans un genre différent, égales aux meilleures du dernier siècle, sont aussi quelquefois injustes, peu décentes, et même indignes de lui quant à la partie du style : telle est surtout cette longue et amère diatribe intitulée: *la Guerre de Genève;* facétie injurieuse pour lui seul, et dirigée principalement contre un philosophe dont il devait au moins respecter les malheurs, et qu'on serait tenté de nommer son égal, si Voltaire avait eu des égaux dans ce siècle.

Mais, tandis qu'il s'efforçait d'accabler des gens de mérite qui, je ne sais comment, lui faisaient ombrage, il courtisait des rois, et se donnait des chaînes par vanité. Esclave d'un monarque du nord, qui joignait à de grands talens, à de grandes qualités, les vices inséparables des despotes, l'auteur de *Mérope* et du *Siècle de Louis XIV* allait supporter en Prusse et les dégoûts arbitraires, et, ce qui est pis encore, une admiration que partageaient avec lui l'auteur de *Vénus physique* [1], et le chantre de *Manon* [2].

Lisez maintenant les éternels *panégyriques* du feu roi Louis XV, prince qui méritait des louanges en quelques parties, mais qu'il exalte en toute chose, et beaucoup plus que Pline le jeune n'a jamais exalté le divin Trajan ; lisez les vers et les épîtres dédicatoires qu'il adresse tour-à-tour aux maîtresses de Louis XV. Que ce personnage est peu digne d'un philosophe ! Quel emploi d'encenser un monarque jusques dans ses faiblesses honteuses et souvent funestes ! Ah ! sans dégrader à ce point la poésie, que ne les abandonnait-il à la sévérité de l'histoire ? Si des rois révérés long-temps après leur règne ont pu connaître ces erreurs, ils sont révérés malgré elles, et non pour elles ; et, sur un pareil article, l'historien le plus flatteur ne témoignerait son adulation que par le silence.

Attentif à tous les mouvemens de la fortune, et toujours aussi rapide qu'elle, il chantait les favoris et les ministres dès que la renommée pu-

---

[1]. Maupertuis.
[2]. L'abbé Prévost.

bliait leur élévation. Ne doutons point qu'il n'ait souvent rougi de ses héros : aussi lui est-il arrivé quelquefois de se rétracter, du moins après leur mort. S'il n'eût rendu justice à la mémoire de ce cardinal de Fleuri, qu'il avait tant loué de son vivant, on pourrait croire que ses louanges étaient sincères, et qu'il avait eu le malheur de se tromper. Les hommes qui n'ont pas perdu toute pudeur conviendront qu'il vaut mieux se tromper grossièrement que de mentir à soi-même.

Mais peut-être a-t-il toujours écrit ce qu'il pensait; peut-être ne s'est-il désabusé qu'à la mort de ces hommes puissans dont il s'était fait le panégyriste. On est heureux, du moins, de se désabuser si à propos; et il est assurément très-prudent de rétracter les éloges qu'on a donnés à vingt ministres, quand on ne peut plus rien espérer ni rien craindre d'eux, et quand on est certain de plaire aux nouveaux favoris en rabaissant leurs prédécesseurs.

FRAGMENS

PHILOSOPHIQUES ET LITTÉRAIRES.

AVIS DE L'ÉDITEUR.

Les pièces suivantes que nous offrons au public, sous le titre de *Fragmens philosophiques et littéraires*, sont des passages détachés que nous avons trouvés épars dans les manuscrits inédits de Chénier. Il paraît que, quelques années avant sa mort, cet écrivain distingué avait conçu le plan d'un grand ouvrage, et que la plupart des morceaux que nous imprimons ici étaient autant de matériaux destinés à le composer. Ce qui nous porte à le croire, c'est qu'en tête de chacun de ces articles il avait écrit : *Fragment d'un grand ouvrage.*

Convaincu que le public accueillera avec plaisir tout ce qui peut enrichir l'édition des œuvres de notre auteur, nous avons réuni et classé, avec le plus d'ordre qu'il nous a été possible, ces ébauches philosophiques et littéraires, qui, malgré l'imperfection inévitable du premier travail, laissent clairement entrevoir toute l'étendue et la profondeur du sujet qu'il voulait exploiter. Chénier offre, dans le premier jet de cette vaste composition, dont il est à regretter que sa mort nous ait privés si vîte, l'exemple tant de fois démontré que le grand homme se révèle jusque dans les moindres choses.

FRAGMENS
PHILOSOPHIQUES.

I.

Si Dieu venait à parler ou à écrire, il faudrait l'en croire sur sa parole ; mais l'autorité d'un homme n'est rien. Pour avoir raison, quand on est homme, il faut démontrer qu'on a raison ; et démontrer, ce n'est pas prouver qu'une chose peut exister ainsi, c'est prouver qu'elle ne peut exister autrement ; et ne dites pas : les vérités mathématiques sont les seules qu'on puisse démontrer. On démontre tout ce qui est soumis à la raison humaine, tout ce qui tient aux hommes ; on ne saurait démontrer ce qui ne leur tient pas : aussi n'y a-t-il pas de démonstration en métaphysique. Pope, dans un excellent poëme, a voulu démontrer que tout est bien. Pope n'a rien démontré, sinon qu'il avait un grand génie. L'évêque d'Avranche, Huet, après beaucoup d'autres, a voulu démontrer notre religion ; et l'évêque d'Avranche, avec tout son esprit et ses profondes connaissances, n'a fait qu'abuser du raisonnement, en l'exerçant sur des matières qui sont nécessairement au-delà de nous. Tant que j'aurai besoin de foi pour penser comme vous, je ne vois que des mots dans ce que vous appelez démonstration. Le mystère de l'incarnation, quoique d'ailleurs si respectable, n'est pas plus facile à prouver évidemment que les mensonges de l'Alcoran, ou les aventures du bœuf Apis et du dieu Fo. On me dit qu'il fait jour : mais j'ouvre les yeux, et je n'y vois goutte. Telles sont les démonstrations des métaphysiciens, avec leurs chimères du *libre-arbitre* et de *l'optimisme*, et tant d'autres belles choses aussi profondes qu'utiles. La nuit dure encore depuis les livres du beau diseur Platon jusqu'à ceux du méthodique et savant Condillac. Courage! il faut espérer qu'elle finira. Pour moi :

« Raisonner est l'emploi de toute ma maison ;
« Et le raisonnement en bannit la raison. »

II.

SUR LE DESPOTISME.

On sait quelle est l'origine du despotisme. Une peuplade est en guerre contre une peuplade voisine : le citoyen le plus robuste et le plus courageux est élu chef de l'armée. L'empire entre ses mains n'est qu'une commission passagère ; un second chef le rend inamovible ; un troisième héréditaire. Bientôt les parens du prince font une classe à part; ils ont tous les honneurs, tous les emplois: voilà le commencement d'une noblesse. Mais il importe au prince de l'asseoir sur des bases solides: alors il forme des charges honorifiques, il accorde des priviléges, il favorise quelques familles; et c'est en donnant ainsi de la puissance à cette noblesse qu'il augmente et affermit sa propre autorité.

Le droit arbitraire d'un seul homme sur la vie, les biens, la liberté de tous, caractérise le despotisme. Le monarque n'a point ce droit odieux, puisque le monarque n'est point au-dessus des lois. Les tyrans ont voulu le conquérir; ils ont inventé les lettres de cachet, punition ou plus souvent encore vengeance absurde, quelquefois obscure et cachée dans l'ombre, lorsqu'il est besoin de supplices. Cet effroyable usage s'est perpétué en France, non-seulement sous les tyrans, mais encore sous les rois faibles, ou même justes et bons, grâce à des ministres imbéciles ou méchans. Les bastilles se sont multipliées; et tel homme a porté des chaînes pour avoir fait un bon ouvrage, ou bien pour avoir déplu à la maîtresse d'un roi, d'un ministre, peut-être même d'un premier commis. Potentat révéré, les gémissemens de tes sujets formeraient-ils un concert agréable à ton oreille? Ou, si tu n'es point né cruel, conçois-tu une condition plus déplorable que la tienne? Séduit dès l'enfance, dupe de ton éducation royale, depuis gouverné, trompé par des ministres et des prélats, esclave de tes maîtresses, de leurs amis, et de ceux de ta couronne! Malheureux! tes propres vertus te sont inutiles : des despotes subalternes t'ont condamné toi-même à la servitude; ta cour n'est qu'une vaste et superbe bastille où l'on feint de t'adorer : même exempt de remords, tu portes en effet des chaînes; et l'or fastueux qui les couvre ne sert qu'à les rendre plus pesantes.

III.

Le législateur qui parvient à rendre un peuple heureux, libre, vertueux, est sans contredit le premier des hommes. Mais, au point où en sont les choses dans l'Europe entière, quel souverain oserait entreprendre cet important ouvrage? En attendant que la présence d'un homme envoyé du ciel honore des contrées dignes de lui, et puisse animer un corps politique, voici, ce me semble, ce qu'il faudrait faire pour être un vrai législateur. La paresse des citoyens est le plus grand vice d'un état: n'encouragez pas, rendez nécessaires le travail et l'industrie; honorez-les; gardez-vous de rendre un peuple mercenaire. J'ai connu dans le monde un philosophe qui prétendait que, dans une chose publique bien gouvernée, les lois attacheraient une flétrissure à la richesse. Cet avis vous semble exagéré; c'est pourtant mon avis maintenant; et, si vous me promettiez d'y réfléchir, j'ose penser qu'il pourrait devenir le vôtre.

IV.

Pour mériter le nom d'honnête homme, suffit-il de ne pas voler, de ne pas tuer? Il y a vingt ou trente ans, je ne sais quel livre philosophique fut condamné au feu par le parlement de Paris. Un magistrat, dit-on, commença son avis de cette manière : *Jusques à quand, messieurs, ne brûlerons-nous que des livres?*

Cette phrase, digne d'un inquisiteur, pouvait-elle sortir de la bouche d'un honnête homme? Je demande si l'intolérance ne suppose pas un manque d'humanité, et si l'on peut être honnête homme quand on n'est pas homme.

V.

On a écrit, je ne sais plus où, que le chancelier de l'Hôpital soutint dans une occasion que les rois ne doivent pas rendre compte aux sujets de leur conduite; et que leur volonté doit prévaloir contre les lois. Il faut plaindre le chancelier de l'Hôpital, s'il a dit cette impertinence. Ceux qui connaissent sa vie et ses ouvrages conviendront que ce n'était pas là sa manière de penser. Ce propos est celui d'un homme très-borné ou très-lâche; et le chancelier de l'Hôpital n'était ni l'un ni l'autre. Cette doctrine est celle du chancelier Duprat, qui n'était point un homme borné, mais un homme vil. Il accabla la France d'impôts, établit la vénalité des charges, et réussit fort bien en son tems à souiller la magistrature, et à diminuer la force des lois.

VI.

Ceux qui ont dit que le siècle dernier était bien moins éclairé que celui-ci ont dit une vérité dont il n'est pas permis de douter, quand on veut y réfléchir. Ceux qui ont déprimé le dernier siècle pour exalter celui-ci ont eu grand tort. Il faut observer d'abord que notre siècle est enrichi de toutes les lumières du précédent. Pour les comparer ensemble, on doit donc fixer deux époques : la première, depuis la fin du seizième siècle jusqu'à la fin du dix-septième ; la seconde, depuis la fin du dix-septième jusqu'à présent. Il ne serait pas très-utile, mais il serait curieux d'examiner dans laquelle de ces deux époques l'esprit humain a fait le plus de progrès.

VII.

L'imagination a des idées en abondance, mais

sans ordre; le génie unit l'ordre et la fécondité; ou plutôt le génie n'est que l'ordre lui-même. L'imagination va sans cesse au-delà du but; ses productions sont gigantesques; elle peint tout avec force, mais sans vérité. Le génie est toujours vrai; le génie est la vérité même. Aux yeux du génie, tout se rassemble, tout prend des formes énergiques. L'imagination n'a point d'yeux, et ne connaît que des fantômes : elle ne créa jamais, puisque rien chez elle n'a une véritable existence. Le génie seul est créateur. L'imagination enfante le chaos. Le génie le débrouille.

VIII.

Le monde est un vaste cimetière, où des mourans se promènent sur des morts.

IX.

Le Poussin, dans un tableau célèbre, représente les bergers d'Arcadie. C'est la vraie peinture de la vie humaine : une danse sur des tombeaux.

X.

Les siècles dévorent les siècles; les cités nouvelles, debout sur les cadavres des cités antiques, meurent et s'ensevelissent à leur tour; la pensée de l'homme reste immortelle [1].

XI.

Extravagans! vous croyez qu'il y a quelque chose de commun entre Dieu et vous, que Dieu vous a parlé, que Dieu vous a révélé ses secrets! Imbéciles mortels! si vous parliez à la fourmi qui rampe sous vos pieds, entendrait-elle votre langage? Et, s'il est vrai qu'aux regards de Dieu vous soyez plus que la fourmi, du moins vous avouerez que vous êtes beaucoup moins devant ce Dieu que la fourmi n'est devant vous. Dieu est l'infini; vous êtes le fini comme cet insecte imperceptible; et à l'égard de l'infini un million est égal à un.

XII.

Les hommes supérieurs influent sur leur époque, mais toutefois ils en dépendent. Placez Locke au treizième siècle: à peine eût-il été saint Thomas; et saint Thomas, au dix-huitième siècle, aurait surpassé Condillac.

---

[1]. On retrouve cette belle pensée vers la fin de l'épître à Voltaire.

« Vain espoir! tout s'éteint; les conquérans périssent; etc. »
Voyez tome III des ŒUVRES ANCIENNES.

XIII.

Si l'on voulait ne connaître que des gens parfaits, l'on ne vivrait avec personne, excepté avec soi.

XIV.

Il peut exister des vertus avec le fanatisme; il n'en est point avec l'hypocrisie.

XV.

Les batailles sanglantes dont les généraux font tant de bruit sont presque toujours de grands événemens pour les gazettes, et de petits événemens pour l'histoire.

FRAGMENS LITTÉRAIRES.

I.

Quelques prosateurs ont assuré qu'il est aussi difficile d'écrire en prose qu'en vers; ce qui n'est pas, parce que cela ne peut pas être. Ainsi Corneille, qui n'écrivait point la prose avec éclat, l'écrivait mieux qu'aucun de ses contemporains avant Pascal; Boileau l'écrivait avec beaucoup de pureté et d'élégance. Deux lettres polémiques de Racine, et un discours prononcé à l'Académie, démontrent non pas qu'il pouvait exceller, mais qu'il excellait dans la prose. Il ne lui a manqué dans l'Histoire de Port-Royal qu'un sujet moins oiseux et vraiment digne de la gravité de l'histoire. M. de Voltaire n'a guère eu de rivaux dans cette langue, qui n'est pas la langue poétique; et, pour en dire mon avis, sa prose est supérieure à ses vers. Molière, en son genre tempéré, écrivait également bien les deux langues. Au contraire, de beaux génies parmi les prosateurs sont au-dessous du médiocre quand ils veulent être poètes : c'est qu'il est plus aisé de descendre que de monter; et lisez, pour vous en convaincre, les vers de J. J. Rousseau, une certaine ode de Fénélon, une plus détestable encore de cet éloquent Bossuet; et, si cela ne vous suffit pas, voyez un peu ce que Pascal appelle beautés poétiques : *Fatal laurier*, *bel astre*, etc. Il y a un peu mieux que cela dans *Britannicus* et dans *Athalie*.

D'autres ont prétendu que toutes les beautés poétiques peuvent se transporter dans la prose. Certes, malgré l'affectation de quelques prosateurs de ce siècle à singer les tours et les locutions poétiques, je doute qu'un seul osât mettre dans sa prose ce vers de Malherbe,

« Et les fruits passeront la promesse des fleurs ; »

Ou ceux-ci de La Fontaine :

« Mais vous naissez le plus souvent
« Sur les humides bords des royaumes du vent. »

Les vers suivans, qui sont d'*Iphigénie*, feraient-ils un meilleur effet réduits en prose, c'est-à-dire exempts de la rime, de la mesure et des inversions ?

« Pour comble de malheur, les dieux, toutes les nuits,
« Dès qu'un léger sommeil suspendait mes ennuis,
« Vengeant de leurs autels le sanglant privilége,
« Me venaient reprocher ma pitié sacrilége,
« Et, présentant la foudre à mes esprits confus,
« Le bras déjà levé, menaçaient mes refus. »

Qu'est-ce que voudra dire en prose *le sanglant privilége des autels; la pitié sacrilége d'Agamemnon; la foudre présentée à des esprits; et des refus qu'on menace le bras levé?* Ce langage est celui d'un prophète. Les beautés poétiques n'ont donc rien de commun avec la prose; et ce sont deux choses absolument séparées. Ces exemples prouvent de plus que notre poésie ne consiste pas, comme on l'a souvent imprimé (et que de sottises n'a-t-on pas imprimées!), que notre poésie, dis-je, ne consiste pas seulement dans la rime, la mesure et les inversions. Bien est-il vrai qu'il faut tout cela dans la poésie; mais il y faut encore une profusion d'images, une audace de mots dont la prose ne saurait donner qu'une faible idée. De là vient qu'un excellent prosateur, traduisant un excellent poète, est toujours moins précis que l'original, dont il ne peut rendre qu'à force de mots les tours rapides, les expressions dévorantes. Encore y a-t-il bien des choses qui sont nécessairement perdues, outre les inversions; l'harmonie délicieuse, qu'il faut toujours admirer dans notre beau Racine, et, pour finir en le citant,

> Je ne sais quelle grace
> Qui me charme toujours, et jamais ne me lasse.

Il est tout aussi peu sensé d'affirmer qu'il ne faut pas chercher l'instruction dans les poètes. Il y a sans doute des poètes qui pensent peu ; mais penser peu n'est pas l'essence de la poésie. Bien loin de là! Le style des poètes non penseurs se sent toujours du vide de leur tête. Quelle différence du style de J. B. Rousseau à celui de Racine, à celui des beaux ouvrages de Corneille et de Voltaire, à celui de quelques excellentes épîtres de Boileau, de l'admirable satire sur l'homme, et des beaux morceaux de La Fontaine! Pope, malgré son *tout est bien*, ne pensait-il pas assez? L'Essai sur l'homme en fait foi peut-être. Y a-t-il en prose un ouvrage aussi court et aussi instructif, dans ces vaines questions de métaphysique? Qu'on ne dise donc plus: le poète ne doit pas songer à instruire. Voilà bien, en tout genre d'écrire, quel doit être son premier but; et je ne connais d'autre poète que celui dont parle Horace :

*Ingenium cui sit, cui mens divinior, atque os
Magna sonaturum*, etc.
Horat. Sat. IV, lib. I.

Il a donc, outre l'imagination, une intelligence divine; et vous voyez bien qu'il doit chanter, non pas de grands mots, mais de grandes choses.

II.

Les trois fameux tragiques d'Athènes ont souvent travaillé sur les mêmes sujets. Il existait en

France une *Sophonisbe* avant celle de Corneille. De mauvais poètes français s'étaient exercés, avant Racine, sur les sujets d'*Étéocle* et de *Polynice*, de *Phèdre*, d'*Iphigénie*, d'*Esther*. M. de Voltaire a fait un *OEdipe*, après celui de Corneille; une *Mariamne*, après celle de Tristan; un *Brutus*, après celui de Fontenelle, ou, si l'on veut, de mademoiselle Bernard; une *Mort de César*, après celle de mademoiselle Barbier; une *Mérope*, après l'*Amasis* de la Grange et le *Téléphonte* de la Chapelle; un *Oreste*, une *Sémiramis*, un *Catilina*, un *Atrée* même, soit du vivant de Crébillon, soit après sa mort. Il a toujours été permis aux poètes d'essayer de nouveau les sujets qui leur paraissaient manqués par d'autres. Si l'on fait plus mal, on ne saurait nuire à ses prédécesseurs; si l'on fait mieux, c'est un service que l'on rend au public.

III.

Sur les Tragiques Grecs.

Quelques personnes prétendent que les tragiques grecs sont déclamateurs: cette opinion a été, sinon créée, du moins adoptée par feu M. de Voltaire, en quelques endroits de ses ouvrages. Je ne la crois pas fondée; et, pour prouver la mienne, j'irai chercher ses propres imitations de Sophocle, et surtout les imitations d'Euripide, qui ont illustré notre grand Racine. Lisez, au premier acte de la *Phèdre* française, cette belle scène entre Phèdre et sa confidente : elle est à-peu-près traduite d'Euripide. Écrite par un poète médiocre, cette belle scène serait devenue une déclamation fastidieuse. Personne n'a mieux connu le vrai langage des passions que ces anciens Grecs; et si, en traduisant leurs pensées, Sénèque, Longe-Pierre et d'autres, ont été déclamateurs, c'est qu'ils ont substitué à l'énergie, à la simplicité, à la gravité du style antique, leur propre style, c'est à dire, la bouffissure et la faiblesse. Cette déclamation, si injustement reprochée aux Grecs, est le défaut qui domine dans les poètes espagnols. Il se fait remarquer avec beaucoup d'autres dans cet étrange poète du Nord, si ridiculement exalté depuis quelques années par des gens de lettres français, dans ce Shakespeare, qui a mêlé tous les tons, confondu tous les caractères, et qui, pour quelques beautés dispersées dans trente ouvrages, dont la masse est aussi monstrueuse que la forme, offre à chaque instant les fautes les plus ridicules où puisse tomber un écrivain, et souvent porte le délire et l'indécence à un degré humiliant pour l'humanité.

IV.

Sur Corneille et Racine.

Corneille était un génie supérieur à Racine; mais Racine avait un bien plus grand talent que Corneille. C'est par le talent que Racine l'emporte sur tous les poètes du tems moderne, et qu'il n'a de rival que Virgile dans les littératures anciennes.

V.

Sur Jean-Baptiste Rousseau.

J. B. Rousseau est venu après Boileau et Racine : il est leur élève, et, malgré son talent, il est loin d'égaler ses maîtres. Si Malherbe eût écrit sous Louis XIV, Racine et Boileau ne lui seraient pas supérieurs.

VI.

Sur Cervantes.

Cervantes a eu le secret d'être correct en faisant un ouvrage de plaisanterie qui tient quatre volumes.

VII.

Sur La Chaussée.

La Chaussée est un auteur estimable, qui ne connaissait pas médiocrement la société. Ses vues sont quelquefois très-fines, ses sujets très-bien conçus; mais, il faut en convenir, son esprit et ses talens poétiques étaient fort loin d'égaler sa judiciaire.

VIII.

Sur La Harpe.

On demande pourquoi le sujet de *Coriolan* a toujours été manqué, du moins en France. Quelques personnes pensent qu'on ne peut traiter ce sujet d'une manière heureuse : l'opinion pourrait être fondée, s'il eût été l'écueil d'un Corneille, d'un Racine ou d'un Voltaire.

IX.

Sur Lefranc de Pompignan.

M. DE POMPIGNAN, considéré comme littérateur, avait un mérite peu commun. Il admirait, il sentait Sophocle et Pindare; mais il n'était point né pour les atteindre. Une belle strophe et quelques vers pathétiques ne sauraient le placer au rang de ces hommes divins. La lecture assidue de Racine et des anciens modèles avait pu sans doute lui former une oreille harmonieuse, mais non lui donner ce génie brûlant qui seul fait les grands poètes, cette fécondité merveilleuse, cette hauteur de conception qu'obtiennent à peine trois ou quatre hommes dans un siècle favorisé de la nature.

X.

Le principal défaut du style de notre *Didon* française est d'être souvent faible et vague. Ce style approche quelquefois du style niais. C'est celui de tous les gens qui écrivent sans penser; et par conséquent ce sera toujours celui de beaucoup de monde.

XI.

Sur Rotrou.

Un style souvent noble et ferme, des caractères tragiques, des beautés d'un ordre supérieur, placent le *Venceslas* de Rotrou fort près des bons ouvrages de Corneille. Cet auteur est mort à quarante-deux ans, après avoir fait plus de trente-six Pièces, en cinq actes, tant comédies que tragédies. Elles sont toutes en vers : le seul *Venceslas* est resté. S'il avait mis le tems que lui ont coûté tous ces ouvrages à n'en composer que la quatrième partie, Rotrou eût donné un grand homme de plus à la nation. Aujourd'hui même que la langue est entièrement formée, le génie le plus fécond ne pourrait, dans une vie aussi courte, fournir, à beaucoup près, ce nombre étonnant de grands ouvrages en vers. Une seule pièce excellente vaut mieux que cent volumes médiocres. Cette vérité n'est pas neuve; mais elle est très-importante; et même, en lisant les recueils de nos plus grands maîtres, on est tenté de la répéter souvent.

XII.

Sur Saint-Évremont.

Saint-Évremont qui a déployé, sinon beaucoup de profondeur, du moins un bon esprit dans ce qu'il a écrit sur le génie philosophique des anciens Romains, a loué sérieusement le grand Corneille d'avoir fait parler galamment César, Sophonisbe et Maxime; mais, ce qui est bien pis, le même Saint-Évremont s'est plaint de n'avoir trouvé rien de galant dans les *Géorgiques* et dans l'*Énéide*.

XIII.

Sur madame de Simiane.

Comme petite-fille de madame de Sévigné, madame de Simiane se croit forcée d'avoir de l'esprit. Elle en a sans doute, et beaucoup; elle est encore de la famille; mais l'inimitable n'était plus.

XIV.

Sur Voltaire.

Au lieu d'être injuste envers Sophocle, M. de

Voltaire aurait dû, peut-être même après son succès, refaire son *OEdipe*; substituer à son exposition assez commune cette magnifique exposition de *Sophocle*, la plus belle qu'on puisse citer dans aucune pièce et dans aucune langue; anéantir ce rôle de Philoctète, et ces vieilles amours de Jocaste, tache monstrueuse dans un bel ouvrage, et ne point oublier la scène des adieux d'OEdipe à ses enfans, scène d'un admirable pathétique, et qui contraste parfaitement avec les scènes terribles qui sont fréquentes dans cette pièce.

FIN DU TOME III ET DERNIER DES OEUVRES POSTHUMES.

TABLE

DES MATIÈRES CONTENUES DANS CE VOLUME.

TABLEAU DE LA LITTÉRATURE.

INTRODUCTION .... Page	3
CHAPITRE PREMIER. — Grammaire; Art de penser; Analyse de l'entendement.	30
CHAP. II. — Morale, Politique et Législation.	61
CHAP. III. — Rhétorique; Critique littéraire.	99
CHAP. IV. — Art oratoire.	126
CHAP. V. — L'Histoire.	142
CHAP. VI. — Les Romans.	204
CHAP. VII. — La Poésie épique : *poëme héroïque; poëme héroï-comique; imitations et traductions en vers*.	249
CHAP. VIII. — La Poésie didactique.	271
CHAP. IX. — Poésie lyrique; Div. petits genres de Poésie.	284
CHAP. X. — La Tragédie.	296
CHAP. XI. — La Comédie.	317
CHAP. XII. — Le Drame; les deux scènes lyriques. *Coup-d'œil sur les moyens de soutenir l'art dramatique*.	341

MÉLANGES LITTÉRAIRES.

LEÇON sur les poètes français, depuis le règne de Philippe de Valois jusqu'à la fin du règne de Louis XII.	355

TABLE.

Leçon sur les historiens français depuis les commencemens de la monarchie jusqu'au règne de Louis XII... 364
Analyse de la tragédie de Mahomet par Voltaire..... 382
Un Mot sur M. Esménard...................... 398
Réflexions sur Voltaire........................ 403
Fragmens philosophiques..................... 411
Fragmens littéraires.......................... 420

FIN DE LA TABLE DES MATIÈRES.

TABLE
ALPHABÉTIQUE
DES AUTEURS ANCIENS ET MODERNES, NATIONAUX ET ÉTRANGERS, MENTIONNÉS DANS CE VOLUME.

A.

AGUESSEAU (d'). Orateur célèbre, dont les ouvrages ont éclairé la législation civile, 76. — La noblesse, l'harmonie, une élégance continue, mais peu animée, caractérisent ses nombreux discours, 134.

ALEMBERT (d'). Dans ses *Morceaux choisis de Tacite*, il est sec, précis en géomètre et non en grand écrivain, souvent infidèle au texte, et plus souvent au génie de l'auteur, 161.

ALLART (madame). Éloge de sa traduction du *Confessionnal des Pénitens noirs*, 239.

ANDRIEUX (M). Poète distingué dans le conte, 21. — Et dans le genre comique, 24. — Son esprit et son enjouement ont animé des narrations charmantes, 289. — Sa comédie d'*Anaximandre* se distingue par une diction pure, élégante et facile, 325. — Les *Étourdis* ont fondé sa réputation; mérite de cette pièce, *ibid*. — Il a honoré la mémoire d'Helvétius et celle de Molière; mention du *Souper d'Auteuil*, et de la comédie du *Trésor*; qualités distinctives du talent de l'auteur, 326 et *suiv*. — Il a contribué à ramener dans la comédie le goût égaré loin de sa route, 375.

ANQUETIL. L'*Esprit de la Ligue* et l'*Intrigue du Cabinet* :

ouvrages intéressans et bien écrits, 168. — Il a complètement échoué dans son travail sur l'*Histoire Universelle*, *ibid.* — Son *Histoire de France*, production sans physionomie, long abrégé d'énormes fatras, 174.—Défauts de son ouvrage intitulé : *Louis XIV, sa Cour et le Régent*, 185 et *suiv.*

Arnaud (l'abbé). Ses divers ouvrages sur la littérature et sur la musique attirent et captivent l'attention la plus difficile, 108.

Arnauld (le docteur). A fait avec Nicole la *Logique de Port-Royal*; éloge de ce livre, 44.

Arnault (M.) Ses travaux sur des objets d'instruction publique, 14.—Poète distingué dans l'apologue, 21.— Et dans la poésie dramatique, 22. — Éloge de ses apologues, 288.—Considéré comme tragique; examen de ses pièces de théâtre, 301 et *suiv.*

B.

Babois (madame). Ses *Élégies* sur la mort de sa fille, remarquables par un style pur, une versification d'une douceur exquise, et une poésie qui vient du cœur, 294.

Bacon. A découvert un nouveau monde dans les sciences, 29. — A montré des chemins nouveaux, signalé tous les écueils, et rejeté comme inutiles aux progrès de l'esprit humain la logique et la métaphysique des écoles, 43.

Balzac. A donné à la prose française du nombre et de la gravité, 126.

Baour-Lormian (M). Mentionné comme poète dramatique, 22. — Quelques morceaux brillans distinguent ses *Poëmes Galliques*, 260.— Sa traduction en vers de *la Jérusalem délivrée*, 265 et *suiv.* — Sa tragédie de *Joseph*, bien écrite d'ailleurs, pèche par une froide intrigue d'amour et une froide conspiration, 310 et *suiv.*

Barbé-Marbois (M). Ses travaux dans les diverses parties

de l'économie politique, 7. — Talent exercé et nourri de connaissances profondes sur tout ce qui tient aux finances, 81.

BARNAVE. Loué comme orateur, 10.

BARRÉ (M.). L'un des restaurateurs du Vaudeville en France, 348.

BATTEUX. Son *Cours de Belles-Lettres* n'offre ni assez d'instruction ni assez d'intérêt, 99.

BAUSSET (M. de). Sa *Vie* de Fénélon, 15.

BEAUFORT (madame de). S'est distinguée par des vers agréables, 293.

BEAUHARNAIS (madame de). Son nom rappelle des succès mérités dans la poésie, 293.

BEAUMARCHAIS. Auteur distingué dans le drame, 24. — Ses Mémoires dans l'affaire de Goëzman, 136. — A déployé un talent original dans ses diverses compositions; qualités et défauts de cet auteur, 343. — Sa *Mère coupable*, pièce énergique et neuve, *ibid*.

BEAUVAIS, évêque de Senez. Ses *Oraisons funèbres* et ses *Sermons*, 10. — A prouvé qu'on peut réussir à la cour, même en faisant son devoir, 127 et *suiv*. — A su se borner à la partie morale de la religion, et n'a traité que rarement le dogme, *ibid*. et *suiv*. — A prévu et annoncé une révolution prochaine, que Louis XV lui-même entrevoyait malgré les prestiges du trône, 131. — Hardi dans la chaire de Versailles, il a paru timide dans l'assemblée constituante, *ibid*. — Depuis Bossuet et Massillon, nul orateur n'a mieux saisi que lui le ton noble et persuasif qui convient à l'éloquence de la chaire, 132.

BEAUZÉE. Sa *Grammaire générale et raisonnée*, ouvrage neuf, utile, mais d'un style sec et diffus, 30. — Le système qu'il a inventé pour notre langue est ingénieux, mais compliqué,

31. — Sa *traduction de Salluste*, inférieure à celles qui l'ont précédée, 180.

Becquey (M). Sa traduction des quatre premiers livres de l'*Énéide*, 263 et *suiv*.

Bergasse (M.). Éloquent orateur et habile écrivain, a, dans une cause d'adultère, approfondi une question de morale publique, 136.

Bexon (M.). Éloge de son livre *sur la Sûreté publique et particulière*, 86.

Bitaubé, Sa *traduction d'Homère*, 270.

Blair (M. Hugues), professeur à Édimbourg. Son *Cours de Rhétorique*, ouvrage digne d'une haute estime, et parfaitement conçu; il est toujours juste envers les écrivains français, 105 et *suiv*.

Bodin. Son *Traité de la République* a fourni des idées à Montesquieu, 76.

Boileau. Son *Art poétique*, chef-d'œuvre qui ne produit pas des poètes, mais qui les forme et les inspire, 271. — Grand prosateur, 420.

Bois-Guilbert. Sa *Dîme royale*, écrite sous la dictée du maréchal Vauban, a jeté quelque lumière sur l'économie publique, 76.

Boisjolin (M.). L'un des talens les plus purs parmi nos traducteurs en vers; éloge de sa *Forêt de Windsor*, 292.

Boismont (l'abbé de). Élégant écrivain, mais orateur maniéré et froid, 127.

Boissy-d'Anglas (M.). Loué comme orateur, 11.

Bonald (M. de). Sa *Théorie du pouvoir civil et religieux* n'est démontrée ni par le raisonnement, ni par l'histoire, 91 et *suiv*. — Sa législation primitive a pour but de faire envisager comme des productions du génie toutes les gothiques institutions, et d'amener l'Europe au plus haut degré d'intolérance politique et religieuse, 92 et *suiv.* — Sa diction sèche et ses décisions tranchantes ne parviendront pas à dégoûter l'Europe des écrits de Voltaire et de Montesquieu, 93 et 97.

Bonnet (Charles). Ses ouvrages sont remarquables par une sagacité profonde qui dégénère souvent en subtilité, 45.

Bossuet. A, dans ses *Oraisons funèbres*, porté l'éloquence à une hauteur inconnue avant et après lui, 126. — Ses émules comme sermonaire, 127. — Dans son *Discours sur l'Histoire Universelle*, a allié les vues religieuses d'un pontife aux formes d'un grand orateur, 143 et 174.

Bossut. Son *Histoire des Mathématiques*, 16.

Boufflers (M. de). Cité comme panégyriste académique, 14. — L'honneur de la poésie érotique, 21 et 292.

Bougeant (le P.). Éloge de son *Histoire du traité de Westphalie*, 144.

Bouilly (M.). Cité comme auteur dramatique, 25. — Son drame de l'*Abbé de l'Épée*, pièce touchante, 344.

Bourdaloue. Sa réputation est exagérée à tous égards, 104. — Placé comme sermonaire à côté de Bossuet, et plus vanté que lui, 127.

Bourguignon (M.). Éloge de ses écrits *sur la Magistrature* et sur les moyens de perfectionner l'institution du Jury, 85.

Bournial (M. du). Sa traduction du roman de *Don Quichotte*, appréciée, 236.

Brantôme. N'a droit d'obtenir place que parmi les compilateurs d'anecdotes, 143.

Bridaine. Missionnaire. Éloge de son fameux exorde, 102.

Brosses (le président de). Sa *Formation mécanique des Langues* a jeté quelque jour sur les obscurités étymologiques, 30. — Sa traduction de *Salluste* n'est digne d'aucun éloge; sa *Vie* du même historien, 159.

Bruguières du Gard (M.). Jeune lauréat, cité honorablement, 290.

Buffier. Quoique jésuite, s'est permis quelque philosophie dans sa *Logique* et dans sa *Métaphysique*, 44.

Buffon. En appliquant l'art d'écrire à l'histoire des sciences et de la nature, a montré à quelle hauteur il pouvait atteindre, 17.

Burney (miss). Figure avec distinction parmi les romanciers modernes; *Cécilia* est la meilleure de ses productions, 238.

Butet (M.). Sa *Lexicographie* et sa *Lexicologie* appréciées : on lui reproche d'avoir supposé l'existence de la langue philosophique, et d'avoir voulu assujettir la grammaire à la marche rigoureuse des sciences physiques et mathématiques, 40 et *suiv*.

C.

Cabanis. A soumis la médecine à l'analyse de l'entendement, 5. — Examen de ses *Mémoires* sur les rapports du physique et du moral de l'homme : il y a réuni avec succès l'analyse de l'entendement à la physiologie transcendante, et l'art d'écrire à toutes les deux, 53 et *suiv*.

Cailhava. Ses *Études* sur Molière, 18. — Ses *Ménechmes grecs*, pièce bien conduite, 23. — Son *Traité sur l'Art de la Comédie* et son livre spécialement consacré à Molière sont deux ouvrages propres à former le goût des jeunes écrivains qui entrent dans la carrière comique, 109 et *suiv*. — Éloge de ses *Ménechmes grecs* et de son *Tuteur*, 318 et *suiv*.

Caillard. Son *Mémoire sur la Révolution de Hollande*, 202.

Cambacérès (M.). Loué comme orateur, 11.

Camus. Cité comme habile jurisconsulte et comme orateur, 11.

Candeille (mademoiselle). Ce qui a fait réussir sa *Belle Fermière*, 330.

Cantwel. Sa traduction de la *Rhétorique de Blair*, inférieure à celle de Prévost, 105.

DES AUTEURS.

CASTEL (M.). Digne d'éloges dans la poésie didactique, 20.
— Son poëme des *Plantes* apprécié, 277.

CASTÉRA (M. de). Son *Histoire du règne de Catherine*, 15. — Cet ouvrage, fort estimable et bien fait en général, mérite d'être perfectionné dans plusieurs parties, 200.

CAZALÈS. Loué comme orateur, 10.

CERVANTES. A eu le secret d'être correct dans un ouvrage de plaisanterie de quatre volumes, 426.

CHAMFORT. Ses *Études* et *Commentaires sur La Fontaine*, 8.
— On y reconnaît la piquante finesse qui caractérisait ses écrits et ses entretiens, 114. — Ses titres comme poëte et comme prosateur, *ibid.* et *suiv.* — Injures dont les compilateurs de calomnies ont honoré sa mémoire, 116.

CHAMPFEU (M. de). Sa traduction de l'*Histoire de la Guerre de trente ans*, par Schiller, 184.

CHAPELLIER. Loué comme orateur, 10.

CHARRON. Disciple de Montaigne; jugement sur son *Traité de la Sagesse*, 62.

CHASTENAY (madame Victorine de). Éloge de sa traduction des *Mystères d'Udolphe*, 239.

CHATEAUBRIAND (M. de). Son roman d'*Atala*, singulier pour la marche et pour le style; critique détaillée de cet ouvrage, 18, 212 et *suiv.* — Poétique extraordinaire suivie par l'auteur, 217.

CHEMINAIS. Sermonnaire touchant, mais faible, 127.

CHÊNEDOLLÉ (M.). Idée de son poëme du *Génie de l'Homme*, où il a développé moins de philosophie que de talent poétique, 279.

CHÉNIER (M.-J.). Mentionné comme auteur dramatique, 22.

CHÉRON. Son *Tartufe de Mœurs*, copie de Shéridan, inférieure à l'original, 330 et *suiv.*

CHRISTINE DE PISAN. Célèbre par son *Histoire de Charles V*, et par ses poésies, 371. — Éloge de son histoire, *ibid*.

CLÉMENT (de Dijon). A traduit le Tasse avec une sécheresse aussi étrangère à ses défauts qu'à ses qualités, 266.

COCHIN. Orateur célèbre, estimable pour la sagesse et la clarté, mais inférieur à d'Aguesseau comme écrivain, 134.

COLIN D'HARLEVILLE. A enrichi la haute comédie, 23. — Son *Inconstant* est un des rôles les mieux conçus qu'il y ait au théâtre, 323. — L'*Optimiste* et les *Châteaux en Espagne* étincellent de traits charmans ; mais ils manquent de force comique, *ibid*. — Rien ne manque à son *Vieux Célibataire*, 324 et 339. — Dans les *Mœurs du Jour*, son talent ne se réveille qu'à de longs intervalles, 225.

COMMINES (Philippe de). Historien nourri dans les intrigues des cours, a peint avec quelque profondeur le sombre et dissimulé Louis XI, 142, et 373 et *suiv*.

CONDILLAC. Fondateur d'une école de philosophie, 5. — Sa *Grammaire générale*, chef-d'œuvre d'analyse, livre précis et clair, bien écrit et bien conçu, 30. — Sa *Logique*, l'une des plus courtes et la plus substantielle que l'on ait jamais écrite, 45. — Sa *Théorie des Sensations* est son meilleur ouvrage, *ibid*. — Dans son *Cours d'Histoire ancienne et moderne*, il a faiblement soutenu sa renommée, si légitime à d'autres titres, 145.

CONDORCET. Son *Plan d'instruction publique*, estimé, 11. — Son *Esquisse des Progrès de l'Esprit humain*, 16. — Écrivain célèbre comme savant et comme philosophe, 64 et *suiv*.

CONDORCET (madame). Éloge de sa traduction de la *Théorie des Sentimens moraux* d'Adam Smith, et de ses *Lettres sur la Sympathie*, 65 et *suiv*.

CORNEILLE (P.). Éloge de ses *Discours sur la Tragédie*, et des divers *examens* qu'il a faits de ses pièces, 100. — Tous les tons de la haute éloquence se trouvent dans ses tragédies, 126 et 426. — Grand prosateur, 420.

Cottin (madame). Son coup d'essai, *Claire d'Albe*, ne donnait que de médiocres espérances, 221. — Sa *Malvina* est un des plus beaux caractères que puissent offrir les romans modernes, *ibid*. — *Amélie de Mansfield* attache et intéresse, 222. — Les *Exilés de Sibérie* respirent une simplicité touchante, 223. — La *Prise de Jéricho*, mauvais ouvrage dans un mauvais genre, *ibid*. — Éloge de *Mathilde*, *ibid*. — Qualités de l'auteur, et regrets exprimés sur sa perte, 224.

Cournand. Sa traduction des *Géorgiques*, tentative louable, mais malheureuse, 280.

Court-de-Gébelin. A jeté quelque jour sur les obscurités étymologiques, 30.

Crébillon fils. Dans ses romans, s'est plu à peindre des mœurs dont l'existence est restée problématique, 209.

Cuvier (M.). Cité comme panégyriste académique, 14.

D.

Daru (M.). Traducteur élégant d'*Horace*, 21. — C'est dans les Satires et dans les Épîtres qu'il en a le mieux saisi les beautés, 286 et *suiv*.

Daunou (M.). Son *Plan d'Instruction publique*, estimé, 11.

De Gérando (M.) A recherché les rapports des Signes et de l'Art de penser, 5. — Analyse de son *Mémoire* à ce sujet, 46 et *suiv*.

Déguileville (Guillaume de). Religieux de l'ordre de Cîteaux, et connu par trois contes en vers, intitulés : *Les trois Pélerinages*. Examen critique de ces trois ouvrages, 356 et *suiv*.

Delille (l'abbé). Classique; sa fécondité, sa richesse de style dans la poésie didactique, 20. — Vrai poète, a obtenu et mérité la première place parmi nos traducteurs en vers, 261.

— Sa traduction des *Géorgiques* a fondé sa réputation, *ibid.*
— Mérite éclatant de sa traduction de l'*Énéide*; observation critique à ce sujet, *ibid.* — Il a réuni tous les suffrages dans celle du *Paradis perdu*, 264. — Dans ses *Jardins* et dans l'*Homme des Champs*, il a suivi les traces de Virgile et de Boileau; observations sur le dernier de ces poëmes, 271. — Celui de la *Pitié* n'a eu qu'un succès contesté, mais celui de l'*Imagination* a réuni tous les suffrages, *ibid* et *suiv.* — Considéré comme chef d'une école, 274 et *suiv.* — Examen de son poëme des *Trois Règnes de la Nature*; hommage rendu au talent de l'auteur, qui a enrichi la langue poétique, et qui, pendant quarante ans qu'il a écrit, n'a encore fatigué que l'envie, 280 et *suiv.*

DELRIEU (M.). Examen critique de sa tragédie d'*Artaxerce*, 311.

DEMOUSTIER. Défauts de ses comédies; ils sont très-graves, 328 et *suiv.*

DESCARTES. Avec son doute a fondé parmi nous la saine logique, 43 et *suiv.*

DESHOULIÈRES (madame). A laissé trois idylles pleines de grâce et de sensibilité, 294.

DESRENAUDES (M.). Sa traduction de la *Vie d'Agricola* mérite des éloges, 161.

D'HÈLE. S'est fait remarquer sur la scène lyrique par l'art de nouer et de dénouer une intrigue, 385 et *suiv.*

DIDEROT. Son dialogue entre la maréchale de Broglie et lui, et la suite de ses dialogues à l'occasion du voyage de M. de Bougainville : éloge de ces deux morceaux, 67 et *suiv.* — Ses *Considérations sur le Drame*, 100. — Son *Père de Famille*, drame digne d'éloges, 345.

DOMERGUE. Au premier rang parmi les grammairiens; a cultivé avec succès la grammaire générale et particulière, 5. — Services importans qu'il a rendus à cette science, 30 et *suiv.*

DOTTEVILLE. Succès mérité qu'a eu sa traduction de *Salluste*, 159. — Sa traduction complète de *Tacite* offre beaucoup de choses estimables, entr'autres la *Vie* de cet historien, et des *Abrégés supplémentaires*, 161 et *suiv*.

DUBOS (l'abbé). Son livre *sur la Poésie et la Peinture* se distingue par des aperçus ingénieux et féconds, 99. — Éloge de son *Histoire de la Ligue de Cambrai*, 144.

DUCHATELET (madame). Ses *Réflexions* sur le bonheur, 67.

DUCIS. Poète distingué dans l'épître, 21. — Et dans la tragédie, 22. — Éloge de ses *Épîtres*, 288. — Examen de ses pièces de théâtre, 297 et *suiv*. — Aucun poète n'a mieux approfondi les sentimens de la nature; c'est un véritable modèle dans l'art d'émouvoir, 300.

DUCLOS. Éloge de ses *Remarques sur la Grammaire de Port-Royal*, 30. — Écrivain piquant et peintre ingénieux des mœurs, 62. — Son *Histoire de Louis XI* est le récit, mais non le tableau du règne, 145. — Ses *Mémoires secrets* se rapprochent davantage de la trempe de son esprit, plus fin que profond, *ibid*. — S'est plu à peindre dans ses romans des mœurs dont l'existence est restée problématique, 209.

DUCOS (madame). Éloge de sa Traduction de l'*Abbaye de Grasville*, 240.

DUFRESNOY (madame). Son recueil de *Poésies* offre beaucoup de traits heureux et des preuves de talent, 293.

DUMARSAIS. Son *Traité des Tropes* est le meilleur livre qui existe sur la partie figurée du langage, 30. — Quoique philosophe, il a mis peu d'idées dans sa *Logique*, 44.

DUMOULIN. Le plus éclairé des jurisconsultes français, a contribué au perfectionnement de notre législation, 75.

DUPATY (le président). S'est honoré par ses talens et ses écrits sur la législation pénale, 78. — Son éloquent plaidoyer pour trois innocens condamnés à la roue, 136.

Dupin (Jean). Religieux de l'ordre de Cîteaux, supérieur à Déguilleville, son confrère. Son *Champ vertueux de bonne vie* est du moins raisonnable : examen de cet ouvrage, 360 et *suiv.*

Dupont de Nemours (M.). Ses travaux dans les diverses parties de l'économie politique. — Éloge de son écrit sur la *Banque*, 81.

Duprat (le chancelier). Homme adroit, mais vil, 416.

Dupuis. Son *Origine des Cultes*, 16.

Dureau de la Malle. Sa traduction de *Salluste* est la meilleure, mais elle pourrait encore gagner du côté de la couleur et de l'énergie, 158. — Dans celle de *Tacite*, il surpasse presque toujours ses devanciers; il s'attache aux idées, aux images, aux expressions de son modèle, 162 et *suiv.* — Annonce de sa traduction posthume de *Tite-Live*, comme devant tenir le premier rang parmi ses ouvrages, 165.

Duresnel (l'abbé). A naturalisé parmi nous deux poëmes de Pope, 261 et *suiv.*

Duval (M.). Auteur de comédies estimables, 24. — A réussi dans l'opéra-comique, 25. — Sa *Jeunesse de Henri V*, ainsi nommée improprement; ouvrage bien conduit, intéressant et gai d'un bout à l'autre, 331. — Son *Tyran domestique*, péniblement versifié, 332. — Estimable dans plusieurs parties de l'art, il est habile dans la combinaison du plan, *ibid.* — Son drame sur la *Jeunesse de Richelieu*, 344. — Son opéra-comique du *Prisonnier*, 348.

E.

Esménard. A réussi dans la poésie didactique, 20. — Et dans les opéras, 25. — Son poëme de *la Navigation* offre des morceaux brillans; mais la monotonie en est le défaut radical, 277. — Son opéra de *Trajan*, beau pour les yeux : l'action ne marche point, et l'intérêt s'y fait rechercher, 346. — Son portrait, 398.

Estienne (Robert). Sa *Grammaire française*, 20.

Estienne (Henri). Ses traités relatifs à notre langue, 30.

F.

Fabre (M. Victorin). Jeune poète qui a mérité une honorable distinction, 21. — Son imagination est rapide; et ses idées ont souvent de l'éclat, 289 et *suiv.*

Fabre d'Eglantine. A enrichi la haute comédie, 23. — Succès éclatant de son *Philinte;* il ne manque à cette pièce que d'être bien écrite, 320 et *suiv.* — Mention du *Convalescent de qualité*, de l'*Intrigue épistolaire* et des *Précepteurs*, 322 et *suiv.* — Ses hostilités contre Collin-d'Harleville: sa *Préface du Philinte*, indigne d'une telle pièce, 322.

Fantin-Desodoards (M.). Son *Histoire de France*, production sans physionomie, long abrégé d'énormes fatras, 174.

Fénélon. Son *Télémaque*, chef-d'œuvre à qui nul ouvrage de morale ne peut être comparé, 63. — Ses *Dialogues sur l'Éloquence* et sa *Lettre à l'Académie française*, ouvrages exquis en littérature, 100. — Son *Télémaque*, partout modelé sur l'antique, partout respirant la poésie et la philosophie des Grecs, semble écrit par Platon d'après une composition d'Homère, 207. — Ce n'est pas lui qui lui a donné le nom de poëme, 260.

Feuillet (M.). Analyse de son *Mémoire sur l'Émulation*, présentée comme base de l'éducation vraiment sociale, 68 et *suiv.* — Esprit exercé, écrivain sage, et qui, sur les matières importantes, est complètement au niveau des lumières contemporaines, 69 et *suiv.*

Fielding. Son beau roman de *Tom-Jones* est un modèle offert aux romanciers: on y sent partout le monde réel, 248.

Fiévée (M.). Sa *Dot de Suzette*, non dépourvue d'agrémens, 234. — Son *Frédéric*, roman fort inégal, où les valets seuls ont les mœurs et le ton qui leur conviennent, *ibid.* et *suiv.*

Flahaut (madame de). Ses romans d'*Adèle de Sénange*, d'*Eugène de Rothelin*, etc., 224 et *suiv.*

FLÉCHIER. Sans être le rival de Bossuet dans ses *Oraisons funèbres*, a montré quelquefois du génie, et a déployé toujours une rare habileté dans la distribution des parties oratoires, la construction des périodes, le choix et l'arrangement des mots, 127.

FLEURY (l'abbé). Éloge de son petit ouvrage sur le *Choix des Études*, 99.

FLINS. Sa *Jeune Hôtesse*, comédie faible de conception, 370. — Son *Réveil d'Épiménide*, pièce plus ingénieuse et mieux écrite, *ibid*.

FLORIAN. Son *Numa Pompilius*, faible copie de *Télémaque*, 207. — Ses *Nouvelles* et ses *Pastorales*, compositions aimables, quoique un peu froides, *ibid*. — Examen critique de sa traduction de *Don-Quichote*, 235 et *suiv*.

FONTANES (M. de). Écrivain distingué comme poète et comme prosateur, 19. — S'occupe d'un poëme épique de *la Grèce sauvée*; idée de cet ouvrage, 252 et *suiv*. — Éloge de son poëme du *Verger*, et de sa traduction de l'*Essai sur l'Homme*, de Pope, *ibid*. — Éloge de son *Épître sur les paysages*, 288.

FONTENELLE. Ses *Éloges* et son *Histoire des Oracles* sont au rang de nos meilleurs livres, 294.

FORBONNAIS. Ses écrits ont répandu des clartés nouvelles sur le revenu public et sur l'administration, 78.

FOURCROY. Habile chimiste, 17.

FRANÇAIS de Nantes (M.). Loué comme orateur, 11.

FRANÇOIS de Neufchâteau (M.). Cité comme panégyriste académique, 14. — Sa *Paméla*, copie de Goldoni, supérieure à l'original, 23. — Éloge de cette pièce, 320.

FRÉNILLY (M. de). On remarque des pensées fines, des traits piquans et des vers bien tournés dans ses *Satires* et ses *Épîtres*, 291.

FROISSART, connu comme historien, et apprécié de Montaigne, et de Lacurne. Idée de son *Histoire générale depuis le règne de Philippe de Valois jusqu'à la fin du quatorzième siècle*, 366 et *suiv.*

G.

GAILLARD. Un style diffus dépare les écrits de cet historien, très-éclairé d'ailleurs, et trop peu apprécié, 146.

GALIANI (l'abbé). Son *Dialogue sur les femmes*, 67.

GALLOIS (M.). Éloge de sa traduction de l'ouvrage de *Filangieri* sur la *Science de la Législation*, 94.

GANILH (M.). Ses travaux dans les diverses parties de l'économie politique, 7. — Son *Essai sur le Revenu public*, livre utile où l'auteur se rapproche beaucoup, dans les principes, des philosophes de l'école écossaise, 84.

GARAT (M.). Professeur de haute philosophie; son imagination brillante a rendu la raison lumineuse, 5 et *suiv.* — Loué comme orateur, 11. — Et pour son éloquence académique, 13. — Mérite de son Discours placé en tête de la dernière édition du Dictionnaire de l'Académie française, 39. — Aperçu de son *Cours normal sur l'Analyse de l'Entendement humain*, où la supériorité d'esprit est renforcée par la supériorité de talens, 57 et *suiv.*

GARNIER (M.). A publié sur l'économie politique des écrits dignes d'estime, mais a renouvelé un peu tard plusieurs opinions décréditées par les résultats de l'examen, 81 et *suiv.* — Éloge de sa traduction du traité de Smith, sur la *Richesse des Nations*, 95.

GASTON (Hyacinthe). Sa traduction de l'*Énéide*, appréciée; il a soutenu avec Delille une lutte inégale, 262 et *suiv.*

GENLIS (madame de). Ses romans, estimables dans quelques parties, mais défectueux à plusieurs égards; examen détaillé à ce sujet, 217 et *suiv.* — Éloge particulier de celui de *Mademoiselle de Clermont* sous les rapports du style, de la narration et de l'intérêt, 221.

Gerbier. Orateur célèbre, a laissé d'imposans souvenirs; trente ans de succès attestent sa supériorité. Ses *Mémoires* imprimés ne donnent de lui qu'une idée incomplète, 135.

Gilbert. Ses *Poésies lyriques* offrent quelques traits élevés, 285.

Ginguené. Son travail sur la Littérature italienne, 9. — Il doit être compté parmi nos critiques les plus instruits et les plus sages, 116 et *suiv*. — Éloge de ses *Rapports* sur les travaux de l'Institut, *ibid.* — A traduit en vers *Thétis et Pélée*, poëme de Catulle, 269. — S'est mis avec succès au rang de nos fabulistes, 288.

Girard (l'abbé). A perfectionné l'étude de la langue par ses *Synonymes français*, 30.

Godwin (M.). Son roman de *Caleb Williams*, vanté on ne sait trop pourquoi, 237 et *suiv*.

Goethe. Romancier allemand; succès général et légitime de son *Werther*; critique de son *Alfred*, ouvrage incohérent, 241 et *suiv*.

Gombaud. Poëte médiocre du dix-septième siècle, 399.

Gomberville. Poëte médiocre du dix-septième siècle, 399.

Gresset. Son *Sidney* est un drame, plus fort de style, mais plus faible de conception que les pièces de La Chaussée, 342.

Grétry. Mérite de ses compositions musicales, 17.

Gudin. Son poëme sur la *Conquête de Naples* demandait plus de poésie, plus de style, une versification plus soutenue, une plaisanterie plus légère; il est trop long de moitié, 255 et *suiv*. — Son poëme de l'*Astronomie* bien distribué; ouvrage d'un esprit sage et cultivé, mais non d'un poëte, 278.

Guillard. Cité comme auteur d'opéras, 25.

Guiraudet. Sa traduction des *OEuvres de Machiavel*, supérieure à toutes celles qui l'ont précédée, 94. — Défauts de sa traduction de l'*Histoire d'Angleterre* de madame Macaulai-Graham, 184.

H.

HAMILTON. Ses *Mémoires de Grammont*, 207.

HARRINGTON. A effacé dans son *Océana* l'Utopie de Thomas Morus, 94 et *suiv*.

HARRIS. Auteur anglais; mérite de son *Hermès*; traduction de cet ouvrage, 44.

HELVÉTIUS. Hardi dans ses conceptions, animé dans son style; ses ouvrages offrent des paradoxes à côté d'utiles vérités; il a concouru aux progrès de l'analyse et de l'entendement, 45 et *suiv*.

HÉNAULT (le président). Son *Abrégé chronologique de l'Histoire de France*, ouvrage utile, rédigé sur un plan neuf et bien conçu, 144.

HENRY (M.). Éloge de sa traduction de l'*Histoire du Pontificat de Léon X*, de Roscoë, 180.

HÉRODOTE. Le plus ancien des historiens grecs, surnommé le chantre et l'Homère de l'Histoire; narrateur fleuri et conteur agréable; mis en parallèle avec Thucydide; traductions diverses de ses ouvrages, 147 à 154.

HOBBES. Substantiel, profond et concis dans son *Traité de la Nature humaine*, et plus encore dans sa *Logique*, appelée *Calcul*, 43.

HOFFMAN (M.). Cité comme auteur d'opéras, 25. — *Adrien*, digne d'éloges pour la composition et le style, 346. — *Euphrosine* et *Stratonice* se distinguent par le ton de la comédie noble, 348.

HOMÈRE. N'a point eu parmi nous le même bonheur que Virgile; traduction de ses poëmes, 270.

HORACE. Poëte latin, dont les écrits offrent la perfection dans plusieurs genres, et dans chaque genre tous les tons qu'il peut comporter; traduction de ses poésies en vers français, 286 et *suiv*.

Huet (évêque d'Avranche). A de l'esprit, des connaissances fort étendues, mais ne réussit pas dans ses démonstrations théologiques, 411.

J.

Jouy (M. de). A réussi dans les opéras, 25. — Éloge de sa *Vestale*, 346 et *suiv*.

Juvénal des Ursins. Le plus méthodique des historiens du quinzième siècle. Éloge de son *Histoire de Charles VI*, 372.

K.

Kant. Auteur allemand; sa doctrine sur les idées, 49.

Kotzebue. Ses drames, transportés sur notre scène, ont en quelque vogue, 344.

L.

La Bléterie (l'abbé de). La *Vie d'Agricola* est l'article le plus estimé de son travail sur *Tacite*, 162.

La Boétie. Son *Discours sur la Servitude volontaire*, 76.

La Bruyère. Qualités qui distinguent ses *Caractères*, 62.

Lacépède (M.). Considéré comme continuateur de Buffon, 17.

La Chaussée. Auteur estimable, 426 et *suiv*.

La Chalotais. Énergie des *Mémoires* que ce magistrat a publiés pendant sa captivité; il a déployé une raison courageuse en dénonçant les constitutions des Jésuites, 135.

Laclos (Chauderlos de). Son roman des *Liaisons dangereuses*, 209.

DES AUTEURS.

LACRETELLE (M.) aîné. Son *Discours sur la Nature des Peines infamantes*, 8. — Jurisconsulte éclairé, qui a appliqué la philosophie à la législation; notice de ses divers ouvrages, 88 et *suiv.* — Examen critique de ses deux écrits sur l'*Éloquence de la Chaire* et sur l'*Éloquence Judiciaire*, 103 et *suiv.* — Ses *Mémoires* pour le comte de Sanois, 136. — Son drame du *Fils Naturel*, sujet mieux conçu que celui de Diderot, 345.

LA FAYETTE (madame de). Ses romans de *Zaïde* et de la *Princesse de Clèves*, 18 et 207.

LAFONTAINE. (M. Auguste.). Romancier allemand. Tous ses ouvrages respirent les principes de la philanthropie; on y rencontre des traits charmans; mais il est inégal, 242.

LA HARPE. Son *Éloge* de Racine et ses *Commentaires* sur ce poète, 8. — Son *Cours de Littérature* et sa *Correspondance russe*; qualités et défauts de ce littérateur, 19. — A obtenu et mérité beaucoup de renommée dans la critique littéraire; a bien jugé les anciens et les auteurs qui l'ont précédé, mais s'est montré partial à l'égard des auteurs contemporains, 118. — Ennemi acharné de la philosophie du dix-huitième siècle, dont il était autrefois partisan; n'a pas compris Helvétius qu'il a cru réfuter, 119. — Dans sa *Correspondance russe*, il a sacrifié tous les écrivains de son siècle à une seule idole, à lui-même; preuves à l'appui de cette assertion, *ibid.* et *suiv.* — Ses plaisanteries lourdes et indécentes contre Voltaire, 121. — Ouvrages qui soutiendront sa réputation, malgré tout ce qu'il a fait pour la compromettre, et même pour la détruire, 122 et *suiv.* — Sa traduction de *Suétone*, 166. — *Mélanie* est la mieux conçue, la mieux exécutée et la meilleure de ses productions dramatiques, 379. — Son opinion sur la tragédie de *Mahomet*, par Voltaire, 391 et *suiv.* — Il a manqué le sujet de *Coriolan*, 427.

Lalanne (M.). Ses petits poëmes du *Potager* et des *Oiseaux de la ferme*, appréciés, 277.

Lamoignon. Ses *Arrêtés* ont éclairé la législation civile, 76.

Lamothe-le-Vayer. S'est montré philosophe dans son ouvrage sur la *Vertu des Païens*, 62.

Lamotte-Houdart. Fut le premier qui mit au rang des épopées le beau roman politique de Fénélon, 260. — Sa traduction de l'*Iliade* en vers, tentative malheureuse justement décriée, *ibid.* — Quelques stances ingénieuses sont éparses dans son *Recueil lyrique*, 321.

Lancelot. Sa *Grammaire générale* est parmi nous le point de départ de la science, 29.

Languet (Hubert). Son *Traité* célèbre *de la Puissance légitime du Prince sur le Peuple et du Peuple sur le Prince*, 75 et suiv.

Larcher. Traducteur d'*Hérodote*; a remplacé, dans sa nouvelle édition, les opinions philosophiques qui se trouvaient dans la première par des opinions absolument contraires; réflexions à ce sujet, 147 et *suiv*.

La Rochefoucauld (le duc de). Misanthrope dont les *Maximes* se soutiennent par leur brièveté pleine de sens, 62.

Laromiguière (M.). Cultive avec succès l'analyse intellectuelle; éloge de ses *Mémoires* imprimés dans le *Recueil de l'Institut*, sur les mots *Idée* et *Analyse des Sensations*, 48 et *suiv*.

Laujon. L'un de nos meilleurs chansonniers; Éloge de ses divers opéras, et de sa petite comédie du *Couvent*, 23 et 319. — Son *Amoureux de Quinze ans*, *ibid.* et 347.

Lavallée (M.). A montré du talent et des intentions philanthropiques dans son roman *Le Nègre comme il y a peu de Blancs*, 232. — Ses *Lettres d'un Mameluck* ont le tort de rappeler les formes d'un chef-d'œuvre inimitable de Montesquieu, *ibid.*

DES AUTEURS. 453

Lavoisier. Chimiste habile, 17.

Laya (M.). Sa comédie de l'*Ami des Lois*, composée trop à la hâte; il y a fait preuve d'une noble audace, 319.

Lebrun, duc de Plaisance (M.). Ses travaux en économie politique, 7.—Talent exercé, et nourri de connaissances profondes sur tout ce qui tient aux finances, 81.—Son élégante version de la *Jérusalem délivrée*, attribuée à J. J. Rousseau, 265.

Le Brun (Écouchard.) Aurait soutenu seul la concurrence avec Delille, s'il avait achevé son poëme *de la Nature*, 20. — Il est sans émule dans le genre de l'ode, *ibid.* — A traduit avec talent deux épisodes de Virgile, dans son poëme inédit des *Veillées du Parnasse*, 269.—Idée de son poëme *de la Nature*; mention de divers fragmens, et remarques à ce sujet, 275 et *suiv.*—Eloge de ses *Odes*, qui le placent à côté des grands lyriques français; qualités et défauts de cet auteur, auquel on ne peut contester une harmonie savante et une étude approfondie de la langue poétique, 285 et *suiv.* — Il a excellé dans l'épigramme, 291. — Et ne fut, dans ce genre, inférieur à aucun modèle, 291.

Lefranc de Pompignan. Ses *Odes* offrent quelques strophes pompeuses, 284, 427 et *suiv.*

Lecouvé. Poëte distingué dans le genre grave et philosophique, 21. — Et dans la poésie dramatique, 22. — A traduit également plusieurs beaux morceaux de *Lucain*, 269. — Ses poëmes des *Souvenirs*, de la *Mélancolie* et du *Mérite des Femmes*, 288. — Considéré comme poète tragique; examen de ses pièces de théâtre, 303 et *suiv.*

Lemare (M.). Son *Cours théorique et pratique de la Langue française* joint à un mérite réel et à une saine littérature des formes grossières et tranchantes, 36 et *suiv.*

Lemercier (M.). Poëte distingué dans la poésie dramatique,

22. — Sa pièce d'*Agamemnon* est un des ouvrages qui ont le plus honoré la scène tragique à la fin du dix-huitième siècle, 306. — Ses essais dans le genre de la comédie : idée de *Pinto* et de *Plaute*, 332 et *suiv.*

Le Sage. Eloge de son *Gilblas*, 207. — Ce livre charmant laisse à désirer un intérêt plus vif et plus d'unité d'action, 247.

Lévêque. Sa traduction de *Thucydide*, 151. — Mérite de son travail sur cet historien, 175. — Dans son *Histoire critique de la République Romaine*, il a déprimé avec affectation le peuple dont il écrit l'histoire, 167 et *suiv.*

Lévesque (Maurice). Sa traduction de *Suétone*; mérite et utilité de son estimable travail, 166.

Lewis (M.). Romancier anglais, a présenté dans *le Moine* une fable digne des couvens du quinzième siècle, 240 et *suiv.*

L'Hospital (le chancelier de). C'est à lui que remontent parmi nous les sciences politiques, 75. — Il est justifié d'une doctrine étrangère à son beau caractère, 415.

Lingendes. Prélat célèbre, du tems de Louis XIII, par ses *Sermons* et ses *Oraisons funèbres*; il avait entrevu l'éloquence de la chaire, 126.

Linguet. Cité comme orateur pour son *Mémoire* dans l'affaire du comte de Morangiez, 135.

Louvet (J. B.) Son roman de *Faublas*, 209.

Luce de Lancival. Son poëme d'*Achille à Scyros* doit être distingué de la foule, 19. — Il offre peu d'action; et le style n'est pas exempt de recherche, 259.

Lucrèce. Poète latin; modèle admirable dans la poésie didactique, 271.

M.

MABLY (l'abbé de). A ajouté peu d'idées à la science du droit public, mais l'a servie par une foule d'écrits estimables, 77. — Ses *Observations sur l'Histoire de France*, 145.

MACAULAI-GRAHAM (madame). Son *Histoire d'Angleterre* a obtenu beaucoup de succès; défauts de la traduction qui en a été faite, 184 et *suiv.*

MACHIAVEL, fameux par son livre du *Prince*, 93 et *suiv.*

MAINE-BIRAN (M.). Son ouvrage *de l'Influence de l'habitude sur la faculté de penser*, honorablement cité, 48.

MALEBRANCHE. A donné dans un spiritualisme inaccessible à la raison humaine, 44.

MALFILATRE. Ses *Poésies lyriques* offrent quelques traits élevés, 285.

MALLET. Son *Histoire des Suisses* est complète, mais peu détaillée; et le style est sans ornement, 177 et *suiv.*

MARIVAUX. Moins maniéré dans ses romans que dans ses comédies, 209.

MARMONTEL. Son ouvrage intitulé *Leçons de Grammaire* est l'une de ses meilleures productions, 5. — Il contient une suite d'observations fines ou profondes sur plusieurs des élémens de notre langue, *ibid.* et 38. — Son livre de la *Logique*, inférieur aux idées actuelles, 49 et *suiv.* — Sa *Métaphysique* porte le même caractère, *ibid.* — Son *Bélisaire*; ses *Leçons d'un père à ses enfans*, espèce de traité méthodique de morale, 63. — Sa poétique et ses élémens de littérature, 100. — Son *Histoire de la Régence*, écrite d'un style noble et grave, 191 et *suiv.* — Son *Bélisaire* et ses *Contes moraux*, 209. — Il a enrichi la scène lyrique de petites comédies agréablement versifiées, 348.

Marsollier. Auteur d'opéras comiques agréables, 25. — Ils ont dû leur succès à des situations pathétiques, 348.

Mascaron. S'est rapproché de l'éloquence de la chaire, 126.

Massillon. Célèbre prédicateur, l'un des plus beaux modèles que nous présentent l'éloquence et l'art d'écrire, 127. — Les *Mémoires sur la minorité de Louis XV*, publiés sous son nom, sont évidemment supposés, 186 et *suiv.*—A borné la prédication à la morale évangélique, 247.

Masson. Ses *Helvétiens*, tentative estimable, mais défectueuse, 19 et 251.

Maury. (M. l'abbé.). Son *Traité sur l'éloquence de la chaire*, apprécié, 8. —Loué comme orateur, 10.—A établi l'extrême supériorité des grands prédicateurs français sur ceux de l'Angleterre et du reste de l'Europe, 101 et *suiv.* — Un peu sévère pour Fléchier, il n'est pas complétement juste à l'égard de Massillon, *ibid.* — Éloge de ses *Panégyriques de saint Louis* et de *saint Augustin*, 132 et *suiv.*

Melon. Secrétaire du régent; ses ouvrages *sur le crédit public*, 76.

Merlin de Douai. Cité comme habile jurisconsulte, 11.—Ses travaux législatifs, et son *Répertoire de Jurisprudence*, 85.

Mesnardière (de la). Auteur de la tragédie d'*Alinde*, fameuse par sa chûte au théâtre; il a fait encore quelques pauvres pièces, soit en vers, soit en prose, 399 et *suiv.*

Mézerai. Historien de la Monarchie française, l'emporte sur Daniel et, à beaucoup d'égards, sur Véli et ses continuateurs, 143.

Michaud (M.). Son poëme, *Le Printemps d'un Proscrit*, apprécié, 277.

Millevoye. Poète remarquable par l'élégance de son style, 21. — Doué d'un sens droit et d'un goût pur, 289.—Jugement sur le recueil de ses poésies; éloge particulier du poëme de *Belzunce*, 290.

Millot (l'abbé). Dans ses divers *Élémens d'histoire*, est court, impartial et sage; mais décoloré, timide et médiocrement instructif, 146.

Milton. Traduction de son *Paradis perdu*, par Delille, 264 et *suiv*.

Mirabeau. Loué comme orateur, 11. — Notice des ouvrages qui ont fondé et qui garantissent la réputation de cet énergique écrivain, 78. — Ses *Discours* aux États-généraux, cités comme ses meilleurs ouvrages, et comme de beaux monumens de l'éloquence tribunitienne; ses travaux à l'Assemblée constituante, 137 et *suiv*. — Considéré comme écrivain et comme orateur, 140 et *suiv*. — Son *Histoire de la Monarchie prussienne* serait à peine citée si elle n'était de lui, 147. — Défectuosités de la traduction de l'*Histoire d'Angleterre* de madame Macaulai-Graham, qu'on lui attribue, 208.

Molière. Sa *préface du Tartufe* et plusieurs scènes de l'*Impromptu de Versailles* démontrent seules combien il excellait dans la théorie de l'art qu'il a porté à la perfection, 100.

Mollevaut (M.). Sa traduction des Élégies de *Tibulle* réclame des encouragemens, 292, et *suiv*.

Monclar. Avocat général au parlement d'Aix, a déployé une raison courageuse en dénonçant les constitutions des Jésuites, 135.

Montaigne. Jugement sur ses *Essais*, 62.

Montesquieu. Son *Esprit des Lois*, livre semé de quelques erreurs, mais celle de toutes les productions philosophiques qui doit le plus long-tems influer sur les destinées de l'espèce humaine, 76 et *suiv*. — Son *Histoire de la grandeur* et de la décadence des Romains, 145.—Regrets sur la perte de son *Histoire de Louis XI*, *ibid.* — Une traduction de *Tacite* est la seule qui eût été digne de lui, 160.—Ses *Lettres persanes*, production importante sous une apparence frivole, 208.

MONTJOYE (M.). Ses *Romans* se soutiennent par l'intérêt de curiosité; la diction en est traînante, et la composition chargée d'incidens, 233.

MONTOLIEU (madame de). Éloge de ses traductions des *romans* d'Auguste Lafontaine, 242 et *suiv.*

MONVEL. Distingué comme auteur et comme acteur, 25.— *Les Victimes cloîtrées* et *l'Amant bourru*, pièces intéressantes, 303.—Dans ses opéras comiques, a peint avec une ingénieuse naïveté les mœurs et les passions villageoises, 348.

MOREL DE VINDÉ. Son roman de *Primerose*, composition faible, mais amusante, dont le style n'est pas dépourvu de grâces, 231.

MORELLET. Son *Éloge de Marmontel*, cité, 14.—Mérite de sa traduction des *Enfans de l'Abbaye*, 238.—Et du *Confessionnal des Pénitens noirs*, 239.

MULLER. Auteur allemand. Son *Histoire de la Confédération helvétique*, ouvrage important; le traducteur anonyme mérite des remercîmens et des louanges, 175 et *suiv.*

MURVILLE (M.). Mentionné comme auteur dramatique, 22. —Son *Abdélazis*, remarquable par le style, tient plus du roman que de la tragédie, 310.

N.

NAIGEON. Son travail sur la philosophie ancienne et moderne, 16.

NANGIS (Guillaume de). Historien célèbre. Sa traduction de la *Chronique latine sur les règnes de Louis IX* et de *Philippe-le-Hardi* et celle de la *Chronique de Rigord*, fort estimées, 365 et *suiv.*

NECKER. Son petit écrit sur le bonheur des sots, 67.—Ses écrits et ses discussions avec Calonne ont répandu des clartés nouvelles sur le revenu public et l'administration, 78.

NECKER (madame). Examen critique de ses *Mélanges*, qui décèlent une femme de sens et d'esprit, accoutumée à la lecture des bons livres, et plus encore à la conversation des hommes supérieurs, 109.

NICOLE. A fait avec Arnauld la *Logique de Port-Royal*; éloge de ce livre, 44.—Ses *Essais de Morale*, encore estimés, mais peu lus, 62.

O.

OLIVET (d'). Son *Traité sur la Prosodie* a perfectionné l'étude de la langue, 30.

ORLÉANS (le père d'). Considéré comme historien, 144.

OSSIAN, Barde écossais. Traductions de ses poëmes, 260.

OVIDE. Ses *Métamorphoses*, l'un des plus beaux monumens de la poésie latine; examen de ce brillant chef-d'œuvre, 300 et *suiv.* — Sa traduction par Saint-Ange, *ibid.*

P.

PALISSOT. Ses *Études* et *Commentaires* sur Corneille et Voltaire, 8. — Éloge de ses *Mémoires de Littérature*, *ibid.* et 112. — Écrivain élégant et plein de goût, il s'est montré injuste à l'égard de quelques écrivains illustres dont il eût mérité d'être l'ami, 113 et *suiv.*

PARNY. Considéré comme un de nos meilleurs poètes, 19. —

L'honneur de la poésie érotique, 21. — Mérite littéraire de la *Guerre des Dieux* et de ses autres compositions épiques, 254 et *suiv*. — Il maintient encore dans la poésie légère cette politesse élégante, charme des écrits et de la société, 292.

Parseval de Grandmaison. (M.). Ses *Amours épiques* décèlent un auteur exercé dans la versification et dans l'art de peindre en poésie, 19 et 259.

Pascal. Fut très-éloquent, et de plus d'une manière, dans un immortel écrit polémique, où les formes oratoires ne sont point admises, 126.

Pastoret (M.). Son livre sur la *Théorie des Lois pénales*, production intéressante sous l'aspect philosophique et littéraire, 7, 86 et *suiv*.

Patru. A banni du barreau français le mauvais goût et la barbarie; mais son style n'a d'autre qualité que la correction, 134.

Pélisson. S'est élevé jusqu'à l'éloquence dans ses *Plaidoyers* pour le surintendant Fouquet, 134. — Son ouvrage sur la Conquête de la Franche-Comté, 143.

Péréfixe. Historien de Henri IV, grave et digne de confiance, 143.

Perreau. Ses *Élémens de Législation* sont d'un historien sage et d'un bon citoyen, 7 et 85.

Perrot-d'Ablancourt. Sa traduction de *Thucydide*, 151.

Picard (M.). Auteur comique. Qualités qui le distinguent, 24. — A fait vingt-cinq comédies, dont beaucoup ont réussi, et qui présentent toujours des idées originales, des peintures vraies, des ridicules bien saisis, 327. — Ses meilleures pièces tant en vers qu'en prose, *ibid*. — Réunit les qualités essentielles d'un auteur comique, 328.

Pieyre (M.). Le brillant succès de son *École des Pères*, comédie conçue avec force, écrite avec autant de pureté que d'esprit, l'a placé depuis long-temps au rang des poètes distingués de notre époque, 336 et *suiv*. — Parallèle entre sa comédie du *Garçon de cinquante ans* et celle du *Vieux Célibataire*, par Colin-d'Harleville. Son éloge, mais non son triomphe, *ibid*.

PIGAULT-LE-BRUN (M.). Romancier inépuisable et ne sachant point se borner, 232 et *suiv*. — Ceux de ses ouvrages qui méritent une distinction, *ibid*. — On y peut blâmer de nombreux écarts et une imagination vagabonde; mais on y doit louer des traits piquans, des boutades heureuses et des scènes d'un comique original, *ibid*.

PIIS (M.). L'un des restaurateurs du Vaudeville en France, 348.

PONS (M.) de Verdun. Mérite de ses *Épigrammes*, 291.

POPE. Mérite de son poëme de *la Boucle de Cheveux enlevée*, 258. — Traductions de son *Essai sur l'Homme* et de l'*Essai sur la Critique*, 261 et 271. — Et de sa *Forêt de Windsor*, 292. — Il n'a rien démontré en métaphysique, 411.

PORTALIS. Loué comme orateur, 11. — Comme panégyriste, 14.

PORTER (Miss.). Son roman, le *Polonais*, n'est point à négliger, 238.

POULE (l'abbé). Habile orateur, abondant, pompeux, mais prolixe et sans variété, 104 et 127.

PREVOST (M.). Professeur de philosophie à Genève; sa traduction de la *Rhétorique de Blair*, regardée comme la meilleure, 119.

PRÉVOST (l'abbé) serait beaucoup lu, s'il n'avait trop écrit; ses romans et ses traductions, 208.

Q.

QUINAULT. Vrai fondateur de la scène lyrique, a mérité l'honneur d'être nommé à la suite des grands poëtes de son siècle, 25 et 346.

R.

RACINE (Jean). Ses *Préfaces* seules démontrent combien il excellait dans la théorie de l'art qu'il a porté à sa perfection, 100 et 426. — Ses chœurs d'*Esther* et d'*Athalie* sont encore les plus beaux chants de la lyre moderne, 284. — Grand prosateur, 420.

RACINE (Louis). Ses *Réflexions sur la Poésie* respirent le sentiment des beautés antiques, 100. — Son poëme de la *Religion*, ouvrage du second ordre, où brillent des beautés du premier, 271.

RADCLIFFE (madame). Examen de ses divers romans, parmi lesquels les *Mystères d'Eudolphe* tiennent la première place; qualités et défauts de cet auteur, 239 et *suiv.*

RAUX. Sa traduction des *Géorgiques*, tentative louable, mais malheureuse, 280.

RAYNAL (l'abbé.). Son *Histoire philosophique des Deux-Indes*, livre célèbre qui tient sa place entre les monumens de la philosophie moderne : on y remarque des beautés nombreuses et un majestueux ensemble; mais l'enflure y est trop souvent à côté de la sécheresse, 146.

RAYNOUARD (M.). Poète distingué dans le genre grave et philosophique, 21. — Et dans la poésie dramatique, 22. — Son *Socrate au Temple d'Aglaure* unit la sagesse du style à la richesse de l'ordonnance, 289. — Critique raisonnée de sa tragédie des *Templiers*; beautés et défauts de cet ouvrage, 307 et *suiv.*

DES AUTEURS. 463

Regnault de Saint-Jean-d'Angély. Loué comme orateur, 10.

Regnier-Desmarais. Sa *Grammaire française*, quoique imparfaite, a répandu des lumières, 30.

Retz (le cardinal de). Historien digne de la Fronde; rappelle la manière brillante et ferme de *Salluste*, 143 et *suiv.*

Ribouté (M.). Son *Assemblée de Famille* n'a de force ni dans l'intrigue, ni dans le comique, ni dans le style, et pourtant elle a réussi, 334.

Richardson. Grand peintre de mœurs, le plus vrai qu'ait eu l'Angleterre, 208.

Rivarol. Dans son *Discours sur la Langue Française*, il est verbeux, obscur et superficiel; on sent un homme de beaucoup d'esprit qui veut enseigner ce qu'il aurait besoin d'apprendre, 39 et *suiv.*

Robertson. Éloge de son *Histoire de Charles-Quint*. Sa supériorité sur Schiller, 182.

Roche (madame Régina). Ses *Enfans de l'Abbaye*, joli roman, 238.

Rochefort. Malgré son style traînant et diffus, est encore le plus supportable des traducteurs en vers d'Homère, 270.

Roederer. (M.). Ses travaux dans les diverses parties de l'Économie politique, 7. — Auteur de quelques bonnes dissertations, 81.

Roger (M.). Auteur de quelques essais estimables dans le genre comique, 24. — Ses comédies du *Tableau* et de l'*Avocat*, 332.

Rollin. Son *Traité des Études* est un de nos meilleurs livres élémentaires, 99. — Simple, élégant et facile dans son *Histoire ancienne*, on lui reproche des réflexions puériles et une crédulité trop complaisante, 144.

Roscoë. Auteur anglais des *Histoires de Laurent de Médicis* et *du Pontificat de Léon X*. Le fond de ces ouvrages est aussi riche qu'intéressant, 180. — Les recherches de l'auteur sont précieuses ; mais l'ordonnance laisse à désirer, *ibid*.

Rotrou. Éloge de son *Venceslas*. Idée de son talent, 418.

Roucher. Sa traduction de la *Richesse des Nations* de Smith offre des obscurités et de fréquentes incorrections, 95.

Rousseau (J-B.). Douze ou quinze *Odes* pleines de verve, et deux ou trois belles *Cantates*, l'ont placé parmi nos grands poètes, 284 et 426.

Rousseau (J.-J.). Son *Émile*, chef-d'œuvre de philosophie morale, 63. — Son *Contrat social*, où il a développé de hautes vérités, qui, avant lui, n'avaient été qu'entrevues, 77. — Mérite de sa traduction du premier livre de l'histoire de *Tacite*, 160. — Sa *Nouvelle Héloïse*, 208. — Son opinion relativement à la tragédie de *Mahomet*, 392.

Rulhière. Son *Histoire de Pologne* porte l'empreinte d'un talent très-éclatant, 15. — Son *Histoire de la Révolution* qui fit monter Catherine II sur le trône de Russie, quoique très-courte, est digne de beaucoup de louanges, 147. — Analyse de son *Histoire de l'Anarchie de Pologne*, qui, bien qu'imparfaite, maintiendra la gloire de son auteur, 194 et *suiv*. — Examen critique de son poëme des *Jeux de Mains*, dont la réputation a fini avec sa publicité, 257 et *suiv*.

S.

Saint-Ange. Habile et laborieux interprète d'Ovide, 19. — Mérite de sa traduction des *Métamorphoses*, 266 et *suiv*.

Saint-Évremont. Doué d'un bon esprit philosophique. Idée de sa doctrine littéraire, 489.

Saint-Gelais (Jean de). Historien méthodique et fidèle. Son *Histoire de Louis XII*, estimée. 380.

DES AUTEURS. 465

SAINT-LAMBERT. Son éloge comme poète, comme philosophe et moraliste, 6. — Idées générales de son *Catéchisme universel*, dont la doctrine n'a d'autre base que la nature de l'homme et d'autre but que son bonheur, 72 et *suiv*. — Hommage par lui rendu à la mémoire des hommes illustres dont il avait été l'élève et l'ami, 75. — Son excellent poëme des *Saisons* est peut-être le seul ouvrage où le genre descriptif soit à sa place, 276.

SAINT-PIERRE (l'abbé de). Nombreuses questions politiques qu'il a discutées; homme vertueux, puni pour n'avoir point flatté l'ombre de Louis XIV, 76.

SAINT-PIERRE (Bernardin de). Sa *Chaumière Indienne*, le plus moral et le plus court des romans, 18. — Son éloge comme écrivain, *ibid*. — Son roman de *Paul et Virginie*, remarquable par l'intérêt d'une fable charmante, par la couleur et la mélodie du style, 209 et *suiv*. — Sa *Chaumière* unit des vues philosophiques à tous ces genres de mérite, *ibid*. — Ces deux ouvrages placés au rang des chefs-d'œuvre de la langue, *ibid*. — Auteur d'un drame sur la *Mort de Socrate*, 345 et *suiv*.

SAINT-RÉAL. Son élégant récit de la *Conjuration de Venise*, 143.

SAINT-SIMON (le duc de). Ses *Mémoires*, 144.

SAINTE-CROIX (de) Examen de son ouvrage sur les *Historiens d'Alexandre*; style correct, mais prolixe; critique peu judicieuse; traits amers contre les conquérans, les républiques et les philosophes, 154 et *suiv*. — Cet ouvrage offre plus d'érudition que de critique, et beaucoup moins d'idées que de citations, 393 et *suiv*.

SALIGNY (Pierre de). Un des historiens de Charles VIII, 379.

SALLUSTE. Historien latin; éloge de ses *Narrations* et de ses *Harangues*, diversement appréciées à Rome; regrets sur la perte de sa grande histoire; traductions diverses de ses ouvrages, 158 et *suiv.*

SALM (madame Constance de). Son *Épître aux Femmes* et son Discours sur les divisions des gens de lettres, 293. — Éloge de sa pièce de *Sapho*, 347.

SAURIN. Sermonaire protestant; orateur grave, mais négligé, 127.

SAY (M. J.-B.). Ses travaux en économie politique, 7. — De tous les livres composés sur cette science, le *Traité* qu'il a publié est le plus complet et le plus instructif, 82 et *suiv.*

SCARRON. Jugement sur son *Roman comique* et sur ses *Nouvelles*, 106 et *suiv.*

SCHILLER (M.). Auteur allemand. Son *Histoire de la Guerre de trente ans*, appréciée; traductions qui en ont été faites, 182 et *suiv.* — Son drame extravagant des *Voleurs*, transporté sur notre scène, n'a pu que nuire à l'art dramatique, 382.

SEDAINE. Son *Philosophe sans le savoir*; drame qui a beaucoup d'effet, 342. — Ne savait pas écrire, mais savait peindre; a présenté sur la scène lyrique des tableaux variés et nombreux, 348.

SÉGUR (M. de). Son *Tableau politique de l'Europe*, cité, 15. — La sagesse et la clarté font le principal mérite de son style; il sait unir avec beaucoup d'art les différens objets qu'il embrasse, 201 et *suiv.*

SERVAN. Avocat général. Ses *écrits sur la législation pénale*, 78. — Son plaidoyer pour une femme protestante est parmi nous le plus beau modèle de l'éloquence judiciaire, 135.

SÉVIGNÉ (madame de). Reste parmi nous le modèle du genre épistolaire, 294.

SEYSSEL. Historien de Louis XII, peu digne de son héros, 143. — Sa traduction de *Thucydide*, complètement oubliée, 151.

DES AUTEURS.

SHAKESPEARE. A mêlé tous les tons et confondu tous les caractères; défauts de ses compositions, 425.

SICARD (M.). A cultivé avec succès la grammaire générale et particulière, 5. — A clairement exposé les théories de ses prédécesseurs, 33. Réfutation de quelques censures auxquelles ont donné lieu ses *Élémens de Grammaire générale*, 34 et *suiv.*

SIEYES (M.). Habileté de sa dialectique, 7. — L'*Essai sur les Privilèges*, première production où ses talens s'annoncèrent avec éclat, 78 et *suiv.* — Autres écrits, remarquables par la hauteur et l'étendue des conceptions, et qui ont fait avancer la science de l'organisation sociale, 92 et *suiv.*

SIMÉON. Loué comme orateur, 11.

SIMIANE (madame de); digne petite-fille de madame de Sévigné, 429.

SIMONDE DE SISMONDI. A rendu un véritable service à notre littérature en traitant l'*Histoire des Républiques italiennes*. Il joint une raison forte à des connaissances étendues; mais il est inégal, et son livre est digne d'être perfectionné, 178 et *suiv.*

SOULAVIE. Auteur des *Mémoires de Richelieu*, ainsi que de l'ouvrage attribué à Massillon sur la *minorité de Louis XV*, 190.

STAEL (madame de). Son ouvrage sur l'*Influence des Passions*, beau sujet traité d'une manière brillante, mais où l'esprit de parti se laisse apercevoir, 63 et *suiv.* — C'est dans le genre des romans que ses talens se sont déployés avec le plus d'avantage, 226. — Examen critique de *Delphine*. Ce roman offre beaucoup d'idées fines ou profondes; mais on ne saurait admettre le principe qui lui sert de base, *ibid.* et *suiv.* — *Corinne* a moins de défauts, plus de beautés, et des beautés d'un plus grand ordre, 229 et *suiv.* — L'auteur est un des écrivains qui font le plus d'honneur à notre littérature, 231.

SUARD (M.). Ses *Discours académiques*, 13. — Ses *Mélanges de littérature*, recueil digne d'une attention particulière, réunissent la politesse du style, la finesse des observations et le sentiment éclairé des arts, 107 et *suiv*. — Jugement sur son *Histoire du Théâtre-Français*, 122.

SUÉTONE. Historien latin; ne peint ni les hommes ni les choses; son style manque de nerf et de chaleur : sa vérité, froide et impassible, donne néanmoins une physionomie particulière et de l'autorité à son histoire; traductions diverses qui en ont été faites, 165 et *suiv*.

SULLY. A jeté quelques lumières sur l'économie publique, 76. Historien de Henri IV, grave et digne de confiance, 143.

T.

TACITE. Historien latin, le plus grand peintre de l'antiquité : diverses traductions qui ont été faites de ses ouvrages, 160 et *suiv*. — Son livre est un tribunal où sont jugés en dernier ressort les opprimés et les oppresseurs; dans cet historien des peuples et des princes, chaque ligne est le châtiment des crimes, ou la récompense des vertus, 164.

TALLEYRAND (M. M.). Son *Plan d'Instruction publique* considéré comme monument de gloire littéraire, 11.

TARGET. Cité comme habile jurisconsulte et comme orateur, 11. — Émule de Gerbier, 135.

TASSE (le). Traductions diverses de sa *Jérusalem délivrée*, 299.

THOMAS. Cité pour son éloquence académique, 13. — Digne appréciateur de l'honnête et du beau, 90 et *suiv*. — Son *Essai sur les Éloges*, le meilleur écrit français sur l'art oratoire, est aussi celui qui porte la plus belle empreinte du caractère et du talent de l'auteur, 101. — Fragmens qui nous restent de sa *Pétréide*, 250. — Ses poésies offrent quelques traits élevés, 285.

THOURET. Cité comme habile jurisconsulte et comme orateur, 11. — Son *Précis sur l'Histoire de France*, 15. — Examen détaillé de cet ouvrage élémentaire, instructif, plein de sens, écrit d'un style simple et même austère, mais concis et rapide, 169 et *suiv*.

THUCYDIDE. Historien grec, d'un style concis et nerveux, unissant l'austérité d'un philosophe à l'audace élevée d'un grand citoyen; peintre des choses et des hommes; est mis en parallèle avec Hérodote; diverses traductions de ses ouvrages, 151 et *suiv*.

THUROT (M.). Traducteur distingué de l'*Hermès d'Harris*, a justement apprécié les travaux de ce philosophe, 35 et *suiv*. — Éloge de sa traduction de l'*Histoire de Laurent de Médicis*, de Roscoë, 180.

TISSOT (M.). A traduit avec succès les *Bucoliques* de Virgile, et mieux encore les *Baisers de Jean Second*, 292.

TRACY (M de). A rassemblé les trois sciences (Idéologie, Grammaire et logique) liées dans un corps d'ouvrage, comme elles le sont dans la nature, 5. — Ses *Élémens d'Idéologie* sont un beau monument de philosophie rationelle; analyse de cet ouvrage, 51 et *suiv*.

TREILHARD. Cité comme habile jurisconsulte et comme orateur, 11. — Émule de Gerbier, 135.

TRONCHET. Cité comme habile jurisconsulte, et comme orateur, 11.

TURGOT. Ses écrits ont répandu des clartés nouvelles sur le revenu public et sur l'administration, 78.

V.

VENETTE (Jean). Religieux carme, et l'un des continuateurs

de *Guillaume de Nangis :* son poëme des *Trois Maries* est piquant par son ridicule. Idée de ce poëme. 362 et *suiv.*

Verdier (madame). Éloge de ses talens poétiques, 293.

Vergniaux. Loué comme orateur, 11.

Vertot (l'abbé de). S'est fait une réputation solide et étendue, en écrivant l'Histoire de quelques révolutions célèbres, 144.

Vigne (André de la). Un des historiens de Charles VIII, 379.

Virgile. Traductions diverses de l'*Énéide*, 262 et *suiv.* — Modèle admirable dans la poésie didactique, 271. — Traductions des *Géorgiques*, 261 et 280. — Et des *Bucoliques*, 292.

Volney. Éloge de ses *Voyages*, 16. — Ses *Ruines*, *ibid.* — Son écrit sur la *Simplification des langues orientales*, et son *Projet d'un alphabet unique,* considérés sous les rapports de la politique et de la science, 41 et *suiv.* — Idée générale de son ouvrage sur la *Loi naturelle,* remarquable par les idées, le style et la propriété des expressions, 70 et *suiv.* On lui attribue le *supplément* à l'*Hérodote de Larcher*, petit mémoire important par son objet et par le mérite d'une excellente rédaction, 149.

Voltaire. Commentateur de Beccaria, 78. — Véritable arbitre du goût et le plus grand littérateur de l'Europe moderne, 100. — Proclamé par Blair le chef des historiens du dernier siècle; le plus moral et le plus religieux des poètes tragiques, 106. — Son *Commentaire* sur Corneille est au-dessus de toute comparaison; mais on y entrevoit quelquefois des erreurs mêlées aux leçons d'un grand maître, 111 et *suiv.* — Ses écrits en faveur des Calas et de Sirven, appréciés, 135. — Son *Charles XII,* son *Essai sur les Mœurs* et son *Siècle de Louis XIV,* monumens immortels qui ne lui laissent aucun rival entre les historiens modernes, 145 et 192. — Ses *Romans,* ingénieux délassemens de sa vieillesse, 208. — La conception de sa *Henriade* ressent la jeunesse d'un grand poète; place qu'elle occupe entre les épopées célèbres et dans la poésie élevée, 250. — S'est montré l'égal de l'Arioste dans sa *Pucelle,* 254. — *Nanine* et l'*Enfant Prodigue* tiennent de près au genre du drame; l'*Écossaise* en fait partie, et c'est le chef-d'œuvre du genre, 342. — Analyse de son *Mahomet,* 382 et *suiv.* — Voltaire n'a pas de rival dans la prose, 420. — Son opinion sur les tragiques grecs, réfutée, 424 et *suiv.*, 429 et *suiv.* — Réflexions sur son caractère, 403.

FIN DE LA TABLE DES AUTEURS.

25 15 5

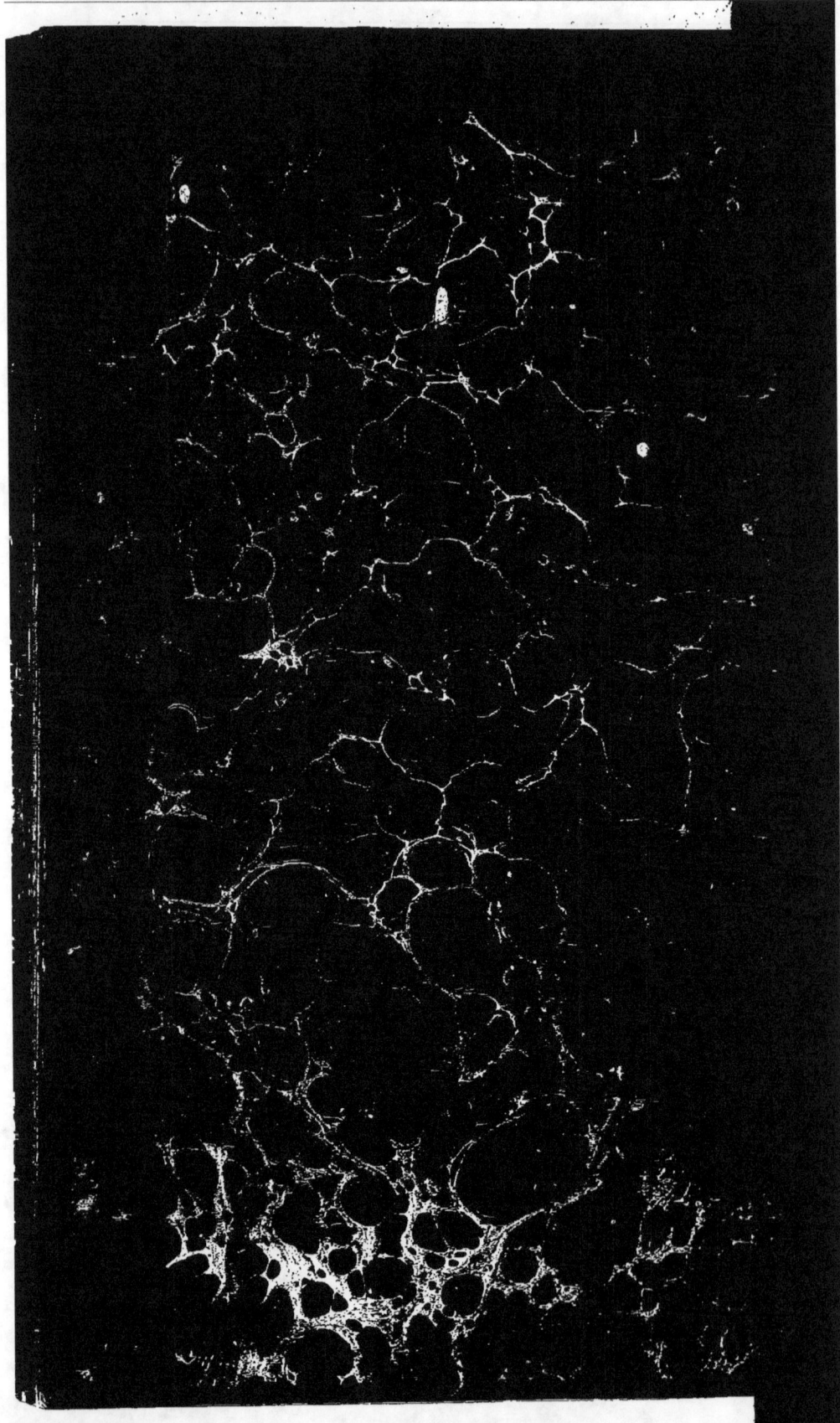

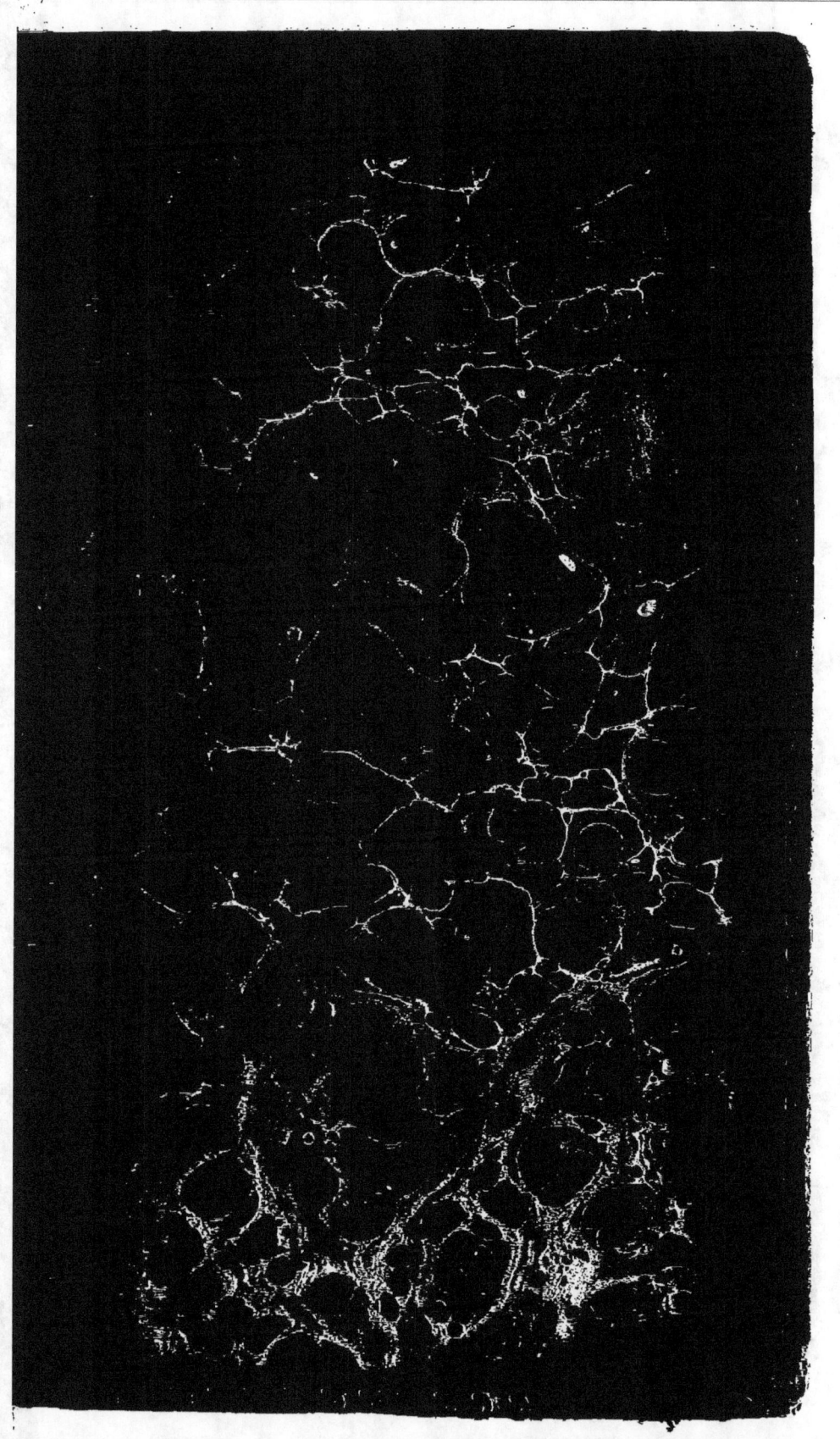

www.ingramcontent.com/pod-product-compliance
Lightning Source LLC
Chambersburg PA
CBHW050244230426
43664CB00012B/1821